Schriften

des

Vereins für Sozialpolitik.

Untersuchungen über Preisbildung.

Abteilung C: Kosten der Lebenshaltung.

Herausgegeben von Franz Eulenburg.

146. Band.

Zweiter Teil.

Lebenshaltung des Mittelstandes.

Verlag von Duncker & Humblot.
München und Leipzig 1920.

Lebenshaltung des Mittelstandes.

Statistische und theoretische Untersuchungen zur Konsumtionslehre

von

Adolf Günther.

Mit einem Beitrag von Heinrich Neumann.

Verlag von Duncker & Humblot.
München und Leipzig 1920.

Altenburg
Piererſche Hofbuchdruckerei
Stephan Geibel & Co.

Vorwort.

Nonum prematur in annum.

Als ich vor langen Jahren das Horazische Wort der Arbeit eines geschätzten Kollegen vorangestellt las, glaubte ich nicht, daß ich es selbst einmal werde aussprechen können. Allerdings liegt in diesem Fall ein Weltkrieg in Mitte.

Eine Arbeit soll für sich selbst, nicht durch ihr Vorwort sprechen. Noch dazu eine Schrift äußerlich so kleinen Umfangs. Wenn trotzdem hier mehr als nur einige persönliche Bemerkungen gemacht werden sollen, so geschieht dies deshalb, weil die Schrift selbst sicherlich nicht allzu viele Leser finden wird. Die zahlengespickte Aufmachung war schon dem Verfasser selbst, der Statistik fast ohne Zahlenaufgebot vorzutragen gewohnt ist, unbequem genug und wird manchen, der guten Willens an die Arbeit herantritt, abschrecken. Andere werden sehr bald bemerken, daß es sich um die Verarbeitung von Material aus der Zeit vor dem Kriege handelt, das, angesichts der auf keinem Gebiete stärker eingetretenen Veränderungen, als veraltet, bestenfalls als wirtschaftsgeschichtlicher Beitrag erachtet werden mag. Es kommt dazu, daß der Raum der Arbeit sehr viel kleiner bemessen werden mußte, als anfänglich angesetzt; das bedeutet eine Zusammenpressung, die die leichte Lesbarkeit hindert.

Als das Material, in Anschluß an mein Buch über die Deutschen Techniker (Duncker & Humblot), 1911 vorbereitet wurde und 1912 vorlag, schwebte zunächst eine mehr sozialpolitische Arbeit vor. Bei Besprechungen mit dem Vorstand des Vereins für Sozialpolitik wurde indessen klar, daß die gesammelten Wirtschaftsrechnungen darüber hinaus eine Grundlage für vertiefte konsumtheoretische Studien werden könnten. Es ist mir eine liebe Pflicht, an dieser Stelle des persönlichen Interesses Gustav v. Schmollers zu gedenken, der nach Kenntnisnahme der Quellen ihre Verwertung für die „Schriften" warm befürwortete. Der jetzige erste Vorsitzende des Vereins, Herr Professor Herkner, hat sich diesem Urteil angeschlossen und in liebenswürdiger Weise die Sache gefördert. Ebenso weiß ich mich dem Schriftführer des Vereins, Herrn Boese, für mannigfache Unterstützung verpflichtet. Ohne namhafte pekuniäre Unterstützung durch den Verein wäre Aufmachung und Durchrechnung nicht möglich gewesen; sie hat selbst so noch Opfer seitens des Verfassers gefordert, der auch während seiner militärischen Verpflichtungen nie ganz aus dem Banne der einmal übernommenen Aufgabe herausgetreten ist und manch andere, scheinbar lohnendere, jedenfalls sehr viel weniger mühsame Arbeit beiseite lassen mußte. Nicht vergessen möchte er an dieser Stelle seines treuen Mitarbeiters, des Herrn F. Steinke, der sich hier wie bei vielen anderen Arbeiten in zehnjähriger Arbeitsgemeinschaft bewährt hat, und der opferwilligen Mitglieder des früheren deutschen Technikerverbands, die das Material lieferten.

Auf die Erhebung selbst wird der erste Abschnitt eingehen, der auch bereits auf die theoretischen Fragen überleitet. Ein großer Teil der weiteren Ausführungen hat dann „das Material" zum Gegenstand; nicht als Selbstzweck, aber die spätere Auswertung bedarf eines Rahmens, der wenigstens einige der für die Beurteilung entscheidenden Fragen zu beantworten sucht. Stellen wir uns die Kompliziität aller Konsumtionsfragen vor Augen; die später (S. 13) näher belegte Tatsache, daß jeder quantitativ abgegrenzte, durch einen (absoluten oder relativen) Zahlenwert repräsentierte Konsumvorgang: ein Preis, eine Verbrauchsmenge oder -Qualität, schließlich der auf Kalorie und Nährwert gebrachte vertiefte Ausdruck dieser Vorgänge, eine Beziehungszahl ist, verständlich und zu würdigen nur im Zusammenhang mit dem Bedürfnisleben des Konsumenten, mit der Gesamtheit seiner Lebenshaltung und seiner Lebensbedingungen und mit der auf ihn treffenden Verteilungsquote.

Da ist nun jeder Haushalt etwas andres und erste Aufgabe ist: Gliederung der Haushalte nach bestimmten, physiologischen, sozialen und wirtschaftlichen Gesichtspunkten. Indem nur ausgewählte Haushalte untersucht wurden, fand eine teilweise Gliederung und Systematisierung, schon vor der Aufbereitung, bei der Materialsammlung statt. Der annähernd gleiche Beruf bildet ein wichtiges Isolierungsmoment gegenüber anderen sozialen Schichten. Aber es bleibt doch sehr viel zu tun übrig, um der Mehrzahl der kausal beteiligten Faktoren Rechnung zu tragen; und auch dann noch steht man vor der Erkenntnis, daß allgemein die Individualität der Konsumerscheinungen viel weiter reicht und tiefer begründet ist, als man bisher anzunehmen geneigt war. Demgemäß ist das, was bisher als „Gesetzmäßigkeiten" auf diesem Gebiet und zum Teil als sicherer Besitz der Wissenschaft galt, erneut zu prüfen. Der Zweifel erweist sich als der beste Wegweiser und nur ein Gesetz kann von vornherein als bestätigt gelten: das vom Altmeister Engel aufgestellte über den Zusammenhang von Einkommen und „Nahrungsprozent". Eine kleine Nachweisung sei hier eingeschaltet.

Angenommen, 50 in die Untersuchung einbezogne Jahres-Haushaltrechnungen registrierten 50 × 365 × 10 Kaufvorgänge, so besteht das Rohmaterial aus rund 180 000 einzelnen Konsummengen- und ebenso vielen

=Preisangaben. Diese Masse (die freilich, im Sinne voriger Ausführungen, gar nicht eigentlich isoliert, ohne Beziehung zu jedem der 50 Haushalte gedacht werden kann) wird nun auf die einzelnen Bedarfsgruppen ausgeschieden. Weilen wir nur bei den Lebensmitteln, die durchaus im Mittelpunkt der Untersuchung stehen, so mögen 150 000 Mengen= und ebensoviel Preisnotierungen angenommen werden; sie verteilen sich auf die einzelnen Nahrungsmittel, die wieder in Gruppen (Fleisch, Fett usw.) zusammenzufassen sind. Für, sagen wir, 14 hauptbeteiligte Nahrungsmittel ist ihr Anteil an der Gesamtnahrungsaufnahme und der dafür aufgewendeten Ausgabe zu errechnen. Mengen und Preise treten dabei zu einander in Beziehung, werden vor allem nach sozialen Gesichtspunkten (Einkommen unter Berücksichtigung des Arbeitseinkommens des Mannes) gegliedert.

Soweit konnte die Untersuchung, von immerhin nicht belanglosen Einzelheiten abgesehen, an bestimmte Vorbilder anknüpfen. Was sie aber in diesem Umfang wohl zum ersten Male tat, war die Verknüpfung von Preisen und Mengen mit der Verbrauchseinheit, jenem Abstraktum, das die ungleiche Zusammensetzung der Haushalte eliminieren, gewissermaßen einen einheitlichen Nenner darstellen soll. Hierüber ist an geeigneter Stelle im Text das Nötige gesagt, es ist darauf hingewiesen worden, daß die großen amtlichen Erhebungen vielfach nur die Barausgaben (die im ganzen viel weniger interessieren) nach Verbrauchseinheiten berechnen, nicht aber die ungleich wichtigeren Konsummengen. Zugleich aber sind Vorbehalte an den Gebrauch des „Quets" geknüpft (S. 4 f.).

Wir stehen hier noch immer bei den Vorarbeiten.

Die eigentliche Verarbeitung wird in folgendem nur teilweise geboten. Das Material diente nämlich bereits als Unterlage für eine Berechnung der Belastung der Haushalte durch Verbrauchsabgaben (indirekte Steuern und Zölle); Band 2 der von Herkner herausgegebenen „Neuordnung der deutschen Finanzwirtschaft", Schriften Bd. 156, II, enthält die Ergebnisse dieses Teils der Gesamtarbeit, auf den hier nicht mehr eingegangen werden kann. In Weiterführung und theoretischer Ausgestaltung der Arbeiten von Neumann, Gerloff und Mombert sind dort bestimmte theoretische Gesichtspunkte herausgearbeitet worden, die vielleicht die Finanzwissenschaft zu bereichern imstande waren. Vor allem die Überwälzungsfrage sollte beantwortet, materiell zugleich die Einwirkung des Zolltarifs von 1902 klargestellt werden. Zwar wurde die schon früher ermittelte Abhängigkeit des Grades des indirekten Steuerdrucks von der Einkommenshöhe bestätigt; theoretisch wichtig aber war die Erkenntnis, daß nur der Grad, nicht die Tatsache der Überwälzung auf den Konsum über=

haupt statistisch zu ermitteln ist; die Statistik arbeitet hier mit einer (sehr wahrscheinlichen) Hypothese, auf die sie keinen Einfluß gewinnt. Indessen ist auch dieses mehr negative Ergebnis von Wert.

Einigermaßen negativ ist nun auch eine Reihe der Feststellungen des in folgendem entwickelten zweiten und hauptsächlichen Teils der Untersuchung. Vor allem deshalb, weil man immer wieder auf jene Individualität der Verbrauchsvorgänge stieß, die der Zusammenfassung vielfach entgegenstand. Ziel war, über die bereits mit Erfolg angewendete Kalorien- und Nährwertberechnung hinaus zu einer Kombination beider, zu vorläufig letzten, eindeutigen Ausdrücken von Quantitäts- und Qualitäts-, vielleicht auch Surrogierungstatbeständen der Konsumlehre zu gelangen. Rechnerische Grundlage waren die für 50 Jahreshaushalte festgestellten Konsummengen von 14 Nahrungsmitteln (und Gruppen solcher). Daraus ergaben sich, stets unter Zugrundelegung der Verbrauchseinheiten, 700 Kalorienwerte je nach Tages- und Jahresverbrauch berechnet, denen 700 Prozente, jeweils auf den Gesamtkalorienkonsum eines Haushalts bezogen, entsprachen. Diese absoluten und Prozentwerte konnten weiter nach sozialen (Einkommens-) Gruppen zusammengefaßt werden. Da aber die Kalorienberechnung allein (aus später namhaft zu machenden physiologischen Gründen) nicht genügt, wurde der Gehalt an Eiweiß, Fetten und Kohlenhydraten berechnet, der jedem Nahrungsmittel und den wichtigeren Gruppen solcher aquivälent ist; wurden dann die entsprechenden ($50 \times 14 \times 3 =$) 2100 Prozente errechnet, so konnte ermittelt werden, wieviel die einzelnen Nahrungsmittel zur Gesamternährung der Verbrauchseinheit, wieder nach Eiweiß, Fetten und Kohlehydraten geschieden, beitrugen, und wiederum konnte die Gliederung nach dem Einkommen herangezogen werden, ohne daß man freilich von einer solchen einseitigen Isolierung und Kausalforschung unbedingte Ergebnisse erwarten dürfte.

Wie schließlich Kalorien- und Nährwertberechnung kombiniert, gewissermaßen auf einen Nenner zu bringen versucht wurde, kann hier nicht dargestellt werden. Es ist auf den letzten Abschnitt (S. 146 ff.) zu verweisen, der durchaus methodisches Neuland betritt und wohl auch theoretische Fortschritte enthält.

Der Bearbeiter kann sich bei dieser Art Tätigkeit, die hier nur angedeutet werden kann und die im einzelnen, z. B. bei der Umrechnung der Nahrungsmittel auf Nährwerte, recht großen Schwierigkeiten begegnete, nie ganz vom Ballast des Rohstoffs und der vielen Zahlen freimachen. Dem Leser wird es vielleicht noch weniger leicht sein, sich hindurchzufinden, wenn er sich nicht den geistigen Schlüssel zu eigen macht, der den Zugang zur Masse erschließt. Wenn die Arbeit bei Physiologen, denen naturgemäß die Art des Materials vertrauter ist, auf Verständnis stößt, so wird das ein großer Fortschritt sein. Vielleicht aber nimmt die Physiologie diese Art Forschung für sich überhaupt in Anspruch und die Sozialökonomen lehnen es ab, sich mit ihr, die erst Vorbereitungsarbeit leistet, zu befassen?

Das würde im Wesen des größeren Teiles der bisherigen sozialwissenschaftlichen Systeme liegen und könnte nicht überraschen. Wie sehr die Forschung vieler Sozialökonomen bisher die Konsumtion ignorierte, ist bekannt und später (S. 5) kurz beleuchtet. Die Frage, ob sie zu so ablehnender Haltung berechtigt ist, ist damit, daß ein usus festgestellt ist, noch nicht beantwortet. Es kann auch ein abusus sein und ist es in der Tat.

Schumpeter spricht in seiner „Theorie der wirtschaftlichen Entwicklung" vom Konsum als dem Führer und Regulator des von ihm zunächst statisch erfaßten Wirtschaftslebens. Ich pflichte ihm bei, habe in allen meinen hier einschlägigen Arbeiten[1] eine konsumzentrische Auffassung vertreten, für die ich, um wenige Namen zu nennen, bei Herkner, Sombart, Lexis, Oldenberg, St. Bauer Anklänge finde und für die die Vertreter der Grenznutzenschule viel geleistet haben, freilich mehr im Zusammenhang mit der Verteilung als mit der Konsumtion. Ist aber Bedürfnis und Bedarf das Primäre und letzthin Entscheidende, dann sind die Natur- und Sozialgesetze, denen die Lebenshaltung folgt, nicht mehr außenstehende Gebiete, sondern gehören der Disziplin selbst an, sind dieser jedenfalls zu erschließen. Und ich glaube nicht, daß der Psychologe oder Physiologe das letzte Wort spricht, so wichtig seine Beiträge sein werden. Die Beziehung des Konsums, einer zunächst physiologischen, aber psychisch beeinflußten Einzelerscheinung, auf die sozialen und wirtschaftlichen Zusammenhänge kann nur der Sozialökonom herstellen; er wird freilich auch Statistiker sein müssen, um ein recht sprödes Material zu meistern.

Gibt man diesen Ausführungen recht, dann ist diese Arbeit auch nicht durch die Störungen der Ernährung oder die Preisrevolution in der Gegenwart beeinträchtigt. Dann gelten vielleicht eine Zeitlang die absoluten Maße nicht mehr; aber die inneren Beziehungen bleiben, es bleibt auch die Tatsache des biologischen Existenzminimums an Kalorien, Eiweiß,

---

[1] Außer vorliegender und der im 2. Finanzband der Schr. d. V. f. S.-P. (s. im Text) erschienenen Arbeit: „Zur Lebenshaltung des Mittelstandes", Schmollers Jahrbuch 1913; — „Problem der Lebenshaltung", Vortrag der Gehestiftung, Teubner 1914; — „Lebenskosten und Lebenshaltung", Schmollers Jahrbuch 1916. — Ferner kommen verschiedene rein statistische Arbeiten in Betracht: Die Abschnitte „Lebensmittelpreise" und „Lebenshaltung" in „Gebiete und Methoden der amtlichen Arbeitsstatistik in den wichtigsten Industriestaaten". Heymann, Berlin 1913, und mehrere lohnstatistische Erhebungen. — Kriegslöhne und -preise, Heft 66 der Schriften der Gesellschaft für soziale Reform. 1919.

Fetten, Kohlenhydraten und seine Abhängigkeit von sozialen Kriterien. In diesem Sinne (aber nur in diesem) mag die Arbeit auch als sozialpolitische gelten. Es ist dann aber nötig, einer irrigen Auffassung vom „Existenzminimum" entgegenzutreten, die sich, im Anschluß an die (vom Verf. methodisch mit vorbereiteten) amtlichen Lohn- und Lebenshaltungserhebungen, breit macht, für die ein bedeutender Fachmann, Kuczynski, besonders bezeichnend ist: er hat in seinen Berechnungen des „Existenzminimums" Tausende von Mark jährlichen Bekleidungs- und sonstigen Konsums eingeführt; er verwechselt dabei in einer unbedingt abzulehnenden Weise den Begriff „Existenzminimum" im physischen und sozialen Sinn: während ein gewisses Maß Lebensmittel physisch notwendig ist, wird der Kleidungs- und sonstige Konsum vorwiegend gesellschaftlich bestimmt; und wenn ein ganzes Volk darbt, kann keine Schicht, auch nicht die der politisch erstarkten und fast zur Monopolstellung geführten Arbeiterschaft, für sich einen sozialen Bedarf in Anspruch nehmen, für den jedenfalls die Arbeitsleistung der Gegenwart keinen Gegenwert bietet. Aus der falschen theoretischen Fragestellung, die schon W. Zimmermann in der „Sozialen Praxis" rügte, entspringt gefährlichster sozialpolitischer Trugschluß. Ihn zu vermeiden, überhaupt die ganze Fragestellung theoretisch richtig zu orientieren, ist eine der Nebenzwecke der hier vorgelegten Arbeit gewesen.

Die meiner Arbeit angeschlossene Studie des Herrn Dr. Heinrich Neumann führt sich als Beitrag zur Lebenshaltungsforschung während des Krieges ein. Das allgemeine Thema, Lebenshaltung des Mittelstandes, hat dieser Beitrag mit meiner eigenen Arbeit gemein. Ich hatte Gelegenheit, Herrn Dr. Neumann schon vor dem Kriege zu einschlägigen Arbeiten heranzuziehen und überzeugte mich, daß er mit großem Verständnis an die Probleme der Haushaltsstatistik herangegangen ist. Seine besondere, ihm zuerst von K. Oldenberg gestellte, von mir in einzelnem beeinflußte Aufgabe war, die zeitlichen Veränderungen der Lebenshaltung festzuhalten, also im Verfolge einer Methode, die unten (S. 12) als besonders zweckdienlich bezeichnet wurde, die aber an den nicht häufigen Fall eines bereiten Materials gebunden ist. Jedenfalls bietet dieser Beitrag eine wertvolle Ergänzung meiner eigenen Studie; die Gesamtarbeit rückt auf diese Weise in gewissem Sinne näher an die Gegenwart heran. Die Greifswalder Fakultät hat die Arbeit Dr. Neumanns, die hier nur zum Teil veröffentlicht wird, mit der ersten Note ausgezeichnet.

A. Günther.

Inhaltsverzeichnis.

Verzeichnis der Hauptübersichten.

Einleitende Bemerkungen zur Theorie der Lebenshaltungsforschung.

Wie auf so vielen anderen Gebieten wird die Forschung nach dem Kriege auch innerhalb des Lebenshaltungsproblems auf die Zeit vor dem Kriege zurückgreifen müssen. Einmal des in den letzten Jahren doch nur recht behelfsmäßig gesammelten und bearbeiteten Materials wegen; die statistischen Ämter mußten sich aus Personalmangel und wegen so vieler dringlicher Augenblicksaufgaben auf das wesentlichste beschränken und die einschlägigen Arbeiten sind fast durchaus privater Natur: Calver, der Kriegsausschuß für Konsumenteninteressen, gelegentlich auch Gewerkschaften haben sich mit der Lebenshaltung im Kriege wissenschaftlich beschäftigt; die wohl größte reichsdeutsche Erhebung stammt von der an zweiter Stelle genannten Organisation, das hierbei verwendete Material bedeutet, so dankenswert seine Beschaffung mitten im Kriege war, doch naturgemäß einen Rückschritt gegenüber den in langer Friedensarbeit mühsam erworbenen Methoden und auch die sachgemäße Bearbeitung durch K. v. Tyszka mußte sich sehr viel bescheidenere Ziele setzen als frühere Arbeiten. Vor allem mußte man mit kurzen Erhebungszeiträumen vorlieb nehmen; man konnte dann wohl aus der Not eine Tugend machen, durfte aber nicht behaupten, daß monatliche oder vierteljährige Aufschreibungen ganzjährige ersetzen könnten. Im Auslande floß die Quelle der Kriegshaushaltsstatistik reichlich in der Schweiz; der Verein für Sozialpolitik gab die von St. Bauer gesammelten Arbeiten heraus. Auch England, Amerika und Frankreich setzten ihre bedeutenden Friedensleistungen fort. — Für die eingangs behauptete Notwendigkeit, an den Friedensstand anzuknüpfen, muß ferner auf die ganz besonderen Verhältnisse der Lebenshaltung im Kriege verwiesen werden; man kann dies Argument auch nicht dadurch entkräften, daß man mit Grund noch für lange Zeit Nahrungs- und Rohstoffknappheit in Rechnung stellt. Denn der Zustand der Unterernährung weiter, vor allem großstädtischer Volkskreise in vielen kriegführenden und neutralen Staaten war doch insofern nicht allein für den Konsum maßgebend, als ihm eine das Friedensmaß erreichende, anfangs sogar überschreitende Ernährungsweise der im Feld stehenden Truppen zur Seite stand. Zumal der bäuerliche Teil der Feldsoldaten war an den starken Fleischkonsum vom Frieden her nicht gewöhnt. Und selbst wenn der physiologische Wert des Verbrauchs im Heere auch in den ersten Jahren nicht in allen Fällen an die Friedensernährung heranreichte und zuletzt gleichfalls erheblich hinter dieser zurückblieb, so bedeutete doch die Änderung der Konsumgewohnheiten einen Ausnahmezustand, den die Friedenszeit allmählich abbauen muß. — Wollen wir die Gesamtheit der Lebenshaltungsfragen, deren theoretische Begründung ich an anderer Stelle zu geben versuchte, deren sozial- und bevölkerungspolitische Zusammenhänge ich ebenfalls, neuerdings unter steuerstatistischen Gesichtspunkten, verfolgte, für den künftigen Friedenszustand klarstellen, so bleibt nur eine Anknüpfung an die Zeit vor August 1914 übrig.

Aus dieser Zeit steht mir ein beträchtliches Material in einigen hundert Haushaltsrechnungen von Technikerfamilien, ganzjährig unter Einhaltung wohl aller von der Wissenschaft zu fordernden Maßregeln durchgeführt, zu Gebote. Dem Vorstand des Vereins für Sozialpolitik danke ich die Möglichkeit, dies ursprünglich für andere Zwecke gewonnene Material wenigstens auszugsweise verwerten zu können. Nachdem schon die bereits erwähnte steuerstatistische Bearbeitung behufs Klarstellung der Belastung des Haushalts durch Zölle und Verbrauchsabgaben auf diese Angestellten-Haushaltsrechnungen zurückgreifen konnte, steht hier die Verwertung unter dem Gesichtspunkt der Wohlhabenheit, der Preise, des physiologischen und sozialen Existenzminimums, des Nährwerts usw. in Frage. Nur 50 von mehr als 200 Haushalten werden hierfür herangezogen; für die Beschränkung sprach — abgesehen von notwendiger Rücksichtnahme auf die Geldmittel und das im Kriege Erreichbare — die ganze Geschichte der Lebenshaltungsliteratur. Fast allgemein hat sich hier der Gedanke intensiver an Stelle extensiver Forschung durchgesetzt; ich verweise hierfür auf meine frühere theoretisch-geschichtliche Darstellung dieser Forschung. Man erkannte die Zweckmäßigkeit psychologischer Vertiefung, die nur innerhalb eines begrenzten Rahmens möglich schien; man bezweifelte gleichzeitig die Zulässigkeit der Mittelwertbildung bei einem großen, aber auch große Gegensätze in sich schließenden Material. Die Lebenshaltungsforschung geht hier den Weg, den auch andere Grenzgebiete von Statistik und Soziologie vorteilhaft beschritten haben; in diesem Falle ist die vertiefte Betrachtungsweise der auf breiterer Grundlage arbeitenden auch deshalb vorzuziehen, weil unser Gebiet sich mit Wissenszweigen enge berührt, die außerhalb der Volkswirtschaft liegen und in einen engeren Rahmen leichter herangezogen werden können: physiologische, psychologische, selbst rein medizinische Grenzfragen werden gelegentlich ebenso wie anthropologische oder bevölkerungs- und moralstatistische berührt werden müssen.

Indessen steht natürlich die volkswirtschaftlich-sozialpolitische Absicht für uns im Vordergrund. Auch sind wir uns bewußt, daß die Zeit der Materialbeschaffung für die Lebenshaltungskunde noch lange nicht vorbei ist und daß der gegenwärtige Augenblick mit seinen großen Verschiebungen auf physiologisch-medizinischem Gebiet kein abgeklärtes wissenschaftliches Endurteil gestattet. Wird doch neuerdings auch die bisher wohl allseits anerkannte Kalorientheorie, wie es scheint nicht ohne Erfolg, angefochten, was allerdings nicht hindert, sie mangels genügender Erfahrungen mit neuen Theorien hier vorzugsweise zu verwenden. Man wird sich also auch in der Aneignung der Ergebnisse benachbarter Forscherarbeit Beschränkung auferlegen müssen.

Schließlich bleibt auch unter dem vorwiegend volkswirtschaftlich-sozialwissenschaftlichen Gesichtswinkel genug zu tun. Denn in irgendeinem Punkte versagte wohl fast stets bisher entweder das Material oder die Art seiner Ausbeute. Vor allen Dingen lassen die Mengeneintragungen fast allgemein zu wünschen übrig; entweder fehlen sie ganz oder sie beruhen auf Schätzungen und lassen die nötige Gliederung vermissen. Wo man sie aber hatte, da war nicht allgemein an die Verwertung der methodischen Hilfsmittel gedacht worden, die seit Engel zum eisernen Bestand der Forschung gehören sollten. Wir denken hier vorzugsweise — nicht ausschließlich — an die Verbrauchseinheiten, „Quets". Bezeichnenderweise enthält die größte Untersuchung in Deutschland über Haushaltrechnungen, jene des Statistischen Reichsamts von 1908, wohl Abschnitte einmal über die verbrauchten Mengen, dann über „Normalfamilien" unter Zugrundelegung eben der Verbrauchseinheiten; aber eine Brücke zwischen beiden Untersuchungen wurde zu schlagen unterlassen, sie stehen unabhängig nebeneinander, versagen also gegenüber vielen Fragen, auf welche die Haushaltsstatistik vor andern Auskunft geben soll und auch kann.

Die in der Haushaltsstatistik angewendeten Methoden können wohl noch hin und wieder verbessert werden. Zu diesem Zwecke soll an rein theoretisch-methodologischen Erörterungen nicht vorbeigegangen werden, doch werden diese in jedem Falle von praktischen Erwägungen, die unser Material nahelegt, ausgehen und schließlich wieder in solche einmünden. Sonstige, deutsche oder ausländische Stoffsammlungen sollen nur ausnahmsweise und nur da, wo es der theoretische oder praktische Zweck verlangt, herangezogen werden; jede neue Materialsammlung bedeutet neue, nicht genügend übersehbare methodische Unterlagen, erweitert den Spielraum, innerhalb dessen sich die Konsumgewohnheiten betätigen und damit die Fehlerquellen; schon die in unseren Haushaltsrechnungen enthaltene Beschränkung auf Familien ähnlicher sozialer und nicht unähnlicher wirtschaftlicher Lage, ziemlich gleicher Kopfstärke und sehr angenäherter Raten von Verbrauchseinheiten unter Ausschluß aller Besonderheiten (Schlafgänger, Dienstboten, Besitzer eines eigenen Hauses usw.) bedeutet die Gruppierung um einen Mittelwert, die bei Einbeziehung fremden Materials sofort entfällt. Immerhin ist wichtig, daß hinsichtlich der im Durchschnitt auf einen Haushalt entfallenden Zahl von Verbrauchseinheiten bei uns eine weitgehende Übereinstimmung mit dem von der Erhebung des Statistischen Reichsamts festgestellten Durchschnitt gegeben ist; während dort auf die Familie 2,34 Einheiten entfallen, sind es bei uns 2,36. Aber allerdings ist unser Mittelwert insofern zuverlässiger als jener des Statistischen Reichsamts, als er nur aus einander sehr angenäherten Einzelwerten errechnet wurde; denn Familien mit mehr als 4—5 Köpfen sind bei uns im allgemeinen nicht, in der amtlichen Statistik aber ziemlich zahlreich vertreten, und zwar scheint dies letztere gewollt gewesen zu sein. Es sei hier gleich ein kleiner methodologischer Exkurs gestattet: die Zulässigkeit der Errechnung von Verbrauchseinheiten dürfte an eine gewisse Gleichförmigkeit in der Familiengröße gebunden sein; dann wird sie physiologische Unterschiede in der Ernährung der einzelnen Altersklassen und solche im Konsum von Mann und Frau sehr wohl auszugleichen in der Lage sein. Es mag dahingestellt bleiben, ob dasselbe bei ganz ungleichartigen Familien zutrifft; theoretisch mögen eine Anzahl Minderjährige für den Nahrungsmittelverbrauch so viel wie ein Erwachsener gelten; tatsächlich aber läßt sich der Unterschied auf so formale Weise vor allem auch deshalb nicht ausgleichen, weil, wie Feig, der Bearbeiter der amtlichen Haushaltsrechnungen, treffend betont, der Kleidungs-, Wohnungs- und sonstige Konsum doch ganz andern Maßstäben folgt, als die sind, die aus der physiologisch bedingten Verschiedenheit der Nahrungsaufnahme abgeleitet werden. Andernorts habe ich schon die Frage aufgeworfen, ob man nicht etwa für den Kleiderverbrauch der einzelnen Geschlechter und Altersstufen eigene Verbrauchseinheiten ermitteln könne. Wenn nun in der Veröffentlichung des Amts die durchschnittlich auf die Verbrauchseinheit entfallende Ausgabe nach Kopfgrößen unterschieden wird, so enthält das eine Art von petitio principii: es ist doch selbstverständlich, daß die auf die Verbrauchseinheit treffende Ausgabe, die einen Mittelwert aus recht gegensätzlichen Einzelfällen darstellt, um so mehr variiert, je weiter die Einzelfälle auseinanderliegen[1]. Demgegenüber dient uns die Verbrauchseinheit nur zur Ausgleichung viel geringerer, oft wirklich zufälliger Unterschiede. Man hat es infolgedessen mit einem echten Mittelwert, nicht nur mit einer rechnerischen Abstraktion zu tun. Auf dieser Unterlage werden dann selbst weitgehende Kombinationen zulässig sein. Ich beziehe mich im übrigen auf alle die Vorbehalte, die ich in methodischer Hinsicht an anderer Stelle ausgesprochen habe.

Die ältere volkswirtschaftliche Literatur bietet für die in Nachstehendem beabsichtigte Darlegung nicht viel Berührungs- und Ausgangspunkte. Die statistisch-demologische Seite der Frage der Konsumtion mit ihrem erheblichen bevölkerungspolitischen Hintergrund war jener Literatur fast ganz fremd. Immerhin hat sie sich um die begrifflichen Probleme, die hereinspielen, verdient gemacht. In der Schmoller-Festgabe hat Wirminghaus die wissenschaftlichen Anschauungen des 19. Jahrhunderts über den Verbrauch zusammengestellt. Wer auf die älteren Autoren selbst zurückgreift, der wird vor allem Walras, Jevons, Rau und v. Mangoldt heranziehen, wird manches Bemerkenswerte bei Say finden, dagegen von der Darstellung Roschers enttäuscht sein. Vielleicht die schärfste Einstellung der Frage bietet Mangoldt an verschiedenen Stellen in Bluntschli-Braters Staatswörterbuch, das auch noch manchen anderen einschlägigen Beitrag zu unserer Frage enthält und — man denke nur an A. Wagners Artikel über Statistik — in vielem noch heute fast unerreicht ist.

Die Frage der Konsumtion fiel für manche jener Autoren mit jener des Luxus, vielleicht auch der Mode fast völlig zusammen. Man ging zwar ganz richtig vom Wesen der Konsumtion als einer „Güter"-(nach anderen: „Werte"-)Zerstörung, nicht als einer Vernichtung von Materie aus; bekanntlich gibt es diese letztere sowenig wie eine Beeinträchtigung der „Masse" dieser Materie. Indem man den von Lexis abgelehnten Begriff der „Meinungskonsumtion" klar erfaßte, trug man soziologischen Gesichtspunkten, die bei der Konsumtion eine große Rolle spielen, von vornherein Rechnung. Es fehlte auch nicht an der Betonung der Wichtigkeit der Verbrauchsvorgänge, ohne die es keine Erzeugung geben kann. Aber niemand unter den älteren Schriftstellern geht so weit, die

---

[1] Dies übersieht St. Bauer in seiner im übrigen so vorzüglich orientierenden Abhandlung über „Konsumtion nach Sozialklassen" im Handwörterbuch der Staatswissenschaften; er geht so weit, bei Anwendung von „Quets" die Auswahl von Normalfamilien — also solchen mit angenähertem Familienumfang und Altersaufbau — für überflüssig zu erklären. Das ist sicher nicht richtig und war auch niemals Zweck der „Verbrauchseinheiten".

Konsumtion an den Anfang des volkswirtschaftlichen Systems zu stellen, und bekanntlich hat sich auch heute eine „konsumzentrische“ Auffassung noch nicht durchgerungen. Noch weniger werden die naheliegenden Bevölkerungsfragen aufgegriffen, ein positiver oder negativer Zusammenhang zwischen Wohlhabenheit, Lebenshaltung und Familiengröße ist noch unbekannt.

Es ist hier nicht der Platz, diesen theoretisch-historischen Fragen nachzugehen. Einzelnes hat Verf. schon früher (u. a. in mehreren Bänden von Schmollers Jahrbuch und in einem bei Teubner erschienenen Vortrag der Gehestiftung) behandelt, anderes behält er sich für später vor. Das Problem der Lebenskosten, der Lebenshaltung, der Preise, Löhne und Einkommen, kurz der Konsumtion und der Distribution, kann zunächst monographischer Spezialbehandlung noch nicht entraten.

Die Zusammenhänge zwischen Haushalts- und Preisstatistik haben die Theorie schon wiederholt befaßt. Besonders v. Wieser [1] und neuerdings Lorenz [2] haben sie beleuchtet. Das Zusammenarbeiten der beiden Methoden war zunächst aus der Notlage heraus entstanden, in die die Forscher durch das Versagen entweder des haushaltsstatistischen oder (seltener) des preisstatistischen Materials geraten waren. Wo in den Haushaltsrechnungen die Mengenaufzeichnungen fehlten, da lag es nahe, durch Zusammenhalten der Geldverbrauchsnotierungen mit den aus anderen Quellen übernommenen Preisen auf die konsumierten Mengen zu schließen. Wenn umgekehrt die Preisstatistik aus der Haushaltsstatistik heraus ergänzt werden sollte, so eröffneten Haushaltsrechnungen, die Geldausgaben und verbrauchte Mengen gleichzeitig enthielten, einen leicht zugänglichen Weg. In diesem Zusammenhang ist noch auf die häufige, besonders in den Schriften des Vereins für Sozialpolitik angewendete Übung hinzuweisen, den Mengenkonsum eines bestimmten Jahres zur Berechnung der Haushaltskosten verschiedener Zeiten zu verwenden; man brauchte hierbei lediglich die veränderten Preise auf die (allerdings nur scheinbar) feststehenden Mengen zu übertragen. Freilich spielte dabei, was den meisten Bearbeitern bekannt war, aber doch wohl nicht hin-

---

[1] v. Wieser, „Über die Messung der Veränderungen des Geldwertes“. Schr. d. Ver. f. Sozialpol., Bd. 132. — „Theorie der gesellschaftlichen Wirtschaft“, § 55.

[2] Jacob Lorenz, „Die Kosten der Lebenshaltung in der Schweiz in den Jahren 1905—1916“. Beachtenswert ist auch die Einleitung zu dem diese Arbeit enthaltenden Band 146 I der Schr. d. Ver. f. Sozialpolitik; manches hat Meerwarth in dem einschlägigen Abschnitt seiner „Einleitung in die Wirtschaftsstatistik“ beigefügt. Auch die neuen reichsamtlichen Erhebungen über Preise, Lebenshaltung und Indexziffern fördern die Aufgabe nach verschiedenen Richtungen.

reichend beachtet wurde, die Fiktion gleichbleibenden Konsums bei wechselnden Preisen und die ebenfalls nicht immer zutreffende Voraussetzung gleichbleibender Konsumeinheiten mit. Den wirklichen, so überaus verwickelten Konsumvorgängen mit ihrem starken bevölkerungsstatistischen Einschlag vermag jene Art von Konsumkostenberechnung, die man nur aus Zweckmäßigkeitsgründen annehmen kann, nicht zu folgen.

Wirft man die von v. Wieser zuerst scharf gestellte Frage auf, ob (im Sinne obiger Ausführungen) Preise aus der Haushaltsstatistik oder aber Konsummengen aus der Kombination von Haushalts- und Preisstatistik gewonnen werden sollen, so ist zunächst zu sagen, daß beide Methoden sich nicht ausschließen. Es wird auf die größere oder geringere Zuverlässigkeit der „primären" Preisstatistik, wenn dieser Ausdruck erlaubt ist, ankommen, ob man ihre Ergebnisse den aus der Haushaltsstatistik zu gewinnenden vorzieht. Man muß dabei anerkennen, daß aus der Kombination von Ausgaben und Mengennotierungen in den Haushaltsbüchern eine große Anzahl tatsächlich gezahlter Preise ebenso wie der zu den einzelnen Preisen gehörigen Umsatzmengen hervorgeht. Wenn ich im Jahresergebnis feststelle, daß das Kilogramm Fleisch 1,50 Mk. kostete, so ist diese Zahl entstanden aus mehreren hundert Einzelnotierungen über Ausgabe und gekaufte Menge. Ebensogut könnte ich in jedem einzelnen Falle von Fleischeinkauf den Preis der Einheit (des Kilogramms) errechnen, die Summierung dieser Einzelpreise muß denselben Wert ergeben wie der Quotient, der die Jahresgesamtausgabe für Fleisch als Dividend, die Jahreskonsummenge an Fleisch als Divisor hat. Wir haben es also im besten Sinne des Wortes mit gewogenen Mitteln zu tun, die unter Umständen denen der „primären" Preisstatistik gleichwertig oder selbst überlegen sind. Abstrakte Werte, die in letzterer nicht selten sind, scheiden so aus; und man erinnert sich, daß gerade die Reform der Preisstatistik auf den Weg der Notierung durch Verbraucher verwiesen worden ist.

Auf der anderen Seite ist zuzugeben, daß — wie besonders Lorenz betont — die haushaltsstatistischen Preisfeststellungen doch nur einen sehr begrenzten Ausschnitt aus der Gesamtheit der Preisvorgänge umschließen. Wir glauben deshalb keineswegs, durch Haushaltsrechnungen die eigentliche Preisstatistik ersetzen zu können. Bestenfalls bieten sie eine Art Korrektiv der amtlichen Preisermittlungen. Nur in diesem Sinne sollen sie nachstehend herangezogen werden.

Welcher Art sind nun die Durchschnitte, deren sich die Haushaltsrechnung vorwiegend bedient?

Gehen wir von den Formulierungen, die als „Engelsches" und „Schwabesches Gesetz" bekannt sind, aus, so sehen wir die Statistiker bemüht, einen Zusammenhang zwischen Verbrauch und Einkommen (für das oft unrichtig die Einnahme gesetzt wird)[1] sowie zwischen Verbrauch und Familiengröße (die freilich meist noch unzureichend nach Köpfen berechnet wird) ausfindig zu machen. Der leitende Gesichtspunkt leuchtet ohne weiteres ein: je größer das Einkommen — für das vielfach auch die Gesamtausgabe herangezogen wird —, desto größer ist der nach Befriedigung des Existenzminimums verbleibende Spielraum. Dabei steht Einkommen und Familiengröße in naheliegenden Verbindungen: kleineres Einkommen und größere Familie wirken ungefähr im gleichen Sinne auf die Lebenshaltung. Soweit die Verschiedenheit des Einkommens und der Familiengröße zur Beurteilung von Gesetzmäßigkeiten, denen der Verbrauch unterliegen könnte, herangezogen wird, ist auch der Hinweis auf qualitative Verschiebung der Nahrung bei wechselndem Einkommen oder Familienumfang richtig: vor allem Zurücktreten der teureren fleischlichen Nahrung zugunsten der pflanzlichen.

Aber gerade die letzterwähnte Erscheinung zeigt, daß die Beziehung zwischen den bisher namhaft gemachten Größen (Konsum hier, Einkommen und Kopfzahl dort) noch keinesfalls zur Erklärung (oder ist es nur Beschreibung?) der Verbrauchsvorgänge ausreicht. Mindestens gleich wichtig ist der Beruf und die Standeszugehörigkeit des Haushaltsvorstands; diese strahlen wichtigste Beeinflussungen der Lebenshaltung, besonders der Wohnungsausgabe, oder auch der Nahrung (z. B. ob pflanzliche oder tierische Nahrung vorherrscht) aus.

Bis hierher reichen die Untersuchungen. Weitere sind m. W. in größerem Umfange noch nicht vorgenommen. Höchstens, daß gelegentlich die Unterschiede der Lebenshaltung, je nachdem fundiertes oder unfundiertes Einkommen vorliegt, gestreift wurden. Und doch ist jeder einzelne Haushalt ein sehr viel verwickelteres Produkt, als sich aus den Teilfaktoren Einkommen, Vermögensbesitz, Beruf, Stand, Familiengröße zu ergeben scheint. Es rächt sich, daß man lange an der Anschauung unbedingter Nivellierung aller Lebensverhältnisse im Zeitalter der Maschinen, des Großbetriebs und der gewerblichen Arbeiterfrage festhielt. Geht man jetzt auf die den zahlreichen amtlichen und privaten Erhebungen zugrunde liegenden Urmaterialien ein, so ist man immer wieder überrascht über

[1] Die von Dietzel in seiner „Theoretischen Sozialökonomik" vertretene Auffassung, daß der Begriff „Einkommen" nicht näher festgelegt werden müsse, kann vom Statistiker nicht gebilligt werden.

die grundsätzliche Verschiedenheit, ja Gegensätzlichkeit in den Verbrauchsvorgängen auch solcher Haushalte, die nach Einkommen, Familiengröße, Vermögensbesitz, Beruf und Stand oder wenigstens nach einzelnen dieser Gesichtspunkte ein mehr oder weniger vollkommenes Gleichmaß aufweisen.

Man beachte, will man den Nachweis solcher Gegensätze führen, z. B. die Durchschnitte, die aus dem Material der „Wirtschaftsrechnungen" des Statistischen Reichsamts 1908 gebildet wurden. S. 76 f. sind einige Technikerhaushalte, der beruflichen Berührungspunkte mit dem Material vorliegender Abhandlung wegen, nach der Hauptgliederung der Einnahmen und Ausgaben vorgeführt. Es bleibt nicht ganz verständlich, was die Durchschnittsberechnung aus diesem sich völlig widersprechenden Material wissenschaftlich besagen kann. Das „Gesetz der großen Zahlen" — auf das unten noch eingegangen wird — kann natürlich bei einer Mittelwerterrechnung aus drei Fällen heraus nicht in Frage kommen, und man wird nicht wagen, v. Bortkiewicz' für ganz andere Verhältnisse unternommene Umdeutung jenes Gesetzes unter Bevorzugung der kleinen Zahl für den erwähnten Fall in Anwendung zu bringen.

Immerhin hat sich im Laufe der Zeit, wenigstens in der deutschen Literatur, hinter der die extensive Statistik Englands und der Vereinigten Staaten sehr zurückbleibt[1], ein wesentlicher Fortschritt der Mittelwertbildung insofern Bahn gebrochen, als diese, soweit sie sich auf Einnahmen und Ausgaben bezieht, zumeist größere Zeitstrecken, abgeschlossene Jahre, umschließt. An sich bedeutet das (und hier unter teilweiser Geltung des Gesetzes der großen Zahl) schon deshalb einen Fortschritt, weil durch die Summierung der Monate reine Zufallsergebnisse im einzelnen Monatsabschluß ausgeglichen werden; aber es kommt natürlich auch in Betracht, daß die zwölf Monate eines Jahres (das nicht Kalenderjahr zu sein braucht) innerlich eng zusammenhängen, wenn man auch durchaus nicht soweit gehen darf, sie als eine abgeschlossene Wirtschaftseinheit anzusehen. Immerhin entsprechen doch jedem Monat bestimmte klimatische und damit zusammenhängend biologische Besonderheiten; der Belichtungs- und Wärmegrad vor allem wechselt, was aber nicht nur für Beleuchtung und Heizung, sondern auch für Kleidung und Wohnung, Quantität und Qualität der Nahrung wichtig ist. Ebenso sind bestimmte soziale Beeinflussungen des Konsums nicht selten an das Jahr als Wirtschaftseinheit gebunden: das Begleichen der Rechnungen, der Kauf der Schul-

[1] Vgl. meine Darstellung in „Gebiete und Methoden der amtlichen Arbeitsstatistik". Besonders kommt die „Cost-of-living"-Untersuchung des englischen Arbeitsamts als solche „extensive" Statistik in Betracht.

bücher und des sonstigen Schulbedarfes, Steuern, Versicherungsprämien und sonstige Ausgaben entstehen in diesem Sinne periodisch. Endlich bedeutet die Jahreszeitenfolge innerhalb des Jahres auch die Möglichkeit der Befriedigung wechselnder Nahrungsbedürfnisse: die Früchte lösen sich ab, und wenn auch der Weltverkehr einen gewissen Ersatz solcher Früchte, die die heimische Produktion zeitweise nicht gewähren konnte, bot, so ist doch eine starke Abhängigkeit von den Jahreszeiten gegeben und nur deren vollständiger Ablauf während eines Jahres scheint einigermaßen die Brauchbarkeit einer Durchschnittsberechnung zu gewährleisten.

Es ist zuzugeben, daß beim Herausgreifen kürzerer Fristen der Beobachtung, etwa eines Monats, ein Vergleich verschiedener Haushalte nicht unter allen Umständen ausscheidet, wenn nur die Zeiteinheit gewahrt bleibt. Wenn man schon einmal daran gedacht hat, auf Grund der willkürlichen Annahme einer erst zu beweisenden Gleichmäßigkeit der Konsumvorgänge, den Januar durch Arbeiter A, den Februar durch Arbeiter B, den März durch Arbeiter C usf. Buch führen zu lassen und die so entstehenden zwölf isolierten Monatsbudgets zu einem Gesamtbudget zusammenzuschweißen, so war das wohl die verhängnisvollste petitio principii, die jemals in ähnlichen Arbeiten unterlief.

Man ist diesen unmöglichen Weg nicht gegangen; aber neuerdings spukt in der Haushaltsstatistik wieder das alte Mißverständnis, das überwunden schien, durch die im Krieg entstandenen Schwierigkeiten gefördert. Mußte es als unmöglich erscheinen, Haushaltsbücher, durch ganze Kriegsjahre geführt, zu erhalten? Jedenfalls beschränken sich die wenigen, an sich gewiß dankenswerten Veröffentlichungen wieder wie in vergangenen Zeiten auf ein Monats-Budget.

Innerhalb der einzelnen Erhebungen mochte dies noch angehen; denn es ist schon darauf hingewiesen, daß schließlich der — durch Herausgreifen bestimmter Jahreszeiten und sonst qualifizierter Zeitpunkte — entstehende Fehler grundsätzlich alle einbezogenen Haushalte gleichmäßig trifft, so daß ein Vergleich unter ihnen und auch die Mittelwertbildung aus ihnen nicht unmöglich erscheint. Wenn nun aber die Ergebnisse dieser Erhebungen, von denen übrigens nur zwei auf den gleichen Monat fielen, ohne Rücksicht darauf verglichen werden sollen, daß nicht stets die gleichen Familien in Betracht kommen, so bedeutet dies auf der schwanken Monatsbasis einen methodischen Rückschritt, den auch die auf Kriegsbedürfnisse zugeschnittene Statistik nicht unternehmen durfte.

In der hier einschlägigen Erhebung des Statistischen Reichsamts wird der Vergleich als „insofern unbedenklich zulässig" erachtet, „als die

Familien beider Erhebungen" (man hat sich auf die beiden April-erhebungen beschränkt) „sowohl deren Einkommen wie auch dem Berufe nach zu den ungefähr gleichen Schichten gehören". Man stützte sich also — übrigens, wie leicht zu zeigen, irrtümlicherweise — auf die oben erwähnten Kriterien des Berufs und des Einkommens, um zum Vergleiche durchzudringen.

Unter diesen Umständen würde selbst der Vergleich von Jahres-budgets nicht unbedenklich sein. Jener von Monatsnachweisungen ist methodisch sicher unzulässig. Wir müssen die Einheit des Jahres unter allen Umständen festzuhalten suchen, und es hätte wohl während des Krieges, der Statistiken wie Pilze in die Höhe schießen ließ, möglich sein müssen, diesen Mindestanforderungen seitens der amtlichen Statistik zu genügen. Wenn eine private Organisation wie der Kriegsausschuß für Konsumenteninteressen sich mit einem Weniger begnügt, so mußte man ihm dennoch für seine Opferwilligkeit dankbar sein.

Untersuchen wir im Rahmen soziologischer, nicht mathematischer Gedankengänge die Frage, welche Rolle dem sog. Gesetz der großen Zahl für die Lebenshaltungs- und Konsumforschung zukommt.

Zunächst ist sicher, daß eine Verkleinerung der unabweisbaren Beobachtungsfehler durch Häufung des Materials nur sehr bedingt zu erwarten ist. Denn es handelt sich ja nicht um rechnerische Vorgänge, die der wiederholten Messung desselben Gegenstands nahestehen und demgemäß unter das Fehlergesetz fallen. Vielmehr ist jeder Haushalt eine neue, für sich allein bestehende Größe, und die Gesichtspunkte, die die Genauigkeit der Aufzeichnung berühren, können in jedem Falle wiederkehren, ohne daß sie qualitativ und quantitativ übereinstimmen müßten. Der eine geht z. B. viel ins Wirtshaus, der andere wenig; demgemäß ist die Quote der Ausgaben außer dem Hause verschieden; aber man wird nicht ohne weiteres damit rechnen können, daß dadurch ein Ausgleich stattfindet. Auch das Maß der Aufmerksamkeit und des Verständnisses für die Budgetführung gewährleistet schwerlich die Möglichkeit, in einem mittleren Wert ausgedrückt zu werden.

An sich bürgt also die große Zahl nicht für eine Unterdrückung der vielen, dem Material notwendig anhaftenden Fehlerquellen. Was kann sie auf unserem Gebiet noch besagen, inwieweit gestattet sie die Durchschnittsbildung und den Vergleich der Haushalte untereinander?

Gliedere ich den Verbrauch ausschließlich nach Einkommensgruppen, ohne Rücksicht auf Familiengröße, Beruf usw., so wird jede Einkommensstufe genügend besetzt sein; aber sie schließt in sich große Gegensätze in den beiden genannten und sonstigen Punkten. Ein entscheidender Vorteil ist alsdann die Einführung der Verbrauchseinheiten und die Festhaltung des gleichen Berufs, wie in vorliegender Erhebung geschah. Es scheinen dies Mindestanforderungen zu sein, ohne die sich das „Gesetz der großen Zahl" in der Haushaltsstatistik nicht durchsetzen kann.

Aber man wird sich auch dann des Gegensatzes bewußt sein, der zwischen der Zahl von einigen Tausenden einzelner Verbrauchsvorgänge[1], die jeder Jahreshaushalt in sich vereinigt, und der stets nur geringen Zahl untersuchter Haushalte besteht. Das Gesetz der großen Zahl mit seiner Nivellierungstendenz soll zunächst innerhalb des einzelnen Haushalts gelten, und setzt dann voraus, daß die Buchführung lange genug dauert. Es ist ein großes Mißverständnis, wenn man die Länge der Erhebungszeit und die Präzision der Buchführung durch Ausdehnung der Zahl der einbezogenen Familien ersetzen zu können glaubt. Jahrzehntelang geführte Haushaltsrechnungen einer einzelnen Familie sind von diesem Standpunkt aus den Massenerhebungen auf ganz ungenügender Basis, die in der angelsächsischen Statistik beliebt waren, weit vorzuziehen[2]. Innerhalb des einzelnen Haushalts hat das Gesetz der großen Zahl volle Geltung; denn schon die tagein, tagaus fortgesetzte Anschreibung wirkt erzieherisch im Sinne einer Ausgleichung von Irrtümern. (Sie wirkt allerdings auch praktisch erzieherisch im Sinne des Haushaltens und der Ordnung der Verbrauchswirtschaft, und in dieser Beziehung liegt eine sozialpolitisch, nicht aber methodisch erwünschte Beeinflussung der buchführenden Familien vor, welche diesen mit der Zeit die Eignung, als Repräsentanten von Bevölkerungsteilen zu gelten, entzieht oder wenigstens schmälert[3].) Man kann den hierbei vor sich gehenden Prozeß als eine bloße Messung ansehen und entsprechend dem Fehlergesetz mit einer gehäuften Dichtigkeit der Ergebnisse um den mittleren Wert rechnen.

Jeder Konsument lebt sein Konsumleben; die nach Gewicht, Preis und nach Kalorien bestimmte genossene Nahrung ist individuell für ihn, nach seiner körperlichen und geistigen Konstitution, seinem Einkommen, der Art seiner Arbeitsleistung usw. zu bestimmen. Man wird auf Durchschnitte usw. nicht verzichten, man wird sie aber in höherem Maße in das Zentrum der individuellen Verbrauchsvorgänge als in die Peripherie verlegen. Abzulehnen ist jede Forschung, die den einzelnen Verbrauchsvorgang seines Zusammenhangs mit dem Ge-

[1] Rechnet man auf den Tag im Durchschnitt zehn Einkäufe, so sind dies im Jahr 3650; nach Menge und Preis eingetragen, ergeben sich über 7000 Notierungen.

[2] Übereinstimmend Meerwarth a. a. O.

[3] Siehe auch meine Darstellung in „Problem der Lebenshaltung", Teubner 1914.

samtkomplex physiologisch-psychologisch-soziologischer Gesichtspunkte innerhalb des einzelnen Individuums zu entkleiden und ihn als angeblich wesensgleiche Größe einer Reihe höchstens gleichnamiger Vorgänge einzugliedern sucht; die dann aus dieser Reihe ohne Rücksicht auf die Abhängigkeit, in der jedes ihrer Glieder zu einem biologisch-soziologischen Organismus steht, Mittelwerte zu errechnen sucht.

Im Sinne dieses Gedankengangs ist jeder einzelne Konsumvorgang (etwa der Kauf von 1 Pfd. Schweinefleisch) nicht eine für sich bestehende Erscheinung, sondern der Ausdruck von Zusammenhängen, mit anderen Worten, keine absolute, sondern eine Beziehungszahl. Natürlich kann man den meisten statistischen Werten einen derartigen Charakter zuschreiben, denn absolut für sich ist nichts im sozialen Leben; selbst der einzelne Mensch ist nur im Zusammenhang mit seinesgleichen zu werten. Indessen liegt doch zwischen den Tatsachen der eigentlichen Bevölkerungsstatistik (ohne Moralstatistik) oder der Wirtschaftsstatistik (in ihrer Beschränkung auf Sachgüter) auf der einen und der engeren Sozialstatistik (mit der wir es hier zu tun haben) auf der anderen Seite ein bedeutender Unterschied. Denn der einzelne Mensch als Objekt der Volkszählung, das Stück Vieh oder die Tonne Eisen als Objekt der Viehzählung und Handelsstatistik sind doch räumlich begrenzte, physische Tatsachen; nicht so der Verbrauch eines Nahrungsmittels, die Wohnungsausgabe oder ein sonstiger Konsumvorgang: letztere sind an und für sich nicht faßbar; der Verbrauch eines Pfundes Butter in einem Haushalt von bestimmtem Umfang, Beruf und Einkommen ist nicht identisch mit dem physiologischen Wert dieses Pfundes Butter schlechthin, das für sich allein natürlich auch Gegenstand einer Produktions- und Handelsstatistik sein kann und in dieser Eigenschaft selbstverständlich eine für sich zählbare Einheit darstellt, auch beliebige Einbeziehung in Mittelwertbildungen gestattet.

Wir resumieren: das Gesetz der großen Zahl und die dadurch erleichterte Zusammenfassung zu Einheitswerten wird für Lebenshaltung und Konsum innerhalb des einzelnen Haushalts am wirksamsten. Zehn je ein Leben lang hindurch geführte Haushaltsbücher gestatten eine ungleich mehr eindeutige Feststellung von Konsumvorgängen als 1000 einen Monat hindurch unterhaltene Budgets. Dabei kann die Zusammenfassung vieler Haushalte gleichen Einkommens, angenäherter Familiengröße und gleichen Berufs bei möglichster geographischer und zeitlicher Gleichmäßigkeit einstweilen wenigstens ergänzend sehr wohl in Frage kommen. Aber der Grenzen solcher Forschung soll man sich mehr als bisher bewußt sein.

Das Material.

Obwohl der beschreibende Zweck für unsere Darstellung durchaus zurücktritt und diese vorzugsweise auf die Beantwortung bestimmter, statistischer oder soziologischer Fragen angelegt wird, ist doch eine kurze Auseinandersetzung über das Material am Platze. Die methodischen und technischen Bedingungen einer brauchbaren Haushaltsstatistik sind als solche hinlänglich bekannt, auch bestehen verschiedene von Waxweiler, Albrecht, St. Bauer u. a. bearbeitete Sammlungen der hierauf bezüglichen Arbeiten. Es mag genügen, darauf hinzuweisen, daß bei der vorliegenden Erhebung in Technikerkreisen nach Möglichkeit auf alle Erfordernisse geachtet wurde. Die buchführenden Familien gehören im wesentlichen den gleichen sozialen Schichten an; damit ist eine weitgehende Übereinstimmung hinsichtlich der physischen Arbeitsleistung, der Konsumgewohnheiten und hinsichtlich des Existenzminimums vorhanden. Um so wichtiger wird alsdann das verschiedene Einkommen, das immerhin zwischen 1500 und 6000 Mk. schwankt und damit eine Unterlage für die Gegenüberstellung von Verbrauch, Einkommen und Gesamtausgabe ermöglicht.

Neben dem Arbeitseinkommen ist das Gesamtfamilieneinkommen wichtig. Der Unterschied zwischen beiden ist vor allem auf Vermögensbesitz zurückzuführen. Ein gleichzeitig mit der Erhebung der Rechnungen aufgenommener Fragebogen enthält hier alle wünschenswerten Einzelheiten, auf die im Verlauf der Darstellung wiederholt zurückgegriffen werden wird. Kinder- und Frauenverdienst scheidet bei den Privatangestellten, mit denen es unsere Statistik zu tun hat, in der Hauptsache aus. — Der Fragebogen errichtet gleichzeitig ein Inventar über den Besitzstand bei Inangriffnahme der Wirtschaftsrechnungen; es wird so dem Umstande Rechnung getragen, daß das für die Wirtschaftsrechnung bestimmte Jahr keine abgeschlossene Wirtschaftseinheit darstellt, vielmehr aus dem Zusammenhang willkürlich herausgerissen wird; infolgedessen kann man auch nicht eine vollständige Abgleichung von Einnahmen und Ausgaben erwarten; trifft sie, wie in unserem Material, dennoch im allgemeinen zu, so spricht dies allerdings für die Zuverlässigkeit der Angaben und für die Wirtschaftlichkeit der buchführenden Familien.

In der anschließenden Übersicht sind diese zunächst nach Wohnort, Zahl der Personen, Alter der Kinder, Jahreseinkommen im Erhebungsjahre und dem diesem vorhergehenden Jahre sowie Arbeitseinkommen dargestellt.

Übersicht 1.

Allgemeine Familien- und Einkommensverhältnisse.

Ort	Zahl der Personen im Haushalt	Alter der Kinder bis 6 Jahre	Alter der Kinder 7—14 Jahre	Alter der Kinder über 14 Jahre	Jahreseinkommen der Familie im Erhebungsjahre	Jahreseinkommen der Familie im Vorjahre	Arbeitseinkommen des Haushaltsvorstandes im Erhebungsjahre
I. Über 5000 Mark Familien-Jahreseinkommen:							
Dresden	5	1	2	—	6408	4500	4665
Nürnberg	4	1	1	—	5193	3600	3700
Offenbach	4	2	—	—	5115	4432	4375
II. Zwischen 4000 und 5000 Mark Einkommen:							
Offenbach	4	—	2	1	5000	4175	4490
Dresden	4	—	—	2	4683	3840	4341
Düsseldorf	4	—	2	—	4675	4050	4250
Aachen	4	2	—	—	4466	3600	4259
Magdeburg	4	—	2	—	4125	3900	3975
Magdeburg	4	2	—	—	4085	3500	3388
III. Zwischen 3000 und 4000 Mark Einkommen:							
Geestemünde	4	2	—	—	3970	3780	3970
Apolda	5	1	2	—	3962	3280	3362
Dessau	4	1	1	—	3936	3800	3540
Hamburg	4	1	1	—	3790	3907	3790
Köln-Kalk	5	3	—	—	3715	3715	3715
Friedrichsort (Kiel)	4	2	—	—	3711	2640	2810
Harburg a. E.	4	2	—	—	3700	3450	3700
Böhlitz-Ehrenberg	4	2	—	—	3665	3060	3056
Lübeck	4	—	2	—	3655	3150	3506
München	4	—	2	—	3619	2886	2550
Merseburg	4	1	1	—	3600	3000	3000
Essen-Ruhr	5	—	2	1	3550	3000	3350
Hamburg	4	2	—	—	3535	4607	3385
Burg in Dithm.	5	2	1	—	3532	2490	3052
Darmstadt	5	1	2	—	3520	3020	3150
Bergedorf b. Hamb.	5	3	—	—	3485	2940	3465
Hindenburg O.-S.	4	2	—	—	3433	2820	2894
Neuß a. Rh.	5	3	—	—	3317	2970	3160
Magdeburg	4	1	1	—	3293	2750	3050
Lörrach	5	—	3	—	3222	3000	2682
Posen	4	2	—	—	3127	2400	3127
Osnabrück	4	1	1	—	3083	2920	3083
Regensburg	4	1	1	—	3063	2800	2140
Wurzen i. S.	5	1	2	—	3039	2460	2995
Niederschlema b. Aue	6	2	2	—	3013	2180	2560
IV. Zwischen 2000 und 3000 Mark Einkommen:							
Wurzen i. S.	6	4	—	—	2982	2751	2908
Zeitz	4	1	1	—	2974	2845	2760
Ludwigshafen	4	2	—	—	2944	3200	2595

Übersicht 1 (Fortsetzung).

Ort	Zahl der Personen im Haushalt	Alter der Kinder bis 6 Jahre	Alter der Kinder 7—14 Jahre	Alter der Kinder über 14 Jahre	Jahreseinkommen der Familie im Erhebungsjahre	Jahreseinkommen der Familie im Vorjahre	Arbeitseinkommen des Haushaltsvorstandes im Erhebungsjahre
Gotha	4	2	—	—	2807	2160	2535
Berlin	6	4	—	—	2806	2500	2500
Stettin	4	—	1	1	2760	2480	2519
Gotha	6	3	1	—	2626	1920	2092
Eisenach	5	3	—	—	2567	2400	2400
Gotha	4	2	—	—	2474	2160	2160
Spandau	4	1	1	—	2444	2500	2400
Leipzig	4	1	1	—	2426	2626	2333
Hanau	4	2	—	—	2425	1950	2277
Prenzlau	4	2	—	—	2405	1900	1967
Sonneberg i. Th.	3	1	—	—	2092	2000	1850
V. Unter 2000 Mark Einkommen:							
N.	5	2	1	—	1807	1320	1334
N.	3	1	—	—	1550	1500	1550

Auf diese Darstellung und besonders auf die Berechnung der in den einzelnen Haushalten vorhandenen Verbrauchseinheiten ist später noch oft zurückzukommen. Die gewählte Berechnung legt der Einfachheit und Vergleichbarkeit halber im wesentlichen den vom Statistischen Reichsamt gewählten Maßstab zugrunde: der erwachsene Mann gilt als volle Einheit, die Frau wird mit 0,8, das kleine Kind mit 0,15 eingesetzt. Diese Berechnung ist physiologisch weniger genau als manche andere, sie genügt aber für die Zwecke der Darstellung durchaus.

Anschließend sind die Alters- und Ehedauerverhältnisse in der Familie dargestellt.

Übersicht 2.

Alters- und Eheverhältnisse.

	Einkommen (Mk.)	(Arbeitseinkommen) (Mk.)	Alter des Ehemannes (Jahre)	Ehedauer (Jahre)	Unterschied im Alter der Ehegatten (Jahre) (+ u. —)	Zahl der Kinder (verstorbene eingeklammert)
1.	1550	1550	33	5	+ 6	1
2.	1807	1334	33	8	+ 3	4 (1)
3.	2092	1850	36	5	+ 7	1
4.	2405	1967	29	6	+ 2	2
5.	2425	2277	28	2	+ 4	2

	Einkommen (Mk.)	(Arbeitseinkommen) (Mk.)	Alter des Ehemannes (Jahre)	Ehedauer (Jahre)	Unterschied im Alter der Ehegatten (Jahre) (+ u. —)	Zahl der Kinder (verstorbene eingeklammert)
6.	2426	2333	37	8	+ 4	2
7.	2444	2400	32	8	+ 2	2
8.	2474	2160	34	7	0	2
9.	2567	2400	33	8	+ 2	3
10.	2626	2192	33	7	+ 6	4
11.	2760	2519	35	8	— 1	2
12.	2806	2500	34	7	— 1	4
13.	2807	2535	28	3	+ 3	2
14.	2944	2595	33	4	+ 6	2
15.	2974	2760	38	10	+ 1	2
16.	2982	2908	34	7	— 2	4
17.	3013	2560	31	8	+ 2	4
18.	3039	2995	34	10	+ 1	3
19.	3063	2140	38	8	+ 3	2
20.	3083	3083	36	8	— 2	2
21.	3127	3127	32	5	+ 7	2
22.	3222	2682	41	12	+ 2	3
23.	3293	3050	37	11	0	2
24.	3317	3160	29	7	+ 2	3
25.	3433	2894	33	5	— 1	2
26.	3485	3465	28	4	+ 3	3
27.	3520	3150	37	12	+ 2	3
28.	3532	3052	36	9	+ 3	3
29.	3535	3385	31	4	0	2
30.	3550	3350	40	16	— 2	4 (1)
31.	3600	3000	37	11	+ 5	3
32.	3619	2550	45	4	+ 4	2
33.	3655	3506	44	15	+ 9	3 (1)
34.	3665	3056	33	7	— 2	2
35.	3700	3700	29	7	0	2
36.	3711	2810	33	7	+ 3	2
37.	3715	3715	42	10	+ 5	5 (2)
38.	3790	3790	36	9	0	2
39.	3936	3540	34	10	+ 2	2
40.	3962	3362	36	13	0	5 (2)

	Einkommen (Mk.)	(Arbeitseinkommen) (Mk.)	Alter des Ehemannes (Jahre)	Ehedauer (Jahre)	Unterschied im Alter der Ehegatten (Jahre) (+ u. —)	Zahl der Kinder (verstorbene eingeklammert)
41.	3970	3970	33	4	+ 9	2
42.	4085	3388	35	5	+ 2	2
43.	4125	3775	39	12	+ 2	2
44.	4466	4259	33	7	+ 4	2
45.	4675	4250	33	10	+ 2	2 (1)
46.	4683	4341	44	6	+ 8	3 (1)
47.	5000	4490	42	.	.	3
48.	5115	4375	33	6	+ 1	2
49.	5193	3700	39	9	+ 7	2
50.	6408	4665	36	12	+ 3	3

Für unser gesamtes Material ergibt sich ein (arithmetisches) Durchschnittsalter des Familienhauptes von genau 35 Jahren; legt man den häufigsten Wert zugrunde, so kann man bei 33 Technikern ein Alter von 32—38 Jahren feststellen; die Ehedauer betrug nicht viel weniger als 8 Jahre; hier sind freilich sehr erhebliche Unterschiede vorhanden. Der durchschnittliche Altersunterschied zwischen Mann und Frau ist + 2 Jahre; die Durchschnittskinderzahl (einschließlich der in 7 Fällen und im Betrag von 9 zu verzeichnenden verstorbenen Kinder) berechnet sich auf 2,60 Kinder, wobei keine großen Differenzen obwalten. Eine Wiederverheiratung hat in keinem Falle stattgefunden. Natürlich hat man es hier mit einem für die Zwecke der Statistik ausgewählten Material zu tun.

Unter dem Gesichtspunkt des **Alters** des Haushaltsvorstandes fand eine Gliederung des Arbeitseinkommens statt, die folgendermaßen aussieht:

Alter	Arbeitseinkommen unter 2000 Mk.	über 2000-3000 Mk.	über 3000-4000 Mk.	über 4000 Mk.	Zusammen
Unter 30 Jahre	1	2	3	—	6
30—unter 35 "	2	12	6	3	23
35—unter 40 "	1	4	9	1	15
über 40 "	—	2	2	2	6
Zusammen	4	20	20	6	50

Eine gewisse Steigerung des Arbeitseinkommens bei zunehmendem Alter geht aus vorstehender Übersicht ziemlich deutlich hervor. Immerhin fanden sich bei Technikern in den besten Jahren doch recht kleine, weit unter dem Mittel zurückbleibende Verdienste. Die Frage braucht hier, da es sich nicht um eine sozialpolitische Wertung des Materials handeln kann, nicht weiter verfolgt zu werden.

Berechnet man die Zahl der überhaupt geborenen Kinder auf die Dauer der Ehe, so zeigt sich dieses:

Ehedauer (Jahre)	Geborene Kinder 1	2	3	4	5
Unter 5	—	6	1	—	—
5—7	2	10	2	3	—
8—10	—	10	3	2	1
11—15	—	2	4	—	1
Über 15	—	—	1	1	—

Dabei ist zu beachten, daß die nicht häufigen Fälle von Kinderverlusten sich zumeist auf Familien mit längerer Ehedauer beziehen. In den beiden Fällen, in denen 5 Kinder geboren wurden, sind jedesmal 2 gestorben, und zwar nach 10- und 13jähriger Ehedauer. In den 5 Fällen, in denen je 1 Kind starb, handelt es sich 3mal um eine 10—16jährige, 2mal um eine 6—8jährige Ehedauer. Es ist sehr bezeichnend, daß mit einer Ausnahme in jedem Falle die Zahl der am Leben befindlichen Kinder 2—3 geblieben ist. Eine Regelung der Fortpflanzung ist in vielen Fällen naheliegend; man kann beinahe von 2- und 3-Kindersystem sprechen. Sieht man nämlich von den 7 Ehen mit kürzerer Dauer als 5 Jahre ab, so war wohl in fast allen Familien die grundsätzliche Möglichkeit, mehr Kinder zu haben, gegeben. Das gilt mindestens von den über 8 Jahre dauernden Ehen.

Diese fast bis zur Tatsache zu erhebende Vermutung kommt für uns natürlich nicht vom moral-, sondern vom wirtschaftsstatistischen Standpunkt aus erheblich in Betracht. Denn Familien, bei denen die Frage der Nachkommenschaft nicht mehr (oder überhaupt nicht) nur ins Gebiet des Trieblebens geschoben wird, werden sich hinsichtlich ihrer Lebenshaltung und ihres gesamten Verbrauchs wesentlich von den anderen unterscheiden.

Auch aus der Geschlechtsgliederung der Kinder kann ein gewisser Nachweis für planmäßige Regelung des Nachwuchses abzuleiten versucht werden. Aus unserem Material gewinnen wir folgendes Bild[1]:

[1] 2 Fälle nicht näher bekannt.

1. Kind: Sohn.

Kein weiteres Kind: —

2. Kind: Sohn: 11[1]	2. Kind: Tochter: 9[2]
3. Kind: Sohn: 3[1]	3. Kind: Sohn: 3[2]
3. Kind: Tochter: 1	3. Kind: Tochter: —

1. Kind: Tochter.

Kein weiteres Kind: 2

2. Kind: Sohn: 3	2. Kind: Tochter: 6[2]
3. Kind: Sohn: 3	3. Kind: Sohn: 1[2]
3. Kind: Tochter: 1	3. Kind: Tochter: 1

ferner:

4 Töchter: 1;
2 Töchter, 2 Söhne: 2;
3 Söhne, 1 Tochter: 1.

Hieraus kann man eine konsumstatistisch nicht gleichgültige Vermutung entnehmen, ohne daß es sich natürlich angesichts des kleinen Materials um eine streng bevölkerungsstatistische Beweisführung handelt (freilich scheint die allgemeine Bevölkerungsstatistik in den hier besprochenen Fragen der Detailforschung nicht entraten, diese auch schwerlich ersetzen zu können, da in ihr regelmäßig die wirtschaftsstatistischen Begleiterscheinungen unbekannt bleiben werden):

Zunächst sind die beiden Familien mit nur je einem Kind eher im entgegengesetzten Sinne zu deuten; denn da es sich beidemale um Mädchen handelt, der Besitz eines Sohnes aber bei intellektuell beeinflußter Fortpflanzungsregelung fast stets erwünscht erscheint, so wäre in diesen Fällen an sich mit weiterem Kinderbesitz zu rechnen. Indessen unterliegen die einzigen Kinder oft besonderen Ursächlichkeiten, über die wir hier angesichts des kleinen Materials hinwegsehen können. Vor allem aber handelt es sich beidemal um kurzfristige (5 jährige) Ehen.

Vergleichen wir die Familien mit je zwei Kindern, je nachdem das erste Kind ein Sohn oder eine Tochter ist. Nur neun Familien der letzteren Art stehen zwanzig der ersteren gegenüber. Der Zweikinderbesitz ist also viel mehr da verbreitet, wo das erste Kind ein Knabe ist. Zwei Gedankengänge mögen sich hier kreuzen: der Wunsch, ein zweites

[1] Bezeichnet 2 Kinder gestorben.

[2] Bezeichnet ebensoviel Fälle mit Kinderverlusten (in der Geschlechtsgliederung nicht enthalten).

Kind und möglichst den Stammhalter zu haben, und die bei den Eltern, deren Erstgeborenes ein Mädchen ist, durchaus nicht abzuweisende „Befürchtung", daß auch das zweite Kind ein Mädchen sein würde; man muß diese Gedankengänge stets unter dem vorherrschenden Gesichtspunkt der Lebensfristung mit einem gegebenen, nicht beliebig steigerbaren Einkommen verstehen. Es ist durchaus möglich, daß die Befürchtung im obigen Sinne manchmal stärker wirkte als der Wunsch nach weiteren Kindern. Aber die hohe Zahl der zweitgeborenen Knaben wird natürlich auch durch die höhere Wahrscheinlichkeit einer Knabengeburt beeinflußt.

Die nicht allzu zahlreichen Fälle, in denen drei Kinder am Leben sind, liegen meist sehr verschieden, je nachdem man von einem Sohn oder einer Tochter als Erstgeborenem ausgeht.

Dagegen stellen wir noch den bezeichnenden Fall von vier Töchtern fest, bei dem der Wunsch, einen Stammhalter zu erhalten, mitspielen mag.

Selbstverständlich sind bestimmte Entwicklungen aus dem Gesagten nicht abzuleiten. Immerhin scheint sich aber zu bestätigen, was mit größerer Folgerichtigkeit schon aus der geringen Zahl der Kinder im Zusammenhalt mit der meist beträchtlichen Ehedauer gefolgert werden konnte: Mindestens bei einem größeren Teil unseres Materials ist bewußter Einfluß der Eltern auf den Umfang der Nachkommenschaft anzunehmen. Der „Intellektualismus" oder die „Rationalisierung" des Ehelebens prägt sich deutlich aus, man wird von hier aus einen ganz bestimmten Einfluß auf Lebenshaltung und Konsumtion annehmen können.

Örtliche Gliederung.

Folgende nach der Höhe des Einkommens (Gesamtjahreseinkommen) benannte Familien befanden sich:

in Preußen:

Mark: 2405; 2444; 2806	3
Hessen-Nassau: 2425; 5115; 5000	3
Pommern: 2760	1
Provinz Sachsen: 2974; 3293; 3600; 4085; 4125	5
Westfalen: 3083	1
Posen: 3127	1
Rheinland: 3317; 3550; 3715; 4466; 4675	5
Schlesien: 3433	1
Schleswig-Holstein: 3532; 3711	2

in Bayern: 1550; 1807; 2944; 3063; 3619; 5193 6
in Sachsen: 2426; 2982; 3013; 3039; 3655; 4683; 6408 . . 7
in Thüringen: 2092; 2474; 2567; 2626; 2807 5
in Baden: 3222 1
in Hessen (Großherzogtum): 3520 1
in freien Städten: 3485; 3535; 3665; 3700; 3790; 3970 . . 6
im sonstigen Deutschland: 3936; 3962 2

Nach größeren Gebieten läßt sich das Material wie folgt gliedern:

Ostdeutschland: 3;
Nördliches Mitteldeutschland: 8;
Nordwestdeutschland: 13;
Südwestdeutschland: 5;
Sachsen, Thüringen: 14;
Bayern: 6.

Die verschiedenen Ortsgrößen sind in folgendem Ausmaß vertreten:

Einkommens-gruppe	Großstädte (über 100 000 E.)	Mittelstädte (20—100 000 E.)	Kleinstädte (unter 20000 E.)	Zusammen
unter 2000 Mk.	—	—	2	2
2000—3000 „	4	8	2	14
3000—4000 „	9	9	7	25
4000—5000 „	5	—	—	5
über 5000 „	2	2	—	4
Zusammen	20	19	11	50

Auffallend ist in dieser Gegenüberstellung die Häufung der größeren Einkommen in den Großstädten; von neun Einkommen im Betrag von über 4000 Mk. fallen sieben hierher. Auf der anderen Seite finden sich die beiden geringsten, 2000 Mk. unterschreitenden Einkommen in einem kleinen Orte Bayerns. Die Gliederung der mittleren Einkommen ist weniger bemerkenswert. Man wird indes fast ohne Fehler die ganze Einkommensgruppe über 4000 Mk. als großstädtisch und die ganze Einkommensgruppe unter 2000 Mk. als kleinstädtisch erachten und hieraus interessante Gesichtspunkte ableiten.

Übersicht 3.

Soziale Herkunft.

Lfde. Nr.[1]	Beruf des Großvaters des Familienhauptes	Beruf des Vaters des Familienhauptes	Beruf des Familienhauptes	Beruf des Vaters der Ehefrau
1	Landwirt	Steinmetzpolier	Steinmetztechniker	Gewerbetreibender (Bäckermeister)
2	Bildhauer	Techniker	Techniker	Schiffer
3	Landwirt	Maurer und Landwirt	Hochbautechniker	Mittl. Beamter (Bahn)
4	Gutsarbeiter	Gewerbetreib. (Schlächtereibesitzer)	Hochbautechniker (Staatsbeamtenanwärter)	Gärtnereibesitzer
5	?	Gastwirt	Bautechniker	Bautechniker
6	Bergsteiger	Unt.-Beamter (Bahn)	Bautechniker	Hausbesitzer
7	Maurermeister	Maurermeister	Masch.-Techniker (Beamter)	Mittl. Beamter (Post)
8	Arbeiter	Futtermeister	Bautechniker (Geschäftsführ.)	Schreinermeister
9	Fabrikbesitzer	Gewerbetreib. (Kürschnermstr.)	Bauführer	Gewerbetreibender (Stellmachermstr.)
10	Arbeiter	Arbeiter (Zimmerer)	Bautechniker	Arbeiter
11	Maurerpolier	Maurermeister	Bautechniker	Gewerbetreibender (Tischlermeister)
12	Gewerbetreib. (Schuhm.-Mstr.)	Buchdrucker	Techniker (städt. Beamter)	Kaufmann
13	Mühlenbauer	Kaufmann	Bautechniker	Gewerbetreibender (Schmiedemeister)
14	Gewerbetreib. (Metzgermstr.)	Gewerbetreib. (Metzgermeister)	Bautechniker	Steinbruchbesitzer
15	?	Maschinenmeister	Bautechniker	Tischler
16	Fabrikant (Eisenwaren)	Fabrikant (Eisenwaren)	Ingenieur	Städt. Beamter (Musikdirektor)
17	Landwirt	Mechaniker und Kaufmann	Masch.-Techniker	Arbeiter
18	Waffenschmied	Staatsbeamter (Eisenbahn)	Masch.-Ingenieur	Gastwirt

[1] Geordnet nach dem Einkommen gemäß S. 16 ff.

Lfde. Nr.	Beruf des Großvaters des Familienhauptes	Beruf des Vaters des Familienhauptes	Beruf des Familienhauptes	Beruf des Vaters der Ehefrau
19	Landwirt	Landwirt (Gütler)	Bautechniker (Staatsbeamter)	Landwirt (Posthalter)
20	Gutspächter	U. Staatsbeamter (Eisenbahn)	Bauführer (Gemeindebeamt.)	Landwirt
21	Maschinenmstr.	Maurerpolier	Bauführer	Steinmetz
22	Landwirt	Mittl. Beamter (Kreisschreiber)	Bautechniker (-Führer)	Oberschmelzmeister
23	Lehrer u. Kantor	Lehrer u. Kantor	Ingenieur	Fabrikhandwerker
24	Landwirt	Landwirt	Bautechniker (in Stadtverw.)	Postverwalter
25	Kutscher	Zimmermann	Bautechniker (Kreisbeamter)	Zimmermeister
26	Landwirt	Gefängnis-Oberaufseher	Bautechniker	Monteur
27	Leinweber	U. Staatsbeamter (Eisenbahn)	Ingenieur	Kaufmann
28	Landwirt	Landwirt	Techniker (Staats- [Kanal]dienst)	Schiffskapitän
29	Landarbeiter	Ziegelmeister	Bautechniker	Wegeaufseher
30	Baumeister	Gewerbetreibend. (Stuckgeschäft)	Techniker (Assistent)	Viehhändler
31	Gewerbetreib. (Schuhm.-Mstr.)	Bergmann	Konstrukteur	?
32	?	Fabrikdirektor	Masch.-Techniker (Oberassistent, Eisenbahn)	Musikmeister
33	Gewerbetreib. (Schuhm.-Mstr.)	Gewerbetreib. (Glasermeister)	Masch.-Techniker (Eisenbahn)	Eisenbahnsekretär
34	?	Steuerkommissär	Bureauchef	Kaufmann
35	?	Schriftsetzer	Ingenieur	?
36	Schneider	Werkmeister	Masch.-Ingenieur	Landwirt
37	Straßenwärter	Straßenaufseher	Masch.-Ingenieur	Kesselheizer, Landwirt
38	Arbeiter	Bauhandwerker	Bautechniker (Beamter)	Lehrer
39	Lehrer	Lehrer	Bauingenieur	Aichmeister
40	Landwirt	Landwirtschafts-Aufseher	Geometer (Städt. Beamter)	Materialverwalter

Lfde. Nr.	Beruf des Großvaters des Familienhauptes	Beruf des Vaters des Familienhauptes	Beruf des Familienhauptes	Beruf des Vaters der Ehefrau
41	Landwirt	Obergüteraufseher	Bautechniker (Städt. Beamter)	Mittl. Beamter (Eisenbahn)
42	Weber	Webereiwerkführer	Konstrukteur	Gärtnereibesitzer
43	Hofmeister	Maschinenmeister	Betriebsingen.	Kesselschmied
44	Feldwebel	Handarbeiter	Konstrukteur	Lokomotivführer
45	Landwirt	Bergmann	Bausekretär	Gastwirt
46	Fabrikaufseher	Gendarm	Baumeister (Städt. Beamt.)	M. Staatsbeamt. (Materialverw.)
47	(ohne Angaben)			
48	?	Maurer	Techn. Bureauvorsteher	Landwirt
49	Hüttenbeamter	Masch.-Ingenieur	Masch.-Ingen.	Städt. Beamter
50	Landwirt	Gewerbetreibender (Schuhmachermstr.)	Ingenieur	"

Zusammenstellung.

	Großvater[1]	Vater	Sohn	Schwiegervater[2]
Landwirt	12	4	—	7
Privatangestellter	7	12	34	5
Städt. oder staatl. Beamter, Lehrer, auch Anwärter .	3	10	16	13
Gewerbetreibender	10	12	—	10
Kaufmann	—	2	—	4
Sonstige Berufe	1	1	—	2
Ländl. Arbeiter	3	—	—	—
Gewerbl. Arbeiter . . .	7	8	—	6

Aus vorstehender Übersicht scheint wiederholt eine bestimmte soziale Entwicklung abzuleiten zu sein. So ist in der großväterlichen Generation der landwirtschaftliche Beruf durch zwölf selbständige Landwirte und (mindestens) drei Landarbeiter vertreten, während die letztere Gruppe bei den Vätern und Schwiegervätern nicht mehr, der selbständige Landwirtsberuf nur mehr in vier und sieben Fällen vertreten ist. Die Söhne sind dann alle zu gewerblichen Berufen übergegangen. Die entgegengesetzte Entwicklung gilt für die staatlichen und städtischen Beamten-(Lehrer-)berufe, die in den mittleren Generationen viel häufiger anzutreffen sind als in der älteren (10 und 13 Fälle hier, drei Fälle dort). Die selb-

[1] 7 ohne Mitteilung. [2] 3 ohne Mitteilung.

ständigen Gewerbetreibenden sind sehr regelmäßig in über ein Fünftel aller Fälle vertreten. Die Privatangestellten nehmen von Generation zu Generation zu. Arbeiterberufe spielen wohl bei den Großvätern eine etwas größere Rolle als bei den Vätern und Schwiegervätern, doch treten sie mit je sechs bis acht überall zurück.

Verhältnismäßig häufig ist eine Berufsfolge, die mit dem Landwirt anhebt und schon in der mittleren Generation ins Gewerbe hinüberführt; doch bleibt der landwirtschaftliche Beruf nicht selten auch in der zweiten Generation erhalten. Wo der Arbeiterberuf am Anfang steht, ist auch der Vater noch wiederholt als Arbeiter, in anderen Fällen als Privatangestellter tätig.

Städtische und staatliche Beamte finden sich bei den Großvätern nur vereinzelt, häufiger sind sie schon bei den Vätern, noch häufiger bei den Schwiegervätern. Von den Familienvorständen selbst sind 16 — fast zwei Drittel des ganzen Materials — in staatlichem oder gemeindlichem Dienst oder Anwärter einer solchen Stellung.

In diesem Zusammenhang soll ein im allgemeinen ungenügend beantworteter Punkt des Fragebogens, der nach dem künftigen Beruf der Kinder fragt, gestreift werden. Bezeichnenderweise wünschen nur zwei Familien, daß die Söhne den väterlichen Beruf ergreifen; in zwei anderen Fällen wird dies strikte abgelehnt.

Bildungsgang.

Die Haushaltsvorstände unserer Erhebung haben im allgemeinen den in Technikerkreisen üblichen, in der Technikerstatistik des Verfassers[1] näher gekennzeichneten Bildungsgang hinter sich. Näheres geht aus folgender Zusammenstellung hervor:

(Siehe die Übersicht 4 S. 28 und 29.)

Wie aus nachstehender Übersicht hervorgeht, obwaltet im theoretischen Bildungsgange der Techniker eine gewisse Gleichmäßigkeit. 7—9 Jahre Volks- oder Bürgerschule, 4—5 Semester Baugewerks- oder Maschinenbauschule sind die Regel. Der Besuch des Technikums ist wesentlich seltener als der der staatlichen Bildungsanstalt, die merkwürdigerweise freilich die Berechtigung zum Einjährig-freiwilligen-Dienst noch nicht in sich schloß.

Erhebliche Unterschiede bestehen demgegenüber hinsichtlich des praktischen Lehrgangs. Als Zimmerer (Tischler) haben 11, als Maurer (gegebenenfalls auch als Bauaufseher und Zimmerer) haben 14, als

[1] Die deutschen Techniker. 2 Bände. Duncker & Humblot, 1912.

Schlosser, Dreher, Maschinenbauer, Mechaniker, Schmied haben 19 gelernt. Der Rest entfällt auf Spezialberufe oder auf solche Techniker, die gleich in dieser Stellung (besonders als Steinmetztechniker) oder zunächst als Zeichner tätig gewesen sind. Über die Dauer der Lehrzeit und der Praxis als Arbeiter unterrichtet folgende Gegenüberstellung:

	2 Jahre u. darunter	Über 2—3 J.	Über 3—4 J.	Über 4—5 J.	Über 5—10 J.	Über 10 J.	Zusammen
Zimmerer (Tischler) .	—	6	1	1	2	1	11
Maurer (Bauaufseher)	6	5	2	—	1	—	14
Schlosser, Dreher, Mechaniker, Maschinenbauer . .	2	7	6	2	1	1	19
Übrige	—	2	—	—	1	2	5
Zusammen	8	20	9	3	5	4	49 [1]

Es überwiegt also die zwei- bis dreijährige praktische Lehrzeit, doch findet sich daneben in annähernd gleicher Zahl die höchstens zweijährige und die drei- bis vierjährige Praxis. Im ganzen haben die Maschinentechniker eine etwas längere Lehrzeit als die Bautechniker, unter diesen waren wiederum die Zimmerer längere Zeit als die Maurer in der Praxis tätig. Natürlich handelt es sich um einigermaßen zufällige Werte, aber sie scheinen nicht erheblich von den durch meine Statistik 1912 festgestellten Zahlen abzuweichen.

In jedem Fall ist die Zeit der theoretischen und praktischen Ausbildung zusammen eine beträchtliche. Erwähnt soll hier werden, daß nur in zwei Fällen eine geregelte theoretische Schulung nicht vorliegt. Einer der beiden Techniker, die im wesentlichen ihre Kenntnisse durch Selbststudium erwarben, verzeichnet das höchste Einkommen.

Einkommen, Einnahme, Vermögen.

Wiederholt ist bereits auf die Bedeutung des fundierten Einkommens für viele Fragen der Lebenshaltung und des Verbrauchs hingewiesen worden. Es handelt sich dabei um mehrere Unterfragen: Zum ersten soll bereits das nichtfundierte Arbeitseinkommen aus allgemein sozialpolitischen Gründen zur Bestreitung wenigstens der notwendigen Ausgaben, besser gesagt: aller nicht dem Luxus zuzuweisenden Ausgaben hinreichen, wobei der Begriff des Luxus an den Bedürfnissen der einzelnen Volksschichten zu messen ist. Man wird aus diesem Grunde in Fällen, wo Gesamt- und Arbeitseinkommen weit auseinandergehen,

[1] Ein Fall unbekannt.

Übersicht 4. **Bildungsgang.**

Einkommen	Arbeitseinkommen	Allgemeine Schulbildung – Art der Schule										Fachlich-theoretische Ausbildung – Art der Schule											Praktische Ausbildung	
		Gymnasium	Präparande und Seminar	Oberrealschule	Mittelschule	Höhere Stadtschule	Bürgerschule	Volksschule	Fortbildungsschule	Sonntagsgewerbeschule	Sonntagszeichenschule	Technikum	Baugewerbeschule	Kunstgewerbeschule	Maschinenbauschule	Gewerbeschule	Handwerkerschule	Fachschule	Gewerbl. Fortbildungsschule	Gewerbezeichenschule	Maschinenmaat-vorbereit.-Schule	Selbststudium	Beruf	Jahre
		Jahre										Semester												
1550	(1550)	—	—	—	—	—	—	10	—	—	—	—	3	—	—	—	—	—	—	—	—	—	Steinmetz	8
1807	(1334)	—	—	—	—	—	—	10	—	—	—	—	2	—	—	—	—	—	—	—	—	—	Steinmetz	12
2092	(1850)	—	—	—	—	—	—	7	3	—	—	—	5	—	—	—	—	—	—	—	—	—	Zimmerer	8
2405	(1967)	—	—	—	—	—	—	9	2½	—	—	—	4	—	—	—	—	—	—	—	—	—	Zimmerer	3¼
2425	(2277)	—	—	—	—	—	—	8	—	—	—	—	2	2	—	—	—	—	—	—	—	—	Maurer	2
2426	(2333)	—	—	—	—	—	—	9	—	—	—	—	4	—	—	—	—	—	—	—	—	—	Maurer, Zimmerer	2⅙
2444	(2400)	—	—	—	—	—	—	8	—	—	—	4	—	—	—	—	—	—	—	—	—	—	Schmied, Schlosser	12
2474	(2160)	—	—	—	—	—	—	7	—	—	—	—	4	—	—	—	—	—	—	—	—	—	Zimmerer	3
2567	(2400)	—	—	—	—	—	—	8	—	3	—	—	4	—	—	—	—	—	—	—	—	—	Zimmerer	3
2626	(2192)	—	—	—	—	—	—	8	—	—	—	—	4	—	—	—	—	—	—	—	—	—	Zimmerer	3
2760	(2519)	—	—	—	—	—	—	8	—	—	—	—	6	—	—	—	—	—	—	—	—	—	Maurer	2
2806	(2500)	—	—	—	—	—	—	8½	—	—	—	—	—	—	4	—	—	—	—	—	—	—	Schlosser	4
2807	(2535)	—	—	—	—	—	—	7	—	—	—	—	4	—	—	—	—	—	—	—	—	—	Zimmerer	3
2944	(2595)	—	—	—	—	—	—	7	3	—	—	—	5	—	—	—	—	—	—	—	—	—	Zimmerer	12
2974	(2760)	—	—	—	—	—	—	8	—	—	—	—	—	—	—	—	—	—	—	—	—	—	Maurer[1]	1½
2982	(2908)	—	—	—	—	—	—	8	—	—	—	—	—	—	—	—	—	4	—	—	—	—	Büchsenmacher	3
3013	(2560)	—	—	—	—	—	—	8	—	—	—	—	—	—	4	—	—	—	—	—	—	—	Dreher, Schlosser	4
3039	(2995)	—	—	—	—	—	—	8	—	—	—	—	—	—	4	—	—	—	—	—	—	—	Maschinenschlosser	2
3063	(2140)	—	—	—	—	—	—	7	3	—	—	—	5	—	—	—	—	—	—	—	—	—	Maurer	4
3083	(3083)	—	6	—	—	—	—	8	—	—	—	—	4	—	—	—	—	—	—	—	—	—	Maurer	2⅙
3127	(3127)	—	—	—	—	—	—	8	—	—	—	—	4	—	—	—	—	—	—	—	—	—	Maurer	3

3222	(2682)	—	—	—	—	4	—	6	—	—	—	—	—	—	—	6	—	—	—	—	—	—	Schlosser	1/4
3293	(3050)	—	—	—	—	—	—	9[2]	—	—	—	5	—	—	—	—	—	—	—	—	—	—	Mechaniker und Maschinenbauer	2½
3317	(3160)	—	—	—	—	—	—	8	—	—	—	—	4	—	—	—	—	—	—	—	—	—	Zimmerer	2½
3433	(2894)	—	—	—	—	—	—	9	—	—	—	3	—	—	—	—	—	—	—	—	—	—	{ Maurer Vermessungs-Technik.	1½ 3
3485	(3465)	—	—	4	5	—	—	—	—	—	—	—	4[3]	—	—	—	—	—	—	—	—	—	Zimmerer	3
3520	(3150)	—	—	—	—	—	—	8	—	—	—	—	2	—	—	—	4	—	—	—	—	ja	Schlosser	5
3532	(3052)	—	—	—	—	—	—	9	—	—	—	3	—	—	—	—	—	—	—	—	—	—	Zimmerer	7
3535	(3385)	—	—	—	—	—	—	7	—	—	—	4	—	—	—	—	—	—	—	—	—	—	Zimmerer u. Tischler	4½
3550	(3350)	—	—	—	—	—	—	8	3	—	—	—	—	—	—	—	—	—	—	—	—	—	Vermessungs-Technik.	3
3600	(3000)	—	—	—	—	—	—	?	—	—	—	?	—	—	—	—	—	—	—	—	—	—	Schlosser	3
3619	(2250)	—	—	—	—	—	—	8	—	—	—	3	—	—	—	—	—	—	—	—	—	—	Schlosser und Maschinenbauer	4
3655	(3506)	—	—	—	—	—	—	9	—	—	—	—	3	—	—	—	—	—	—	—	2	—	Maschinenbauer	3
3665	(3056)	—	—	—	—	—	—	5½[4]	—	—	—	—	4	—	—	—	—	—	—	—	—	—	Mechanik. u. Schlosser	3
3700	(3700)	—	—	—	—	—	8	—	—	—	—	abſ.	—	—	—	—	—	—	—	—	—	—	Schlosser	4
3711	(2810)	—	—	—	—	—	8	—	—	—	6	4	—	—	—	—	—	—	9	—	—	—	Schlosser und Maschinenbauer	4½
3715	(3715)	—	—	—	—	—	—	8	—	—	—	3	—	—	—	—	—	—	—	—	—	—	Schlosser	3
3790	(3790)	—	—	—	—	—	—	9	—	—	—	—	4	—	—	—	—	—	—	—	—	—	Zimmerer	?
3936	(3540)	6	—	—	—	—	—	—	—	—	—	4	—	—	—	—	—	—	—	—	—	—	Maurer	1½
3962	(3362)	—	—	—	—	—	—	8	—	—	—	—	—	—	—	—	—	—	—	—	—	—	Vermessungs-Technik.	10
3970	(3970)	—	—	—	—	—	—	8	—	—	—	4	—	—	—	—	—	—	—	—	—	—	Maurer	4
4085	(3388)	—	—	—	—	—	—	8	—	—	—	—	—	—	—	—	10[5]	—	—	10[5]	—	—	{ Schlosser Zeichner	1 3
4125	(3775)	—	—	—	—	—	—	8	—	—	—	—	—	—	4	—	—	—	—	—	—	—	Schlosser	4
4466	(4259)	—	—	—	—	—	8	—	—	—	—	—	—	—	4	—	—	—	—	—	—	—	Schlosser, Dreher	8
4675	(4250)	—	—	—	—	—	—	8	—	—	—	—	4	—	—	—	—	—	—	—	—	—	Maurer	1
4683	(4341)	—	—	—	—	—	—	8	—	—	—	—	4	—	—	8	—	3	—	—	—	—	Maurer	3
5000	(4490)	—	—	—	—	—	—	—	—	—	—	—	—	—	—	—	—	—	—	—	—	—	—	—
5115	(4375)	—	—	—	—	—	—	8	—	—	—	—	—	—	—	3	—	—	—	—	—	ja	Maurer (Bauaufseher)	6
5193	(3700)	—	—	—	—	—	—	9	—	—	—	5	—	—	—	—	—	—	—	—	—	—	Maschinenpraktikant	2½
6408	(4665)	—	—	—	—	—	—	8	—	—	—	—	—	—	—	—	—	—	—	—	—	ja	Schlosser	4

[1] Architekturbureau 13 Jahre.
[2] Auch Privatunterricht.
[3] Gewerbeschule während der Lehrzeit.
[4] Lateinisch 2½ Jahre.
[5] Nur Abendkurse.

die Frage beantworten müssen, ob bereits aus dem Arbeitseinkommen heraus die Ausgaben — die nach den Feststellungen unseres Materials in den meisten Fällen notwendige waren — bestritten werden konnten. Hierfür ist die Aufstellung S. 66/67 (Hauptgliederung der Ausgaben) heranzuziehen. Aus ihr ergibt sich, daß in 29 Fällen die Gesamtausgabe größer gewesen ist als das Einkommen aus der Hauptarbeitsstellung des Familienhauptes. Diese Fälle sind bedeutend zahlreicher als jene (18), in denen die Gesamtausgabe hinter der Arbeitsausgabe zurückbleibt. Und zwar ist in den Fällen der ersten Art das durchschnittliche Überschreiten des Arbeitseinkommens durch die Gesamtausgabe auf genau 15 % des ersteren, in den Fällen der zweiten Art der entgegengesetzte Vorgang auf nicht ganz 10 % des Arbeitseinkommens zu bemessen. Daneben bleiben sich in einigen wenigen (3) Fällen Gesamtausgabe und Arbeitseinkommen gleich.

Erscheinungen dieser Art sind um so wichtiger, als im Verhältnis zum Gesamtfamilieneinkommen die Gesamtausgabe zumeist erheblich zurückbleibt. Auch hierfür ist die Übersicht S. 66/67 heranzuziehen. Hieraus folgt bereits, daß Gesamt- und Arbeitseinkommen sehr oft beträchtlich auseinanderfallen müssen.

Es ist von allergrößter Bedeutung, festzustellen, welches die Quellen jenes Einkommensteiles sind, der nicht aus dem eigentlichen Arbeitsverhältnis des Familienhauptes fließt. Hierüber ist folgendes festzustellen: auch die Ergebnisse der Übersicht S. 42 sind in den nicht zahlreichen Fällen wirklichen Vermögensbesitzes heranzuziehen: in der Hauptsache handelt es sich freilich um andere Einkommensquellen; soweit diese in nebenamtlicher Arbeitstätigkeit des Familienhauptes zu suchen sind, fällt die Unstetigkeit und Ungleichmäßigkeit solcher Hilfsquellen und die zu erwartende Überanstrengung und frühzeitige Abnutzung der Arbeitskraft schwer ins Gewicht.

Bleiben wir fürs erste bei dieser für das Vorjahr der Erhebung gültigen Aufstellung, so ergeben sich hieraus recht erhebliche Gegensätze. In 16 Fällen, gleich einem reichlichen Drittel, ist das Gesamteinkommen der Familie mit den Bezügen gleichbedeutend, die als eigentlicher Gehalt aus der Hauptberufsstellung des Mannes fließen. In sechs weiteren Fällen findet eine Ergänzung nur durch Nebeneinnahmen aus dieser Berufstätigkeit in Form von Vergütung für Überstunden und Sonntagsarbeit, Tantiemen, Gratifikationen und Prämien statt. Solche Einkommensbestandteile finden sich aber im ganzen, zum Teil im Zusammenhang mit anderen Einnahmen, in 16 Fällen; sie spielen also eine

Übersicht 5.
Einkommen und Einnahmen 1911/12.

	Gesamt-einnahme[1]	Regelmäßiges Einkommen[1] aus der Hauptberufsstellung	Aus Sonntags- und Überarbeit in der Hauptberufsstellung; auch Prämien u. Gratifikationen, Schätzungswerte der freien Wohnung (W)	Aus sonstiger Berufstätigkeit außerhalb des Arbeitsverhältnisses	Aus Kapital (K) oder Grundbesitz	Aus Einnahmen der Ehefrau (Sticken, Nähen usw.) oder der Kinder (K)	Einnahmen[1] aus Kapital-, bes. Sparkassenabhebungen (S), Überschüsse aus Naturalwirtschaft (N) oder aus anderen Quellen
1	1500	1500	—	—	—	—	—
2	1320	1320	—	—	—	—	—
3	2000	1800	100	—	—	100	—
4	1900	1560	—	300	—	—	40 (S)
5	1950	1880	—	70	—	—	—
6	2626	2116	—	—	510 (K)	—	—
7	2500	2300	—	—	—	—	200 (S)
8	2160	1820	100	—	—	—	240 (N)
9	2345	1860	100 / 300 (W)	85	—	—	—
10	1920	1920	—	—	—	—	—
11	2480	2280	200	—	—	—	—
12	2500	2500	—	—	—	—	—
13	2160	1590	—	300	–	—	270 (S)
14	3200	2640	150	—	148 (K)	—	262
							(sonstig)
15	2845	2580	150	—	115 (K)	—	—
16	2751	2520	63	168	—	—	—
17	2180	1980	—	80	—	80	40 (S)
18	2460	2400	60	—	—	—	—
19	2800	2250	—	—	—	—	550 (S)
20	2920	2580	—	340	—	—	—
21	2400	2400	—	—	—	—	—
22	3000	2160	—	840	—	—	—
23	2750	2400	350	—	—	—	—
24	2970	2720	—	250	—	—	—
25	2820	2820	—	—	—	—	—
26	2940	2940	—	—	—	—	—
27	3020	2840	—	—	120 (K)	—	60
							(Vermietung)
28	2490	2305	145	40	—	—	—
29	[2]	2490	—	330	126	—	1661[2] (S)
30	3000	3000	—	—	—	—	—
31	3000	3000	—	—	—	—	—
32	2886	2550	—	—	—	—	336
				—	—	—	(Vermietung)
33	3150	3150	—	—	—	—	—
34	3060	3060	—	—	—	—	—
35	3450	3450	—	—	—	—	—
36	2640	2550	90	—	—	—	—

[1] Im Gegensatz zum Einkommen, über das in den ersten fünf Spalten berichtet wird, stehen die Einnahmen aus Kapitalabhebungen; vgl. zu diesem begrifflichen Unterschied besonders die Ausführungen von Gerloff.

[2] Abhebung von der Sparkasse zum Teil für Grundbesitzerwerb.

Übersicht 5 (Fortsetzung).

	Gesamteinnahme	Regelmäßiges Einkommen aus der Hauptberufsstellung	Aus Sonntags- und Überarbeit in der Hauptberufsstellung; auch Prämien u. Gratifikationen, Schätzungswerte der freien Wohnung (W)	Aus sonstiger Berufstätigkeit außerhalb des Arbeitsverhältnisses	Aus Kapital (K) oder Grundbesitz	Aus Einnahmen der Ehefrau (Sticken, Nähen usw.) oder der Kinder (K)	Einnahmen aus Kapital-, bez. Sparkassenabhebungen (S), Überschüsse aus Naturalwirtschaft (N) oder aus anderen Quellen
37	3580	3405	175	—	—	—	—
38	3907	3650	—	—	257	—	—
39	3800	3180	500	—	—	—	120 (Naturalien)
40	3280	2900	145	169	—	—	66 (S)
41	3780	2900	—	880	—	—	—
42	3500	3500	—	—	—	—	—
43	3900	3600	300	—	—	—	—
44	3600	3600	—	—	—	—	—
45	4050	4000	—	—	50	—	—
46	3840	3300	—	540	—	—	—
47	—	—	—	—	—	—	—
48	4432	3600	600	100	132	—	—
49	3600	3600	—	—	—	—	—
50	4500	4500	—	—	—	—	—

recht erhebliche Rolle, über die hernach noch einiges festzustellen ist[1]. Aus sonstiger Berufstätigkeit des Mannes entspringt Einkommen für 15 Familien, und zwar sechsmal als ausschließlicher Beitrag zum Haupteinkommen. Daneben kommt die Einnahme der Ehefrau nur zweimal in Beträgen von je 80 und 100 Mk., also nur nebensächlich, in Betracht. Kinder tragen in keinem Falle etwas zum Haushalte bei; dies darf nicht etwa als allgemeine Erscheinung des Technikerstandes erachtet werden, es ist vielmehr in der Auswahl der Familien für die besonderen Zwecke vorliegender Arbeit begründet: nur Haushalte mit jüngeren, unselbständigen Kindern kommen in Frage. —

Der sehr wichtige Posten: Einkommen aus Vermögens-(Kapital- oder Grund-)besitz[2] ist in acht Fällen vertreten. Es handelt sich hier um Zinsen, also wichtige Einkommensbestandteile, im Gegensatz zu den hernach zu betrachtenden Kapitalabhebungen, die als Einnahmeposten, nicht aber als Einkommen zu werten sind. Die fraglichen Beträge bewegen sich zumeist zwischen 100 und 150 Mk., überschreiten diesen Betrag zweimal und bleiben einmal dahinter zurück.

---

[1] In einem Falle ist der Wert der vom Unternehmer zur Verfügung gestellten Wohnung in Anschlag zu bringen.

[2] Kapital hier = Geldkapital.

Fügt man gleich die Kapitalabhebungen, die zum Ausgleich des Budgets — in einem besonderen Fall zu anderen Zwecken — verwendet wurden, bei, so wird über sie in sechs Fällen berichtet, die jedesmal weniger als 300 Mk. umfassen, wiederholt erheblich geringer sind. Für sich ist der Posten von 1661 Mk. zu betrachten (Familie 29), der in der Hauptsache eine Veränderung in der Vermögensanlage — Überführung in Grundbesitz —, aber keine Entnahme darstellt. Zwei Fälle von Überschüssen der Naturalwirtschaft im Betrag von 120—240 Mk. sind anzufügen, ferner entstanden ebenfalls in zwei Fällen Einnahmen aus Vermietung (60 und 360 Mk.) und vereinzelt sind „sonstige" Einnahmen verzeichnet.

Sucht man nun die fundierten Einkommensbestandteile von den unfundierten abzusondern, so haben zu den letzteren zu rechnen: das Gehalt, die Nebeneinnahmen aus der Hauptberufsstellung, private Nebenarbeiten, Einnahmen der Ehefrau; fundiert im strengen Sinn sind nur die Zinsen aus Kapital- oder Grundstückbesitz. Aber auch die Einnahme aus Untervermietung und Naturalwirtschaft mag hierherrechnen; wenn sie auch nicht selten einen gewissen Verzicht auf Bequemlichkeit und erhöhte Leistung aller Familienmitglieder verlangt, also dem arbeitslosen Zinseinkommen nicht gleichsteht, so trägt sie doch meist einen beständigen Charakter, ist jedenfalls vom Berufsschicksal des Mannes einigermaßen unabhängig [1]. — Getrennt von diesen beiden Einkommensarten ist die Kapitalentnahme zu buchen.

Einkommensgattungen.

Fassen wir nun ins Auge, welchen Anteil die verschiedenen Einkommensarten und die ergänzende Einnahme durch Kapitalverzehr an der Gesamteinnahme der Familie haben, so ergibt sich folgendes (die 16 Familien, bei denen das Gehalt mit dem Gesamteinkommen zusammenfällt, scheiden hier aus) [2]:

(Siehe Übersicht 6 nächste Seite.)

Faßt man die in der nachstehenden Übersicht vereinigten Einzelheiten zusammen, so erhält man, unter Beifügung der hier nicht behandelten Haushalte, folgende für 48 Familien gültige Zusammenstellung:

[1] Untervermietung rechnet auch deshalb hierher, weil sie meist Besitz von nicht unbedingt nötigen Möbeln voraussetzt.

[2] Ebenso muß ein Haushalt (47) als unbekannt und ein anderer (29) deshalb ausscheiden, weil nicht genau bekannt ist, wieviel von dem abgehobenen Kapital (1661 Mk.) verzehrt wurde.

Übersicht 6.

Prozentanteil der einzelnen Einnahmeposten an der Gesamteinnahme.

Nr.	Gesamteinnahme 1	Hauptberufseinkommen 2	Sonstiges Nebenberufseinkommen 3	Sonstiges privates Nebeneinkommen 4	Einkommen der Ehefrau 5	Einkommen aus Kapital 6	Einkommen aus Untervermietung 7	Einkommen aus Naturalwirtschaft 8	Kapitalabhebung 9	Sonstige Einnahmen 10
3	2000	90	5	—	5	—	—	—	—	—
4	1900	82	—	16	—	—	—	—	2	—
5	1950	96	—	4	—	—	—	—	—	—
6	2626	81	—	—	—	19	—	—	—	—
7	2500	92	—	—	—	—	—	—	8	—
8	2160	84	5	—	—	—	—	11	—	—
9	2345	79	18[1]	3	—	—	—	—	—	—
11	2480	91	9	—	—	—	—	—	—	—
13	2160	86	—	2	—	—	—	—	12	—
14	3200	82	5	—	—	5	—	—	—	8
15	2845	91	5	—	—	4	—	—	—	—
16	2751	92	2	6	—	—	—	—	—	—
17	2180	90	—	4	4	—	—	—	2	—
18	2460	97	3	—	—	—	—	—	—	—
19	2800	80	—	—	—	—	—	—	20	—
20	2920	88	—	12	—	—	—	—	—	—
22	3000	72	—	28	—	—	—	—	—	—
23	2750	87	13	—	—	—	—	—	—	—
24	2970	91	—	9	—	—	—	—	—	—
27	3020	94	—	—	—	4	2	—	—	—
28	2490	92	6	2	—	—	—	—	—	—
32	2886	88	—	—	—	—	12	—	—	—
36	2640	97	3	—	—	—	—	—	—	—
37	3580	95	5	—	—	—	—	—	—	—
38	2907	91	—	—	—	9	—	—	—	—
39	3800	84	13	—	—	—	—	3	—	—
40	2280	87	5	6	—	—	—	—	2	—
41	3780	77	—	23	—	—	—	—	—	—
43	3900	93	7	—	—	—	—	—	—	—
45	4050	97	—	—	—	1	—	—	—	—
46	3840	86	—	14	—	—	—	—	—	—
48	4432	81	14	2	—	3	—	—	—	—
Im Durchschnitt:	2862	88	7 (16 Fälle)	9 (14 Fälle)	5 (2 Fälle)	7 (7 Fälle)	7 (2 Fälle)	7 (2 Fälle)	8 (6 Fälle)	8 (1 Fall)

[1] Hier entfallen 3/4 auf freie Wohnung.

1. Das Arbeitseinkommen beträgt 100 % des Gesamtfamilieneinkommens in . . . . 16 Fällen,
das Arbeitseinkommen beträgt über 90—100 % des Gesamtfamilieneinkommens in . . . . 14 „
das Arbeitseinkommen beträgt über 80—90 % des Gesamtfamilieneinkommens in . . . . 14 „
das Arbeitseinkommen beträgt über 70—80 % des Gesamtfamilieneinkommens in . . . . 4 „

Ferner hinsichtlich der einzelnen Einkommens- und Einnahmegruppen:

2. Der Nebenverdienst in der Hauptberufsstellung des Familienvorstands ist über 10 % des Gesamteinkommens in . . . . . 4 Fällen,
der Nebenverdienst in der Hauptberufsstellung des Familienvorstands ist über 5—10 % des Gesamteinkommens in 3 „
der Nebenverdienst in der Hauptberufsstellung des Familienvorstands ist 5 % und weniger des Gesamteinkommens in 9 „

Zusammen Fälle v. Nebenverdienst in d. Hauptberufsstellung: 16.

3. Der Nebenverdienst durch sonstige Erwerbstätigkeit des Ehemannes ist über 20 % in . . . . 2 Fällen,
der Nebenverdienst durch sonstige Erwerbstätigkeit des Ehemannes ist über 10—20 % in . . . . 3 „
der Nebenverdienst durch sonstige Erwerbstätigkeit des Ehemannes ist über 5—10 % in . . . . 3 „
der Nebenverdienst durch sonstige Erwerbstätigkeit des Ehemannes ist 5 % und weniger in . . . . 6 „

Zusammen Fälle von sonstigem Nebenverdienst: 14.

4. Fälle von Verdienst der Ehefrau (4—5 % d. Einkommens): 2.

5. Das Einkommen aus Kapitalzinsen ist über 10 % des Gesamteinkommens in . . . . 1 Fall,
das Einkommen aus Kapitalzinsen ist über 5—10 % des Gesamteinkommens in . . . . 1 „
das Einkommen aus Kapitalzinsen ist 5 % und weniger des Gesamteinkommens in . . . . 5 Fällen,

Zusammen Fälle von Einkommen aus Kapitalzinsen: 7.

6. Fälle von Einnahmen aus Untervermietung (2 u. 12 %): 2.

7. „ „ „ „ Naturalwirtschaft (3 u. 11 %): 2.

8. Die Einnahmen aus Kapitalabhebungen ist über	10 %	in	2 Fällen,
" " " "	" 5—10 %	"	1 Fall,
" " " "	" 5 % u. weniger	"	3 Fällen.

Zusammen Fälle von Einnahmen aus Kapitalabhebungen: 6[1].

9. Sonstige Einnahmen (8 %) in 1 Fall.

Stellt man nun im Sinne früherer Angaben das fundierte Einkommen dem unfundierten und den übrigen Einnahmen einander gegenüber, so erhält man folgendes Bild:

Übersicht 7.

Anteil der Einnahmegattungen am Gesamteinkommen[2].

Haushalt Nr.	Unfundiertes Einkommen (Gruppe 2—5 d. Tab. 4)	Fundiertes Einkommen (Gruppe 6—8 d. Tab. 4)	Sonstige Einnahmen (Gruppe 9 und 10)
3	100	—	—
4	98	—	2
5	100	—	—
6	81	19	—
7	92	—	8
8	89	11	—
9	100	—	—
11	100	—	—
13	88	—	12
14	87	5	8
15	91	6	—
16	100	—	—
17	98	—	2
18	100	—	—
19	80	—	20
20	100	—	—
22	100	—	—
23	100	—	—
24	100	—	—
27	94	6	—
28	100	—	—

[1] Ferner ein Haushalt mit einer Kapitalabhebung von 1661 Mk., bei dem es sich aber hauptsächlich um Neuanlage handelt.

[2] In strengem Sinn müßte man, soweit Einnahmebestandteile, die nicht Einkommen sind, im Gesamteinkommen vertreten sind, von „Gesamteinnahme“ sprechen; da aber das Einkommen, und zwar das unfundierte, den Hauptbestandteil bildet, so ist das Wort „Gesamteinkommen“ zulässig.

Haushalt	Unfundiertes Einkommen (Gruppe 2—5 d. Tab. 4)	Fundiertes Einkommen (Gruppe 6—8 d. Tab. 4)	Sonstige Einnahmen (Gruppe 9 und 10)
32	88	12	—
36	100	—	—
37	100	—	—
38	91	9	—
39	97	3	—
40	98	—	2
41	100	—	—
43	100	—	—
45	99	1	—
46	100	—	—
48	97	3	—

Rechnet man die 16 Haushalte, in denen sich Gesamt- und Arbeitseinkommen decken, hinzu, so erhält man:

Das unfund. (Arbeits-)Eink. beträgt	100 %	d. Gesamteink. in	32 Fällen,
" " " " "	üb. 90–100 %	" " "	9 "
" " " " " "	80–90 %	" " "	7 "
		Zusammen	48 Fälle.

Ferner verzeichnen wir in 10 Fällen fundiertes Einkommen, das nur einmal von sonstigen, nicht als Einkommen anzusehenden Einnahmeposten begleitet wird, dreimal den Betrag von 10 %, dreimal 5 % überschreitet, im übrigen unter ihm zurückbleibt. Eine größere Bedeutung kommt diesem fundierten Einkommen nur in 4 Fällen zu.

Sonstige Einnahmen finden sich in 7 Fällen. Es ist hier das oben S. 36 unter 8. und 9. Gesagte einschlägig.

Für die Gesamtheit der behandelten Technikerhaushalte tritt das Arbeitseinkommen, aus freilich ungleichen Quellen gespeist, durchaus in den Vordergrund. Erachtet man den Bezug fundierten Einkommens (vor allem Zinsen) als günstige, den Bezug sonstiger Einnahmen (vor allem Kapitalabhebungen) als ungünstige Einwirkung auf die Lage des Konsumenten, so liegt eine Beeinflussung der ersten Art (also im vorteilhaften Sinne) in 10 Fällen (gleich ein Fünftel der Gesamtzahl), besonders wirksam aber nur in 4 Fällen vor; hingegen wirkten Kapitalkonsumtion in 7 Fällen, ebenfalls viermal in beträchtlicher Weise, auf Lebenshaltung und Verbrauch ein. Für eine gelegentliche Sonderbetrachtung eignen sich im besonderen die Haushalte mit größerem, fundiertem Einkommen (6, 8, 32, 38) und jene mit stärkeren Einnahmen aus Kapitalverzehr (7, 13, 14 und 19).

Wir können nun bei den erwähnten 8 Familien, bei denen Kapital (als Zinsgenuß oder Abhebung) eine Rolle spielt, Vermögensbesitz feststellen. Es sind dies die Familien 7, 14, 19, 32 [1] und 38. In anderen Fällen können vorübergehend gemachte Ersparnisse aufgebraucht worden sein, ohne daß eine Eintragung unter Vermögensbesitz stattfand. Daß solcher in etwas größerem Umfang vorlag, wird noch gezeigt werden. In zwei Fällen, in denen Vermögen abgehoben wurde, stammte dies aus Nachlaß oder Mitgift, nur einmal aus Ersparung; es ist nicht ganz fernliegend, daß mühelos erlangter Vermögensbesitz weniger ängstlich gehütet wird als der aus Arbeitsverdienst fließende. Aber man muß in solchen Kombinationen vorsichtig sein.

Einnahmegliederung 1912/13.

Die nachstehenden Angaben beruhen auf den Eintragungen im Haushaltsbuch; die erste Seite des monatlich ausgegebenen Buches enthielt hierfür einen Vordruck, der sich bezieht auf

das Einkommen des Ehemannes aus dem Arbeitsverhältnis, wobei der auf Überstunden entfallende Verdienst möglichst gesondert anzugeben war;

das Einkommen des Ehemannes aus privater Nebenarbeit (also in einer anderen als der eigentlichen Arbeitsstelle);

Einnahmen der Ehefrau;

Einnahmen der Kinder, soweit sie zur Wirtschaft beitragen;

Einnahmen aus Untervermietung;

Einnahmen aus Kapitalzinsen und Abhebungen aus Sparkassen usw. [2];

Einnahmen aus Land- und Gartenwirtschaft, Vieh- und Geflügelzucht [3];

sonstige Einnahmen.

Diese Gliederung entspricht in der Hauptsache der im Fragebogen durchgeführten, ist aber etwas gekürzt. Man wird, abgesehen von den tatsächlichen Einkommensverschiebungen zwischen 1911/12 und 1912/13,

[1] Allerdings anscheinend schon zum größten Teil verbraucht.

[2] Ob es sich im Einzelfall um Zinsen oder Abhebungen handelt, was von grundsätzlicher Bedeutung ist, konnte im allgemeinen aus dem Vermögensbesitz festgestellt werden.

[3] Ohne Abzug der Ausgaben für landwirtschaftliche Zwecke, diese werden wie andere Ausgaben notiert. Es mag fraglich erscheinen, ob diese Anordnung zweckmäßig war; die grundsätzliche Erörterung der Naturalwirtschaftsfrage durch Schiff und andere lag bei Abfassung des Haushaltsbuches noch nicht vor.

insofern mit einzelnen Abweichungen rechnen müssen, als natürlich die monatliche Anschreibung genauer ist als die jährliche Abrechnung; auch mag hier und da von Einfluß sein, daß der Fragebogen meist vom Manne ausgefüllt, das Haushaltsbuch von der Frau geführt wurde. Insbesondere scheinen im letzteren die Einnahmen der Ehefrau genauer verzeichnet zu sein.

Übersicht 8.

Einnahmegliederung 1912/13.

Nr. des Buchs	Gesamt-ein-kommen	Arbeits-einkommen des Ehe-mannes	Davon Neben-ein-kommen des Mannes	Ein-nahme der Frau	Ein-nahme aus Unter-ver-mietung	Kapital-zinsen und Abhe-bungen	Ein-nahme aus Natural-wirt-schaft	Sonstige Ein-nahmen
1	1550	1550	(—)	—	—	—	—	—
2	1807	1334	(10)	10	—	12	451	—
3	2092	1850	(—)	143	—	9	—	90
4	2405	1967	(148)	—	—	290	—	—
5	2425	2277	(—)	—	—	117	—	31
6	2426	2333	(—)	—	—	45	—	48
7	2444	2400	(—)	—	—	40	—	4
8	2474	2160	(—)	40	—	—	—	274
9	2567	2400	(—)	—	—	167	—	—
10	2626	2192	(34)	—	—	400	—	—
11	2760	2519	(203)	—	—	—	—	38
12	2806	2500	(—)	94	—	—	—	212
13	2807	2535	(—)	—	—	—	—	272
14	2944	2595	(—)	—	—	—	—	349
15	2974	2760	(150)	—	—	40	—	24
16	2982	2908	(—)	8	—	—	—	66
17	3013	2560	(—)	159	180	31	61	22
18	3039	2995	(19)	—	—	25	—	—
19	3063	2140	(—)	—	—	919	—	4
20	3083	3083	(—)	—	—	—	—	—
21	3127	3127	(—)	—	—	—	—	—
22	3222	2682	(220)	—	—	—	320	—
23	3293	3050	(—)	—	—	-	—	243
24	3317	3160	(—)	—	—	—	—	157

Nr. des Buchs	Gesamt-einkommen	Arbeitseinkommen des Mannes	Davon Nebeneinkommen des Mannes	Einnahme der Frau	Einnahme aus Untervermietung	Kapitalzinsen und Abhebungen	Einnahme aus Naturalwirtschaft	Sonstige Einnahmen
25	3433	2894	(94)	6	—	330	21	88
26	3485	3465	(5)	—	—	—	—	15
27	3520	3150	(—)	—	55	315	—	—
28	3532	3052	(199)	—	—	—	35	246
29	3535	3385	(—)	—	—	140	—	10
30	3550	3350	(—)	200	—	—	—	—
31	3600	3000	(—)	—	—	600	—	—
32	3619	2550	(—)	—	319	—	—	750
33	3655	3506	(79)	—	—	—	—	70
34	3665	3056	(600)	—	—	—	—	9
35	3700	3700	(—)	—	—	—	—	—
36	3711	2810	(—)	—	—	310	97	494
37	3715	3715	(—)	—	—	—	—	—
38	3790	3790	(—)	—	—	—	—	—
39	3936	3540	(—)	—	—	396	—	—
40	3962	3362	(333)	—	—	102	—	165
41	3970	3970	(—)	—	—	—	—	—
42	4085	3388	(—)	—	—	697	—	—
43	4125	3975	(—)	—	—	150	—	—
44	4466	4259	(—)	—	—	—	—	207
45	4675	4250	(—)	—	—	425	—	—
46	4683	4341	(300)	—	—	—	—	42
47	5000	4490	(—)	—	—	364	—	146
48	5115	4375	(—)	14	—	476	—	250
49	5193	3700	(20)	—	—	600	—	873
50	6408	4665	(315)	—	—	—	—	1428

Übersicht 9. **Einnahme und Arbeitseinkommen.**

Haushalt Nr.	Gesamteinnahme der Familie 1911/12	1912/13	Das Einkommen 1912/13 in Prozent jenes von 1911/12	Arbeitseinkommen des Mannes einschließlich Nebenarbeit in und außer der Dienststelle 1911/12	in Prozent des Gesamteinkommens	1912/13	in Prozent des Gesamteinkommens	Das Einkommen 1911/12 in Prozent jenes von 1910/11
1	1500	1550	103	1500	100	1550	100	103
2	1320	1807	137	1320	100	1334	—	101
3	2000	2092	104	1900	95	1850	—	97
4	1900	2405	126	1860	98	1967	—	106
5	1950	2425	124	1950	100	2277	—	117
6	2626	2426	93	2116	80	2333	—	110
7	2500	2444	98	2300	92	2400	—	104
8	2160	2474	115	1920	88	2160	—	112
9	2345	2567	109	2345	100	2400	—	102
10	1920	2626	137	1920	100	2192	—	114
11	2480	2760	111	2480	100	2519	—	102
12	2500	2806	112	2500	100	2500	—	100
13	2160	2807	130	1890	88	2535	—	133
14	3200	2944	92	2790	90	2595	—	93
15	2845	2974	104	2730	95	2760	—	101
16	2751	2982	108	2751	100	2908	—	106
17	2180	3013	138	2060	95	2560	—	124
18	2460	3039	124	2460	100	2995	—	122
19	2800	3063	109	2250	80	2140	—	95
20	2920	3083	105	2920	100	3083	100	105
21	2400	3127	130	2400	100	3127	100	130
22	3000	3222	107	3000	100	2682	—	89
23	2750	3293	120	2750	100	3050	—	111
24	2970	3317	112	2970	100	3160	—	106
25	2820	3433	122	2820	100	2894	—	103
26	2940	3485	118	2940	100	3465	—	108
27	3020	3520	116	2840	94	3150	—	111
28	2490	3532	142	2490	100	3052	—	123
29	2946	3535	112	2820	96	3385	—	120
30	3000	3550	118	3000	100	3350	—	111
31	3000	3600	120	3000	100	3000	—	100
32	2886	3619	126	2550	90	2550	—	100
33	3150	3655	116	3150	100	3506	—	111
34	3060	3665	120	3060	100	3056	—	100
35	3450	3700	107	3450	100	3700	100	107
36	2640	3711	140	2640	100	2810	—	107
37	3580	3715	104	3580	100	3715	100	104
38	3907	3790	97	3650	92	3790	100	104
39	3800	3936	103	3680	97	3540	—	96
40	3280	3962	120	3214	98	3362	—	105
41	3780	3970	105	3780	100	3970	100	105
42	3500	4085	116	3500	100	3388	—	97
43	3900	4125	106	3900	100	3975	—	102
44	3600	4466	124	3600	100	4259	—	118
45	4050	4675	115	4000	98	4250	—	106
46	3840	4683	122	3840	100	4341	—	113
47	4175	5000	120	—	—	—	—	—
48	4432	5115	115	4300	97	4375	—	102
49	3600	5193	144	3600	100	3700	—	103
50	4500	6408	142	4500	100	4665	—	103

Übersicht 10.

Vermögensbesitz.

Lfde. Nr.	Gesamt- einkommen	Arbeits- einkommen	Aus elterl. Nachlaß	Aus sonst. Erbschaft	Mitgift d. Ehefrau	Erspart	Aus and. Quellen
1	1550	1550	—	—	—	—	—
2	1807	1334	—	—	—	—	—
3	2092	1850	—*	—	—*	1000	—
4	2405	1967	—	—	—	400	—
5	2425	2277	—	—	—	—	—
6	2426	2333	—	—	—	—	—
7	2444	2400	2000	—	1000	—	—
8	2474	2160	—	—	—	—	—
9	2567	2400	—	300	—	100	—
10	2626	2192	—	—	—	1500	—
11	2760	2519	—	—	—	500	—
12	2806	2500	—	—	—	—	—
13	2807	2535	—	—	—	—	—
14	2944	2595	—	—	—	3700	—
15	2974	2760	—	—	—	3150	—
16	2982	2908	—	—	—	600	—
17	3013	2560	—	—	—	—	—
18	3039	2995	—	—	—	600	—
19	3063	2140	—	—	15 000	—	—
20	3083	3083	—	—	10 000	—	—
21	3127	3127	—	—	—	1500	—
22	3222	2682	—	—	—	750	—
23	3293	3050	—	—	—	80 [1]	—
24	3317	3160	—	—	—	90	—
25	3433	2894	—	—	—	— [2]	—
26	3485	3465	—	—	—	—	—
27	3520	3150	2800	—	—	280	—
28	3532	3052	—	—	—	2700	—
29	3535	3385	1000	—	2500	430	—
30	3550	3350	—	—	—	—	—
31	3600	3000	—*	—	2000	1000	—
32	3619	2550	—	—	— [3]	—	—

[1] Und Anteil an Baugenossenschaft.
[2] 500 Mark für Studiengelder zurückgezahlt.
[3] Bereits aufgebraucht.

Lfde. Nr.	Gesamt- Einkommen	Arbeits- Einkommen	Aus elterl. Nachlaß	Aus sonst. Erbschaft	Mitgift der Ehefrau	Erspart	Aus and. Quellen
33	3655	3506	—	—	—	—	—
34	3665	3056	—	—	—	—	—
35	3700	3700	—	—	—	—	—
36	3711	2810	—*	—	—	—	Einige Hundert Mk.
37	3715	3715	—	—	—	—	—
38	3790	3790	—	—	600	—	6090
39	3936	3540	—	—	—	—	—
40	3962	3362	—*	—	—	—	500
41	3970	3970	—	—	—	—	—
42	4085	3388	—	—	—	—	—
43	4125	3975	—	—	—	—	2000
44	4466	4259	—	—	5000	—	—
45	4675	4250	1200	—	—	—	—
46	4683	4341	—	—	—	—	—
47	5000	5000	—	—	—	—	—
48	5115	4375	—*	—	—	—	3700
49	5193	3700	—	—	—	—	485
50	6408	4665	—	—	—	—	800

* In diesen Fällen ist in dem Fragebogen zum Ausdruck gebracht, daß eine Erbschaft in unbestimmter Höhe noch zu erwarten ist.

Erachtet man einen Vermögensbesitz in Höhe von 1000 Mk. und mehr bedeutsam auch für die Verbrauchswirtschaft, so gehören von den 50 Haushalten 17 dieser „kapitalistischen" Gruppe an. Und zwar handelt es sich hierbei um einen Fall elterlichen Nachlasses, 6 Fälle beträchtlicher Mitgift der Ehefrau, 11 Fälle bedeutender Ersparungen. Nicht weniger als 23 Haushalte verzeichnen solche größeren oder kleineren Umfangs; wenn in den Haushaltsrechnungen in den weitaus meisten Fällen ein nicht unbedeutender Überschuß des Gesamtfamilieneinkommens über die Gesamtausgabe verzeichnet wird, so stimmt dieser an sich auffällige Umstand vollkommen überein mit den soeben gemachten Feststellungen. Man vergegenwärtige sich dabei, daß vorzugsweise ökonomisch veranlagte Haushalte sich an statistischen Erhebungen gleich der gegenwärtigen beteiligen. Allerdings ist der Kapitalbesitz, wie in den früheren Angaben über fundiertes und unfundiertes Einkommen gezeigt wurde, nicht in allen Fällen als Einnahmequelle wichtig geworden; dies läßt ebensosehr auf fehlenden Zinsgenuß wie auf mangelnde Verfügungsberechtigung schließen.

Übersicht 11.

Versicherungsverhältnisse.

Lfde. Nr.	Lebensversicherung		Feuerversicherung		Sonstige Versicherung	
	Jährliche Prämie	Versich.-Summe	Prämie	Versich.-Summe	Prämie	Versich.-Summe
1	158,05	3 000	2,70	2 000	—	—
2	50,—	1 500	.	1 100	—	—
3	80,—	3 000	.	4 000	—	—
4	70,80	2 000	5,—	4 000	28,30 (Unfall)	5 000 (Tod)
5	.	.	.	.	.	15 000 (Inv.)
6	—	—	2,10	4 130	—	—
7	—	—	3,—	.	(Aussteuerverſ.)	500
8	127,—	3 000	—	—	—	—
9	—	—	2,20	4 300	—	—
10	—	—	—	—	10,50 (Kinderverſ.)	260
11	183,60	5 000	6,30	5 000	—	—
12	—	—	3,40	.	—	—
13	.	.	.	.	.	.
14	.	.	.	.	.	.
15	170,70	3 000	4,20	5 500	—	—
16	—	—	6,50	6 500	—	—
17	—	—	—	—	130,— (Kinderverſ.)	1 400
18	93,60	3 000	6,—	6 000	—	—
19	—	—	—	—	(Sterbekaſſe)	.
20	—	—	4,—	4 000	—	—
21	108,—	3 000	—	—	—	—
22	110,—	3 000	—	—	—	—
23	90,—	3 000	4,60	7 600	6,— (Sterbekaſſe)	150
24	140,—	5 000	5,—	5 000	—	—
25	85,70	1 500	und 10 Jahre lang 480 Mk. jährlich			—
26	163,14	6 000	—	—	—	—
27	103,—	4 000	4,50	3 782	—	—
28	106,70	3 000	—	—	—	—
29	244,25	5 000	3,—	.	—	—
30	70,80	1 000	4,30	4 000	—	—
31	210,—	5 000	3,—	4 200	—	—

Lfde. Nr.	Lebensversicherung Jährliche Prämie	Versich.-Summe	Feuerversicherung Prämie	Versich.-Summe	Sonstige Versicherung Prämie	Versich.-Summe
32	—	—	—	—	142,— (Kinderverf.)	2000
33	59,20	1500	5,20	7000	—	—
34	—	—	.	88	—	—
35	.	.	.	.	.	.
36	—	—	7,90	13000	60,— (Militär)	830
37	208,—	2400	3,60	3600	—	—
38	—	—	5,—	4400	36,— (Kinder)	280
39	100,—	.	9,—	.	52,— (Kinder)	.
40	—	—	4,—	4000	—	—
41	200,—	5000	4,56	7600	—	—
42	447,—	.	9,60 (einschl. Diebst.)	.	46,80 (Inv. u. Krankh.)	.
43	288,—	.	.	.	52,— (Volksverf.)	.
44	282,60	8000	12,30	9000	22,85 (Unfall)	5000
					102,— (Pension)	600 jährlich
45	—	—	.	6800	—	—
46	.	.	.	.	.	.
47	.	.	.	.	.	.
48	523,—	12006	20,—	6600	188,10 (Aussteuer, 5 mal)	1800
49	125,—	3000	7,40	6900	—	—
50	86,66	3000	.	.	.	.

Demnach besitzen 29 Familien eine Lebensversicherung, die zumeist 3000 Mk. beträgt, aber bis 1000 Mk. sinkt und bis 12000 Mk. steigt. Daneben stehen einzelne Pensions- und Unfallversicherungen. Viel häufiger sind Kinder- und Volksversicherungen mit weitgehender Abstufung von Beiträgen und Versicherungssummen. In den meisten Fällen ist auch die Feuer-(gelegentlich nebst Diebstahl-)Versicherung vorhanden, durch die zumeist zwischen 4000 und 6000 Mk., aber auch bis 13000 Mk. Brandschaden versichert wird.

Im ganzen hat man es hier mit sehr beträchtlichen Prämienzahlungen und demgemäß Aussicht auf hohe Gegenleistungen zu tun.

Übersicht 12.

Steuerverhältnisse (1911/12).

Einkommen (und Arbeitseinkommen)	Gesamtsteuerbetrag	Einkommensteuer (einschl. Zuschläge)	Sonstige Steuern	Kommunalsteuerzuschlag (%)	Kirchensteuerzuschlag (%)	Steuernachlaß
1550 (1550)	.	.	—	.	.	.
1807 (1334)	.	.	—	.	.	.
2092 (1850)	51,84	51,84	—	155	15	—
2405 (1967)	65,52	36,21	29,31 für?	200	12	—
2425 (2277)	66,46	66,46[1]	—	145[1]	7[1]	—
2426 (2333)	106,46	106,46	—	120	—	—
2444 (2400)	66,65	66,65	—	150	15	ja (1 St.)
2474 (2160)	76,—	76,—	—	100	—	—
2567 (2400)	68,28	68,28	—	116	5[1]	.
2626 (2192)	40,—	40,—	—	100	—	—
2760 (2519)	84,92	84,92	—	200	22	ja (1 St.)
2806 (2500)	63,40	62,—	1,40 (Steuerzuschl.)	100	20	ja
2807 (2535)	67,53	67,53	—	100	—	ja (Kürz. um 100 Mk.)
2944 (2595)	40,77	40,77	—	225	25	—
2974 (2760)	108,—	108,—	—	195	15	—
2982 (2908)	122,80	122,80	—	150 (im Kommunalzuschlag enthalten)		—
3013 (2560)	48,—	48,—	—	110	16	ja
3039 (2995)	97,80	97,80	—	90[1]	—	ja
3063 (2140)	80,89	60,—	20,49 (Vermögensst.)	145	47[2]	—
3083 (3083)	97,10	97,10	—	190	25	ja
3127 (3127)	138,—	138,—	—	200	25	ja (1 St.)
3222 (2682)	50,—	50,—	—	64	10	—
3293 (3050)	102,60	102,60	—	180	17	—
3317 (3160)	97,50	97,50	—	155	55	—
3433 (2894)	137,—	137,—	—	245	30	ja (1 St.)

[1] Errechnet.

[2] Einschließlich 32% Schulsteuerzuschlag.

Einkommen (und Arbeitseinkommen)	Gesamtsteuerbetrag	Einkommensteuer (einschl. Zuschläge)	Sonstige Steuern	Kommunalsteuerzuschlag (%)	Kirchensteuerzuschlag (%)	Steuernachlaß
3485 (3465)	38,17	38,17	—	11	4	ja
3520 (3150)	138,36	121,70	13,34 (Vermögensst.)	128	5,5	—
3532 (3052)	104,—	104,—	—	280	20	ja
3535 (3385)	28,60	28,60	—	—[1]	5	ja
3550 (3350)	87,80	87,80	—	200	50	—
3600 (3000)	100,—	100,—	—	170	12	ja
3619 (2550)	53,71	53,71	—	175	7	—
3655 (3506)	121,68	121,68	—	10	7	—
3665 (3056)	150,75	150,75	—	125	—	—
3700 (3700)	104,60	104,60	—	160	—	—
3711 (2810)	119,16	119,16	—	200	26	—
3715 (3715)	127,—[2]	127,—[2]	—	134	40	ja
3790 (3790)	.	.	.	.	.	.
3936 (3540)	116,—	116,—	—	.[3]	.[3]	—
3962 (3362)	190,—	190,—	—	166	5,5	—
3970 (3970)	120,—	120,—	—	150[4]	20	—
4085 (3388)	135,13	135,13	—	180	12,5	ja (2 St.)
4125 (3975)	184,20	174,—	10,20 für?	180	17	—
4466 (4259)	190,80	190,80	—	177	21	ja
4675 (4250)	142,48	142,48	—	145	24	ja
4683 (4341)	172,50	167,40	4,— Bürgerst. 1,10 sonst. St.	76	62[5]	—
5000 .	.	.	.	.	.	.
5115 (4375)	150,—	150,—	—	189	12	—
5193 (3700)	76,58	76,58	—	62[2]	1[2]	—
6408 (4665)	258,80	258,80	—	76	14	—

Eine Gegenüberstellung von Einkommen, Arbeitseinkommen und Steuern ergibt manche lehrreiche Gesichtspunkte. Dabei wird man be-

[1] Hamburg.
[2] Errechnet.
[3] In Anhalt nicht in obiger Form üblich.
[4] Einschließlich 20% Kreissteuer.
[5] Einschließlich 52% Schulsteuer.

sonders beachten, daß die Steuerleistung sich nicht in den direkten Steuern erschöpft, sondern daß die verschiedenen, seit dem Inkrafttreten des Zolltarifs von 1902 im allgemeinen erhöhten Verbrauchsabgaben hinzutreten. Im zweiten Finanzband der Schriften des Vereins für Sozialpolitik ist diesen Belastungen auf Grund des auch hier verwandten Materials im einzelnen nachgegangen worden [1]. Für die Feststellungen und für die Beweisführung im einzelnen ist jener Band selbst heranzuziehen.

Anschließend sollen dann auch die Zusammenhänge zwischen dem Einkommen und der Höhe des Gemeinde- und Kirchensteuerzuschlags ermittelt werden:

Einkommensgruppe	Der Gemeinde- und Kirchen-(auch Schul-)steuerzuschlag betrug vom Hundert der staatlichen Einkommensteuer [2]							
	Unter 25	26-50	51-100	101-150	151-200	201-250	über 250	Zusammen
2000—3000 Mk.	—	—	3	4	3	4	—	14
3000—4000 „	3	—	2	3	7	6	2	23
über 4000 „	—	—	2	—	4	1	—	7
Zusammen	3	—	7	7	14	11	2	44

Die Zahlen sind kaum groß genug, um im einzelnen den möglichen Zusammenhängen, etwa unter Errechnung von Vomhundertzahlen, nachzugehen. Jedenfalls springt die beträchtliche Belastung durch Gemeinde- und Kirchensteuern, welch letztere vielfach eine bemerkenswerte Höhe erreichen, in die Augen. Über zwei Drittel der in Frage kommenden Familien haben Zuschläge für beide Zwecke in Höhe von 100 % und mehr der staatlichen Einkommensteuer zu entrichten.

Vermögenssteuer ist nur in zwei Fällen, kleinere Steuerbeträge verschiedener Art sind in einigen weiteren Fällen zu entrichten. Aber die Einkommensteuer steht durchaus im Mittelpunkt. Einen Steuernachlaß in Gestalt der Rückversetzung um 1—2 Stufen der Einkommensteuerstaffel genießen 17 Familien, mehr als ein Drittel der Gesamtzahl. Leider liegen über die beiden kleinsten Einkommen keine Nachrichten vor.

Naturalwirtschaft.

Der Besitz eines Gartens oder eines sonst bestellten Stückes Erde kommt nur in neun Fällen in Betracht, und von diesen müssen zwei Fälle als gänzlich unbedeutend ausscheiden. Legt man die jährliche Pacht-

[1] Günther, Die Belastung mittlerer und kleiner Einkommen durch Verbrauchsabgaben.

[2] Nur für 44 Haushalte festzustellen.

summe zugrunde (1911/12), so ist diese nur in einem Fall von Bedeutung; hier, wo die Familie ein Einfamilienhaus der Baugenossenschaft zu eigen besitzt, wurde eine Pachtsumme von jährlich 320 Mk. bezahlt[1]. In vier anderen Fällen betrug sie 10 und 33 Mk., im übrigen wurde die Pacht gleich durch die Wohnungsmiete bestritten.

Die Bruttoerträge sind sehr verschieden. Die wirtschaftliche Lage der mit dem kleinsten Arbeitseinkommen ausgestatteten Familie unserer Erhebung (1334 Mk. bei 1807 Mk. Gesamteinkommen) wird natürlich von Grund aus verändert, wenn diese Familie einen Bruttoertrag von 2000 Mk. für Obst und Ackerfrüchte daneben erzielt. Da der betreffende Fragebogen Überschüsse aus Garten- und Ackerbau, Vieh- und Geflügelzucht nicht verzeichnet, so ist anzunehmen, daß wenigstens der größte Teil der gezogenen Früchte direkt zum Verbrauch der Familie verwendet wird. Dadurch wird eine außerordentliche Verbesserung der Lebenshaltung erzielt. Im übrigen steht dieser Fall ganz vereinzelt da. Die Bruttoerträge schwanken sonst zwischen 20 (viermal) und 120 Mk. (einmal), bewegen sich also in mäßigen Grenzen und üben keinen entscheidenden Einfluß auf die Lebenshaltung mehr aus.

Im allgemeinen beschränkt sich die Nutzung auf Gemüse- und (seltener) auch Obstgarten. Nur in zwei Fällen handelt es sich auch um Ackerland und Nutzviehhaltung, die sich auf Ziegen und Geflügel beschränkt.

Jedenfalls spielt die Naturalwirtschaft (mit einer Ausnahme) bei den Technikerhaushalten unseres Materials nur eine ganz nebensächliche Rolle; es verlohnt sich nicht, auf sie im Zusammenhang mit den Verbrauchsvorgängen näher einzugehen.

Arbeitsbedingungen.

Die in nachstehender Übersicht vereinigten Arbeitsbedingungen zeigen eine recht weitgehende Übereinstimmung nicht nur unter sich, sondern auch mit den vom Verfasser ein Jahr früher gemachten, auf 12000 Fragebogen gestützten Feststellungen. Die Arbeitszeit ist in 22 Fällen die achtstündige, in 5 Fällen die neunstündige, fünfmal beträgt sie 8½ und zweimal je 7 und 7½ Stunden. Im übrigen wechselt sie nach Sommer- und Wintermonaten, beträgt dann im Sommer regelmäßig mehr, 9—10 und mehr Stunden, als im Winter, wo nur 7—9 Stunden gearbeitet zu werden pflegt.

[1] Bei einem Einkommen von 3013 Mk.

Übersicht 13.
Arbeitsverhältnisse.

Nr.	Gesamt- Einkommen	Arbeits- Einkommen	Arbeitszeit (W. = Winter, S. = Sommer)	Sonntagsarbeit (Stunden jährlich)	Überstunden (jährlich)	Bezahlt oder nicht?	Kündigungsfrist (Wochen)	Dauer der Fortzahlung des Gehalts bei Krankheit (Wochen)	Dauer der Fortzahlung des Gehalts bei Übungen (Wochen)	Dauer des letzten Urlaubs (Tage[1])	Ob Gehalt bezahlt bleibt?
1	1550	1550	S. 9, W. 8	40	—	nein	6	6	6	14	ja
2	1807	1334	S. 9, W. 8	1	—	nein	6	6	—	—	—
3	2092	1850	S. 8—9, W. 8	4	—	nein	6	6	—	6	ja
4	2405	1967	8	20	50	nein	Beamter	Beamter	Beamter	21	ja
5	2425	2277	S. 11, W. 10	—	—	—	6	—	—	—	—
6	2426	2333	8	—	—	—	4	4	Übungsdauer	14[1]	ja
7	2444	2400[2]	8	—	—	—	—	26	—	14	ja
8	2474	2160	S. 10, W. 9	manchmal	—	nein	—	6	2	—	—
9	2567	2400	S. 10, W. 8	—	—	—	6	—	—	—	—
10	2626	2192	S. 10-11, W. 9-10	10 (Sonntag vorm.)	—	—	4	—	—	4	ja
11	2760	2519	S. 10, W. 9	—	—	—	6	6	—	14[1]	ja
12	2806	2500	7½	—	—	—	4	6	—	14[1]	ja
13	2807	2535	S. 8, W. 7½ (Sonnabends 5)	—	—	—	6	6	—	—[1]	ja
14	2944	2595	8	—	—	—	4	bis zur Genesung	—	28[3]	ja
15	2974	2760	S. 10, W. 9—9½	—	—	—	6	6	—	—	—
16	2982	2908[2]	8	—	40	ja	6	unbegrenzt	unbegrenzt	14	ja
17	3013	2560	9	—	—	—	6	6	—	6	ja
18	3039	2995	8	—	72	ja	6	6	—	12	ja
19	3063	2140	7	—	—	—	Beamter	26	Übungsdauer	14	ja
20	3083	3083	8	—	—	—	4	nichts bestimmt, wird bezahlt		14	ja
21	3127	3127	8	—	—	—	6	—	—	—	—

22	3222	2682	9	—	—	—	6	dauernd	dauernd	—	ja
23	3293	3050	8	—	—	—	6 (Beamter)	6 (Beamter)	für ganze Dauer bei Pflichtübung	18[1]	ja
24	3317	3160	8	—	—	—	4	6	6	14[1]	ja
25	3433	2894	8	unbest.	unbest.	nein	4	wie bei 20	wie bei 20	14	ja
26	3485	3465	8	6	50	nein	4	mindest. 6	—	14[1]	ja
27	3520	3150[2]	S. 9—9½, W. 9	150	30	nein	6	52	—	14[1]	ja
28	3532	3052	7½	2	—	nein	4	4	4	—	—
29	3535	3385	8	—	—	—	6	6	6	8—14[1]	ja
30	3550	3350	8	30	100	ja	Beamter[4]	52	—	21[1]	ja
31	3600	3000	9	—	—	—	6	wird bez.	wird bez.	14[1]	ja
32	3619	2550	7—8	—	nach Bedarf	nein	Beamter[4]	6 Monate	ganze Übung	14[1]	ja
33	3655	3506	8	—	—	—	4	26	ganze Übung	14[1]	ja
34	3665	3056	8½	6	20	nein	6	—	—	14[1]	ja
35	3700	3700	8½	—	—	—	6	6	—	20[1]	ja
36	3711	2810	8	—	120	ja	6	26	8	15	ja
37	3715	3715	8½	—	—	—	6	6	—	30[3]	ja
38	3790	3790	8	—	—	—	Beamter[4]	Beamter	Beamter	21[1]	ja
39	3936	3570	9	unbest.	30	nein	6	6	—	8	ja
40	3962	3362	8	—	—	—	6	26	—	10[1]	ja
41	3970	3970	8	—	100	nein	6	ganze Dauer	ganze Dauer	—	—
42	4085	3388	8	—	—	—	6	Krankheitsdauer	4	15	ja
43	4125	3775	9	unbest.	—	nein	6	6	—	14	ja
44	4466	4259	8½	—	—	—	langfristig	6	—	2	ja
45	4675	4250	7	—	—	—	Beamter[4]	unbeschränkt	unbeschränkt	—[1]	ja
46	4683	4341	8	—	—	—	13	52	unbeschr.	21[1]	ja
47	5000	—	—	—	—	—	—	—	—	—	—
48	5115	4375	S. 10, W. 9	—	—	—	bes. Vereinbarung	wird bezahlt	wird bezahlt	14[1]	ja
49	5193	3700	8½	—	—	—	6	6	—	15[1]	ja
50	6408	4665	8	—	—	—	6	6	—	8	ja

[1] Hier ist Urlaub vertragsmäßig festgelegt. [2] Konkurrenz- oder Erfinderklausel. [3] Krankenurlaub. [4] Lebenszeit.

Soweit Nachrichten über Sonntagsarbeit und Überstunden vorliegen, obwalten große Verschiedenheiten. Ein größeres Maß von Überarbeit liegt höchstens in ein Fünftel der Fälle vor. Eine besondere Vergütung ist nur in Einzelfällen vereinbart.

Die Kündigungsfrist ist, soweit es sich nicht um festangestellte Beamte handelt, zumeist die gesetzliche (6 Wochen bis zum Quartalsersten). Eine vierwöchige Frist haben 11 Techniker vereinbart.

Ganz ungleichmäßig liegen auch die Festsetzungen über die Fortzahlung des Gehalts im Falle von Krankheit und militärischer Übung, bei welch letzterer nicht selten ein Unterschied zwischen Pflicht- und freiwilliger Übung gemacht wird. Im Krankheitsfall überwiegt die Fortzahlung auf die Dauer von 6 Wochen, doch finden sich auch sehr viel länger dauernde Vergütungen. In manchen Fällen fehlt eine Vertragsbestimmung, doch findet eine tatsächliche Vergütung statt. Wo die Übersicht keine Angaben enthält, handelt es sich nicht immer um Verweigerung der Fortzahlung, öfters wird dadurch nur das Schweigen der Dienstverträge in diesem Punkte gekennzeichnet. Dies gilt übrigens auch von anderen Arbeitsvertragspunkten, die ja noch keine tarifliche Regelung aufweisen.

Nicht ungünstig liegen die Urlaubsverhältnisse; der größte Teil hat im Berichtsjahre einen Urlaub von zumeist 14tägiger Dauer, und zwar zumeist auf Grund eines Vertrags oder eines sonstigen Anspruchs gehabt, regelmäßig wurde der Gehalt während der Urlaubsdauer fortbezogen.

Eine Wettbewerbsklausel findet sich in zwei Fällen, eine Erfinderklausel in einem Fall.

Übersicht 14.

Mietpreise und Raumgehalt der Wohnung.

Einkommen (Mk.)	Jährl. Mietpreis (1911/12) (Mk.)	Prozent des Einkommens	Ausgabe für Wohnung (Mk.)	Zahl der Zimmer und Kammern ausschl. Küche	Kubikraum der Zimmer (cbm)
1550	80	5,2	104,75	2	121,5
1807	80	4,4	84,22	3	?
2092	260	12,4	398,82	3 [1]	132,0 [2]
2405	330	13,7	470,62	3	189,4
2425	240	9,9	542,70	2	60,6
2426	460	18,9	480,81	4	156,0 [3]

[1] Zweifamilienhaus.
[2] Einschließlich Küche 166,5 cbm.
[3] Einschließlich Küche und Vorraum 196 cbm.

Einkommen (Mk.)	Jährl. Mietpreis (1911/12) (Mk.)	Prozent des Einkommens	Ausgabe für Wohnung (Mk.)	Zahl der Zimmer und Kammern ausschl. Küche	Kubikraum der Zimmer (cbm)
2444	420	17,2	471,71	2	142,1
2474	240	9,7	.	4	148,4
2567	(300) [1]	.	117,41	4	131,7 [2]
2626	360	13,7	.	4	189,0
2760	396	14,3	471,72	4	144,0 [3]
2806	504	17,9	639,65	3	141,9 [3]
2807	315	11,3	385,12	4	140,0
2944	500	16,9	.	3	150,0 [4]
2974	270	9,1	395,16	3	173,3
2982	330	11,1	.	4	156,9
3013	. [5]	.	.	5	140,9
3039	260	8,5	.	3	135,4 [6]
3063	430	14,0	452,50	4	192,0 [3]
3083	465	15,1	577,86	5	265,6
3127	575	18,4	604,39	3	178,2
3222	450	14,0	.	4	158,9
3293	320	9,7	435,15	3	177,0
3317	480	14,4	.	4	211,4 [7]
3433	480	14,0	699,11	4	214,2
3485	500	14,5	629,52	4	210,5 [8]
3520	500	14,2	.	5	236,4 [9]
3532	260	7,3	294,92	3	142,6
3535	380	10,7	469,97	2	95,6 [10]
3550	504	14,2	.	4	207,9 [11]
3600	372	10,3	348,55	6	215,9 [12]
3619 [13]	60	1,6	805,42	3	168,0
3655	420	11,5	534,90	3	153,6
3665	420	11,4	.	3	195,0 [14]

[1] Freie Wohnung, anscheinend vom Arbeitgeber gemietet.
[2] Einschließlich Küche 161,6 cbm. [3] Berechnung ausschließlich Kammer.
[4] Einschließlich Küche 195,4 cbm.
[5] Keine; Einfamilienhaus der Baugenossenschaft.
[6] Einschließlich Küche 153,2 cbm. [7] Einschließlich Küche 253 cbm.
[8] 99 qm Nutzfläche. [9] Ein Zimmer an Verwandten vermietet.
[10] Einschließlich Küche 128 cbm [11] Einschließlich Küche 248 cbm.
[12] Wie 9. [13] Ein Raum für monatlich 22 Mk. vermietet.
[14] Einschließlich Küche 228 cbm.

Einkommen (Mk.)	Jährl. Mietpreis (1911/12) (Mk.)	Prozent des Einkommens	Ausgabe für Wohnung (Mk.)	Zahl der Zimmer und Kammern ausschl. Küche	Kubikraum der Zimmer (cbm)
3700	480	13,0	659,35	4	178,6
3711	408	10,9	618,86	5 [1]	231,9
3715	396	10,6	.	3 [2]	156,8
3790	620	16,3	225,03	4	189,6
3936	530	13,5	721,16	5	256,0
3962	400	10,9	550,53	4	244,2
3970	560	14,1	627,23	4	241,0
4085	510	12,4	604,80	4	221,8 [3]
4125	350	8,5	418,65	4	182,0 [4]
4466	600	13,4	780,48	4 [5]	177,3 [6]
4675	840	18,0	838,48	4	267,3 [7]
4683	530	11,3	.	4	215,6 [8]
5000	.	.	.	.	.
5115	430	8,4	.	3	130,5
5193 [9]	420	8,1	.	7	310,5
6408	490	7,6	585,67	3	200,0 [10]

Durchschnitte.

Einkommensgruppe Mk.	Jährl. Mietpreis Mk.	Prozent des Einkommens	Zahl der Zimmer	Kubikinhalt
Unter 2000	80	4,8	2—3	?
2000—3000	356	13,6	3—4	148
3000—4000	429	13,1	fast 4	190
über 4000	521	11,0	4	213
Gesamtdurchschnitt	400	11,5	3—4	172 [11]

(Durchschnittliches Einkommen 3450 Mk.[12] [13].)

[1] Einzelhaus.

[2] Einschließlich Küche 214,4 cbm.

[3] Einschließlich Küche 256 cbm.

[4] Einschließlich Küche 208 cbm.

[5] Und abgeschlossener „Vorsaal".

[6] Einschließlich Küche 215 cbm.

[7] Einschließlich Küche 327 cbm.

[8] Einschließlich Küche 254 cbm.

[9] Einfamilienhaus.

[10] Einschließlich „Vorsaal" und Küche 272 cbm.

[11] Durchschnitt errechnet ohne den Haushalt mit 1505 Mk. Einkommen.

[12] Durchschnitt errechnet ohne die Haushalte mit 2567 und 3013 Mk. Einkommen; vgl. die dazu gehörigen Anmerkungen.

[13] Zur Prozentberechnung konnte nur die Summe der Haushalte ohne die in Anmerkung 12 angegebenen Haushalte verwendet werden.

Sieht man von den besonders gelagerten Fällen der niedrigsten Einkommensstufe ab, so wird bei sinkendem Einkommen eine absolute Kürzung der Mietausgabe neben Zunahme des Vomhundertanteils am Einkommen deutlich. Dabei sinkt die Qualität der Wohnung und ihr Raumgehalt, so daß für wesentlich ungünstigere Wohnverhältnisse ein größerer Ausgabenanteil nötig wird. Das „Schwabesche" Gesetz, das hernach noch unter Zugrundelegung des Gesamtwohnungsaufwandes zu erläutern ist, erfährt hiernach im wesentlichen seine Bestätigung: Steigerung des absoluten Betrags, Abnahme des „Wohnungsprozentes" von einer bestimmten, das Existenzminimum überschreitenden Einkommensstufe an.

Die Frage des Fragebogens: Wieviel Personen schlafen in den einzelnen Zimmern, läßt den Grad der Zimmerbelegung und der Dichtigkeit des Zusammenwohnens erkennen. Folgendes wurde festgestellt (insgesamt 74 Schlafzimmer):

Es wohnten in einem Zimmer:	1 Person	in	9	Fällen,
„ „ „ „ „ :	2 Personen	„	23	„
„ „ „ „ „ :	3 „	„	18	„
„ „ „ „ „ :	4 „	„	18	„
„ „ „ „ „ :	5 „	„	4	„
„ „ „ „ „ :	6 „	„	2	„

Gewisse Beziehungen zwischen Einkommen und Zimmerbelegung sind deutlich: so haben in 9 Fällen von 18 die Familien, in denen 4 Personen in 1 Zimmer schlafen, ein Einkommen von weniger als 3000 Mk. Das sind 50 %, während die Zahl der Familien dieser Einkommensstufe nur 28 % der Gesamtzahl ausmacht. Ferner gehören die beiden Haushalte mit stärkster Wohnungsdichtigkeit (6 Personen auf 1 Schlafzimmer) hierher. Umgekehrt sind die Fälle geringerer Belegung (1—2 Personen) in den höheren Einkommensstufen stärker vertreten.

Untersuchen wir den auf eine schlafende Person entfallenden Kubikraum, so können wir uns auf die 24 Fälle engen Zusammenwohnens (vier und mehr Personen) beschränken. Es trifft hier auf eine Person ein Raumgehalt von:

16 cbm	in	4	Fällen,
15 „	„	3	„
14 „	„	2	„
13 „	„	1	Fall,
12 „	„	3	Fällen,
11 „	„	3	„

10 cbm in 3 Fällen,
9 „ „ 2 „
8 „ „ 1 Fall,
7 „ „ 1 „
5 „ „ 1 „

} 10 cbm und weniger in 8 Fällen; besonders ungünstig sind die Fälle, in denen mehr als 4 Pers. in 1 Zimmer schlafen, gelagert; in den beiden Familien, die je 6 Pers. zusammenschlafen lassen, trifft auf jede nur 5–6 cbm Luftraum.

Übersicht 15.

Möbelbesitz.

	Einkommen	Besitz kompl. Wohnzimmer	Besitz kompl. Schlafzimmer	Besitz kompl. Betten[1]	Art des Möbelerwerbs	Neuanschaffungen bevorstehend? Welche?	Ob Umzug?
1.	1550	2	1	2	bar	nein	nein
2.	1807	2 (zusammen)		4	„	„	„
3.	2092	2	1	4	„	1 Bett	1. 10. 12
4.	2405	1½	1½	4	„	nein	nein
5.	2425	2 (zusammen)		3	Abschlagsz. 157,50 Getilgt 97,50 und Erbgang	Nähmaschine Vorhänge	1. 8. 12
6.	2426	2	2	4	bar	Kleider	?
7.	2444	2 (zusammen)		4	bar u. Erbgang	nein	nein
8.	2474	2	1	3	bar	„	„
9.	2567	2	1	4	„	„	?
10.	2626	2	2	4	„	Kleider	nein
11.	2760	2	1	4	bar (Mitgift)	nein	„
12.	2806	2	1	4	bar	„	„
13.	2807	2	2	4	„	Einz. Möbel (Stühle)	„
14.	2944	2	2	4	„	nein	„
15.	2974	2	1	4	„	1 Bett	„
16.	2982	2	2	5	„	Kleiderschrank	„
17.	3013	1	3	6	bar u. Erbgang	Matratzen	„
18.	3039	1	1	?	bar, Sch. d. Frau	nein	„
19.	3063	2	1	6	Erbgang	„	„
20.	3083	2	2	5	bar	„	„
21.	3127	2	1	4	„	„	„
22.	3222	2	2	5	„	Klavier	„

[1] Einschließlich Kinderbetten.

	Einkommen	Besitz Wohnzimmer	kompl. Schlafzimmer	Besitz kompl. Betten	Art des Möbelerwerbs	Neuanschaffungen bevorstehend? Welche?	Ob Umzug?
23.	3293	2	1	4	bar	nein	nein
24.	3317	2	2	4	"	"	3. 1912 umgezogen
25.	3433	2	1	3	bar u. Teilzahl.	Kinderbett, Schrank u. a. Möbel	nein
26.	3485	2	1	4	bar	nein	"
27.	3520	1	2	4	bar u. Erbgang	Vorhänge, Möbel	"
28.	3532	2	1	3	bar	nein	"
29.	3535	1	1	3	"	"	"
30.	3550	2	2	4	"	"	"
31.	3600	2	2	4	"	"	"
32.	3619	2	1	5	"	"	"
33.	3655	2	2	4	"	Möbelbezug	"
34.	3665	2	1	4	Aussteuer	Bücherschrank	"
35.	3700	2	2	3	bar	nein	"
36.	3711	2	3	4	Aussteuer	Kinderbett, kl. Krone	"
37.	3715	2	1	3	Ausst. u. bar	Buffet f. 200 Mk.	ja
38.	3790	2	2	4	bar	nein	nein
39.	3936	3	2	5	"	Stühle	"
40.	3962	2	2	5	"	Schrank, Bettwäsche	ja 10. 1912
41.	3970	2	2	4	"	nein	nein
42.	4085	2	2	5	"	"	"
43.	4125	2	2	4	"	"	"
44.	4466	3	2	4	"	"	"
45.	4675	2	3	5	bar u. Erbgang	"	"
46.	4683	2	2	4	bar	"	"
47.	5000	.	.	.	.	.	.
48.	5115	2	2	4	bar	nein	nein
49.	5193	3	3	6	Heiratsgut	Wäsche, Kleider	"
50.	6408	2	1	5	bar	nein	"

Beleuchtung.

Die Gasbeleuchtung überwiegt. Sie ist — sowenig wie elektrische Beleuchtung — nicht vorhanden nur in 10 Haushalten, während 1 Fragebogen keine Auskunft gibt. 4 Familien verfügen, zumeist neben Gas, auch über Elektrizität. In drei Viertel aller Haushalte kommt Leuchtgas (in fast vier Fünftel aller Haushalte Kochgas) zur Verwendung.

Es scheint, daß die kleineren Einkommen, die mit einfacheren Wohnungen vorliebnehmen müssen, in höherem Maße auf Petroleum angewiesen sind als die Bessergestellten. Unter den Haushalten ohne Gasbenutzung [1] befinden sich die beiden mit weniger als 2000 Mk. Einkommen, ferner sechs mit weniger als 3300 Mk. Einkommen; nur zwei erreichen ein höheres Einkommen, doch ist die Gruppe von 4000 Mk. aufwärts überhaupt nicht vertreten.

Unter diesen Gesichtspunkten ist die mittels der Haushaltsbücher genau erfaßte Ausgabe für Petroleum ebenso wie dessen Verbrauch zu würdigen.

Übersicht 16.

Beleuchtungsverhältnisse.

Einkommen Mk.	Ausgabe für Petroleum Mk.	Verbrauch von Petroleum l	Ausgabe von Petroleum auf die Verbrauchseinheit Mk.	Verbrauch von Petroleum auf die Verbrauchseinheit l	Preis des Liter Pf.
1550 *	6,34	31,0	3,2	15	20
1807 *	5,90	29,5	2,5	12	20
2092	0,27	1,0	0,1	0	27
2405	13,48	58,5	6,4	28	23
2425 [2]	15,32	77,1	7,7	39	20
2426	3,88	17,0	1,8	8	23
2444	10,16	46,0	3,8	17	22
2474	1,32	6,5	0,6	3	20
2567	7,96	36,0	3,3	15	22
2626 *	12,51	64,5	4,8	25	19
2760 *	5,92	28,0	2,6	12	21
2806	8,71	43,5	3,6	18	20
2807 *	12,54	57,5	6,3	29	22
2944	3,38	16,0	1,6	8	21
2974	3,64	18,0	1,7	8	20
2982	5,35	26,0	2,2	11	21

[1] Haushalte mit * = ohne Gas; mit ** = mit Gas und Elektrizität.

[2] Unbekannt, ob Gas oder Elektrizität vorhanden; ersteres anzunehmen.

Einkommen Mk.	Ausgabe für Petroleum Mk.	Verbrauch von Petroleum l	Ausgabe von Petroleum auf die Verbrauchseinheit Mk.	Verbrauch von Petroleum auf die Verbrauchseinheit l	Preis des Liter Pf.
3013	3,63	16,0	1,4	6	23
3039*	16,41	62,0	6,6	25	26
3063*	11,64	57,0	5,3	26	20
3083	7,18	31,5	3,1	14	23
3127	7,70	37,5	3,7	18	21
3222*	13,09	65,0	4,9	24	20
3293	3,16	15,0	1,3	6	21
3317	8,67	39,5	3,8	17	22
3433**	0,30	1,5	0,1	1	20
3485**	—	—	—	—	—
3520	10,43	53,0	4,0	20	20
3532*	33,81	167,0	13,5	67	20
3535	1,25	7,5	0,6	4	[17]
3550	5,44	25,0	1,6	7	22
3600	4,48	20,5	1,9	9	22
3619*	14,20	65,0	5,3	24	22
3655	22,92	109,5	8,6	42	21
3665	2,69	11,5	1,2	5	23
3700	22,70	109,5	10,8	52	22
3711**	25,94	125,0	11,8	57	21
3715	0,99	4,5	0,5	2	22
3790	38,16	205,5	16,6	89	18
3936	7,48	84,0	3,3	37	9?
3962	11,76	55,0	4,2	20	21
3970**	10,26	47,0	5,1	23	22
4085	1,67	8,0	0,8	4	21
4125	10,24	46,0	4,1	18	22
4466	4,20	20,0	1,9	9	21
4675	2,88	14,0	1,2	6	21
4683	5,92	26,0	1,8	8	23
5000	8,45	45,0	2,4	13	19
5115	1,89	9,0	0,9	4	21
5193	0,22	1,0	0,1	0	22
6408	25,69	115,0	9,5	44	22

Die Preise bewegen sich hier sehr gleichmäßig zwischen 19 und 23, zunächst zwischen 20 und 22 Pf. für den Liter. Eine einzige Abweichung ist wohl auf Fehler in der Anschreibung zurückzuführen, deren Zuverlässigkeit im übrigen durch obige Übersicht erwiesen wird.

Zuschuß- und Überschußwirtschaften.

Da das Jahr keine abgeschlossene Wirtschaftseinheit darstellt — vgl. oben S. 9f. —, so kann eine völlige Übereinstimmung von Einnahme und Ausgabe nicht erwartet werden. Kleine Differenzen können deshalb ohne weiteres als verständlich und unbeachtlich erscheinen. Erst bei größeren Unterschieden, stärkerem Überwiegen entweder der Einnahmen- oder Ausgabenseite, liegt Veranlassung zur Prüfung vor. Diese mußte zunächst in der Richtung erfolgen, daß etwaige Fehler in der Anschreibung richtig gestellt wurden. Dies ist auch in gewissem Umfange geschehen, ohne daß tatsächlich größere Irrungen hätten ermittelt werden können. Nur in einem Fall ist die Divergenz zwischen Einnahme und Ausgabe so groß, daß eine Aufklärung nicht geboten werden kann.

Aber nicht nur die Gesamteinnahme, die sich häufig aus recht verschiedenen Posten zusammensetzt, auch das aus der Arbeit des Haushaltsvorstandes fließende Arbeitseinkommen muß an der Gesamtausgabe gemessen werden. Denn stellt sich heraus, daß zwar die Gesamteinnahme der Familie, nicht aber das Arbeitseinkommen des Mannes ausreicht, eine bestimmte Lebenshaltung zu gewährleisten, so sind sozialpolitische Bedenken nicht zu unterdrücken.

Zieht man zunächst die Gesamteinnahme heran, so ergibt sich dieses:

Von 50 Haushalten haben 32 weniger ausgegeben als die Gesamteinnahme betrug; weggelassen ist dabei der Haushalt mit 3533 Mk. Gesamteinnahme, weil hier eine Irrung bei der Anschreibung immerhin nicht ganz ausgeschlossen ist. Weggelassen sind ferner 7 Fälle, in denen die Gesamtausgabe von der gesamten Einnahme um weniger als 1 % der letzteren differiert, so daß man hier vielmehr von Fällen der Übereinstimmung zwischen Einnahme und Ausgabe reden kann. Hierher gehören endlich drei weitere Haushalte, bei denen die Gesamtausgabe nur höchstens 1 % der Gesamteinnahme höher ist als diese. Aber neben diesen 10 Haushalten fast völliger Übereinstimmung zwischen Einnahme und Ausgabe stehen zahlreiche, wo die Differenz auch noch unbedeutend ist, so daß auch hier der Eindruck der Übereinstimmung durchaus vorherrscht. Außer 14 Haushalten aus der Reihe der oben erwähnten 32 sind noch 3—4 zu nennen, bei denen eine Differenz von weniger als 5%

der Einnahme gegeben ist, und zwar im Sinne höherer Ausgabe, während bei den vorgenannten 32 Familien die Einnahme von der Ausgabe nicht ganz erreicht wird.

Die größten Differenzen liegen, wenn man von dem einen zweifelhaften Fall absieht, bei Beträgen in Höhe von 25% der Gesamteinnahme, und zwar bleibt fast ausnahmslos die Ausgabe hinter der Einnahme zurück. Es sind immerhin 10 Fälle gegeben, bei denen die Ausgabe noch nicht neun Zehntel der Gesamteinnahme erreicht. Ein beträchtlicheres Überschreiten der Einnahme durch die Ausgabe liegt dagegen nur zweimal vor.

Das Bild verschiebt sich sehr wesentlich, wenn wir statt der mannigfach zusammengesetzten Gesamtfamilieneinnahme das Arbeitseinkommen lediglich des Haushaltsvorstandes ins Auge fassen. Alsdann stellt sich ein Defizit in 28 Fällen heraus, eine völlige oder so gut wie völlige Übereinstimmung zwischen Aktiv- und Passivposten in 3 Fällen, während in 19 Fällen das Einkommen unerreicht bleibt. Besonders die Fälle von Defizit nehmen Interesse in Anspruch.

Es handelt sich hierbei um folgende, nach dem Gesamteinkommen namhaft zu machende Familien:

Übersicht 17.

Zuschuß- und Überschußwirtschaften.

Haushalt-Nr.	Gesamteinnahme Mk.	Arbeitseinkommen Mk.	Gesamtausgabe Mk.	Defizit in Prozent des Arbeitseinkommens
2	1807	1334	1473	10,42
3	2092	1850	2056	11,13
4	2405	1967	2286	16,22
5	2425	2277	2408	5,75
6	2426	2333	2436	4,41
8	2474	2160	2927	35,51
9	2567	2400	2541	5,88
10	2626	2192	2559	16,74
12	2806	2500	2791	11,64
14	2944	2595	3063	18,03
15	2974	2760	2880	4,35
17	3013	2560	3003	17,30
19	3063	2140	3004	40,37
22	3222	2682	3229	20,40
25	3433	2894	3426	18,38
31	3600	3000	3545	18,17

Haushalt-Nr.	Gesamteinnahme Mk.	Arbeitseinkommen Mk.	Gesamtausgabe Mk.	Defizit in Prozent des Arbeitseinkommens
32	3619	2550	3545	39,02
34	3655	3506	3593	2,48
36	3711	2810	3422	21,78
37	3715	3715	4013	8,02
39	3936	3540	3725	5,23
40	3962	3362	3947	17,40
42	4085	3388	3915	15,56
45	4675	4250	4359	2,56
47	5000	4490	4839	7,77
48	5115	4375	5126	16,90
49	5193	3700	5158	39,41
50	6408	4665	5632	20,73

Scheiden wir in dieser Reihe die Fälle aus, in denen die Differenz zwischen Gesamtausgabe und Arbeitseinkommen unter 10 % des letzteren zurückbleibt, so bleiben immerhin 18 Haushalte, über ein Drittel der Gesamtzahl, mit auffälligem Defizit, das mehrmals sogar ein Drittel und mehr des Gesamteinkommens erreicht. Der günstige Eindruck, der durch den Vergleich von Gesamteinnahme und Ausgabe erweckt wurde, erfährt hierdurch eine starke Beeinträchtigung. Man sieht, zu welcher Bedeutung bei dieser Sachlage die Nebeneinnahmen werden. Dabei ist unter Gesamtarbeitseinkommen auch solches verstanden, welches nicht aus dem regelmäßigen Gehalt fließt, also bereits eine oft erhebliche Mehrleistung voraussetzt.

An der Hand der auf S. 34 ff. befindlichen Ausweise über die Zusammensetzung des Einkommens lassen sich einige nicht uninteressante Wahrnehmungen über die Art und Weise der Deckung des Defizits in den genannten 18 Familien machen. Zunächst ist festzustellen, daß das Zurückbleiben des Arbeitseinkommens hinter der Gesamtausgabe besonders die Familien mit den kleinsten und jene mit den größten Gesamtfamilieneinnahmen betrifft. Unter 16 Haushalten mit weniger als 3000 Mk. Gesamteinnahme sind 11 = 69 %, unter 25 Haushalten mit 3000 bis 4000 Mk. Einnahme 11 = 44 %, unter 9 Haushalten mit mehr als 4000 Mk. Einnahme 6 = 66 %, welche ein Defizit ausweisen, und zwar finden sich in den letzteren Gruppen alle 4 Familien mit mehr als 5000 Mk. Einkommen.

Übersicht 18.

Die Deckung des Defizits.

Fam.-Nr.	Gesamteinnahme Mk.	Arbeitseinkommen Mk.	Defizit Mk.	Betrag und Art der hauptsächlichen[1] Deckung des Fehlbetrags Mk.	
2	1807	1334	139	451	aus Naturalwirtschaft
3	2092	1850	206	143	Einkommen der Frau
				90	Sonstige Einnahmen
4	2405	1967	319	290	Kapitalgenuß
				148	Nebeneinnahmen d. M.
8	2474	2160	767	274	Sonstige Einnahmen
10	2626	2192	367	400	Kapitalgenuß
12	2806	2500	291	212	Sonstige Einnahmen
14	2944	2595	468	349	" "
17	3013	2560	443	159	Arbeit der Frau
				180	Untervermietung
				31	Kapital
				61	Naturalwirtschaft
				22	Sonstige Einnahmen
19	3063	2140	864	919	Kapital
22	3222	2682	547	320	Naturalwirtschaft
25	3433	2894	532	330	Kapital
				21	Naturalwirtschaft
				88	Sonstige Einnahmen
31	3600	3000	545	600	Kapital
32	3619	2550	995	319	Untervermietung
				750	Sonstige Einnahmen
36	3711	2810	612	310	Kapital
				97	Naturalwirtschaft
				494	Sonstige Einnahmen
42	4085	3388	527	697	Kapital
48	5115	4375	751	476	"
				250	Sonstige Einnahmen
49	5193	3700	1458	600	Kapital
				873	Sonstige Einnahmen
50	6408	4665	967	1428	" "

Unter 18 Defizitfällen wird, wenn man von kleinen Gelegenheitseinnahmen (besonders der Frau) absieht,

[1] Kleinere Beträge sind weggelassen. Sie sind auf S. 39f. zu ersehen.

2 mal umfassendere Mitarbeit der Frau,
5 „ Überschuß der Naturalwirtschaft,
2 „ Einnahme aus Untervermietung,
10 „ Kapitalgenuß (wobei es hier gleichgültig ist, ob es sich um Zins oder Kapital handelt),
11 „ eine sonstige Einnahme (möglicherweise auch aus Darlehen)
zur Deckung des durch Zurückbleiben der Ausgabe hinter dem Arbeitseinkommen entstehenden Fehlbetrages herangezogen. In mehreren Fällen müssen mehrere Einnahmequellen gleichzeitig hierfür erschlossen werden.

Die Ausgaben im allgemeinen.

Eine Zusammenstellung der in den einzelnen Einkommensgruppen auf die Ausgabe für Nahrung, Wohnung, Heizung und Beleuchtung, Kleidung und Sonstiges entfallenden Beträge und Anteile ergibt dieses:

Einkommensgruppe	Anteil der Ausgabe (an der Gesamtausgabe) für				
	Nahrung	Wohnung	Heizung u. Beleuchtung	Kleidung	Sonstiges
unter 2000 Mk.	67,00	6,44	2,57	9,79	14,19
2000—3000 „	41,62	17,90	3,83	11,93	24,72
3000—4000 „	39,21	17,24	3,70	12,99	27,90
4000—5000 „	36,75	16,40	2,76	12,99	31,08
über 5000 „	31,72	13,62	3,27	10,66	40,72

Einkommensgruppe	Durchschnittlicher Betrag der Ausgabe in Mark für				
	Nahrung	Wohnung	Heizung u. Beleuchtung	Kleidung	Sonstiges
unter 2000 Mk.	983,94	94,48	37,67	147,87	208,13
2000—3000 „	1064,94	451,83	88,95	301,17	642,59
3000—4000 „	1154,21	561,62	117,72	385,77	906,46
4000—5000 „	1516,88	682,60	114,21	540,54	1275,57
über 5000 „	1654,69	697,50	169,13	551,72	2115,60

Reduziert man auf Verbrauchseinheiten, wobei deren Eignung über die Zwecke des Nahrungsprozents hinaus zunächst noch dahingestellt bleiben muß, so ergibt sich die anteilige Belastung wie folgt:

Einkommensgruppe	Nahrung	Wohnung	Heizung u. Beleuchtung	Kleidung	Sonstiges
unter 2000 Mk.	30,5	2,9	1,2	4,5	6,4
2000—3000 „	19,4	8,4	1,8	5,4	11,6
3000—4000 „	16,4	7,2	1,6	5,1	11,7
4000—5000 „	14,9	6,6	1,1	5,2	12,7
über 5000 „	12,1	5,2	1,2	4,1	15,5

Die durchschnittliche Zahl von Verbrauchseinheiten ist in der untersten Einkommensschicht 2,20; es folgen: 2,14, 2,39, 2,46, 2,62. Infolgedessen würde die Berechnung nach Verbrauchseinheiten die Einzelwerte einander annähern; denn die Belastung mit Verbrauchern ist in den höheren Einkommensstufen zumeist eine etwas größere; setzt man die 2,20 Verbrauchseinheiten der untersten Stufen = 1, so entfällt auf die Schicht von 2000—3000 Mk. Einkommen ein durchschnittlicher „Belastungskoeffizient" (der Wert hier in anderem Sinne gebraucht als bei meiner Berechnung der Zoll- und Steuerbelastung im 2. Finanzband) von 0,97, auf jene von 3000—4000 Mk. eine Belastung von 1,09, auf jene von 4000—5000 Mk. eine Belastung von 1,12 und auf die höchste Stufe eine Belastung von 1,19.

Für die 5 Stufen werden anschließend die auf je 1 Verbrauchseinheit entfallenden Gesamtausgabenprozente berechnet; sie belaufen sich

bei einem Einkommen	unter 2000 Mk.	auf 45,5 %	der Gesamtausgabe,
„ „ „	von 2000—3000 „	„ 46,6 %	„ „
„ „ „	„ 3000—4000 „	„ 42,0 %	„ „
„ „ „	„ 4000—5000 „	„ 40,5 %	„ „
„ „ „	„ über 5000 „	„ 38,1 %	„ „

Setzt man die für die unterste Einkommensstufe errechneten prozentualen Werte = 1, so erhält man:

In der Einkommensstufe Mk.	Nahrungsprozent	Wohnungsprozent	Heizungs- u. Beleuchtungsprozent	Kleidungsprozent	Prozent der sonst. Ausgaben
unter 2000	1	1	1	1	1
2000—3000	0,6	2,9	1,5	1,2	1,8
3000—4000	0,5	2,5	1,3	1,1	1,8
4000—5000	0,5	2,3	0,9	1,2	2
über 5000	0,4	1,8	1	0,9	2,4

Das „Nahrungsprozent" sinkt bis auf weniger als die Hälfte des Ausgangswertes, das „Wohnungsprozent" steigt bis fast zum dreifachen dieses Wertes, um hernach wieder auf das Zweifache und weniger zu fallen. Der auf Heizung und Beleuchtung entfallende Anteil steigt zunächst, bleibt dann aber fast genau in Höhe des Ausgangswertes; das „Kleidungsprozent" bleibt sich meistens annähernd gleich und zeigt die relativ größte Stabilität — der auf sonstige Ausgaben entfallende Anteil steigt andauernd, um schließlich fast den zweieinhalbfachen Betrag des für die unterste Einkommensstufe errechneten Satzes zu erreichen.

Übersicht 19. **Hauptgliederung**

Nr.	Gesamtfamilieneinkommen	Gesamtausgaben		Ersparnisse (+) oder Zuschüsse (—)		Nahrungsmittelausgabe		Wohnungsausgabe	
	Mk.	Mk.	Proz. des Gesamt-Eink.	Mk.	Proz. des Gesamt-Eink.	Mk.	Proz. der Gesamt-Ausg.	Mk.	Proz. der Gesamt-Ausg.
1	1550	1463,27	94,40	86,73	5,60	901,86	61,63	104,75	7,16
2	1807	1472,94	81,51	334,06	18,49	1066,02	72,37	84,22	5,72
3	2092	2056,05	98,28	35,95	1,72	827,70	40,25	398,82	19,40
4	2405	2285,71	95,04	119,29	4,96	881,62	38,57	470,62	20,59
5	2425	2408,13	99,30	16,87	0,70	1103,44	45,82	542,70	22,54
6	2426	2435,99	100,41	-9,99	—0,41	1100,87	45,19	480,81	19,74
7	2444	2345,68	95,98	98,32	4,02	923,36	39,36	471,71	20,11
8	2474	2927,50	-118,33	—453,50	—18,33	1366,68	46,68	323,—	11,03
9	2567	2540,57	98,97	+26,43	+1,04	1074,24	42,28	417,41	16,43
10	2626	2559,—	97,45	67,—	2,55	1035,46	40,47	416,82	16,28
11	2760	2427,68	87,96	332,32	12,04	851,63	35,08	471,27	19,41
12	2806	2791,37	99,48	14,63	0,52	1241,90	44,49	639,65	22,92
13	2807	2112,70	75,27	694,30	24,73	903,90	42,78	385,12	18,23
14	2944	3063,90	104,07	—119,90	—4,07	934,78	30,51	507,15	16,55
15	2974	2880,26	96,85	93,74	3,15	1180,87	41,—	395,16	13,72
16	2982	2956,47	99,14	25,53	0,86	1482,79	50,16	405,36	13,71
17	3013	3003,43	99,68	9,57	0,32	1351,37	45,—	540,—	17,98
18	3039	2452,91	80,71	586,09	19,29	1079,58	44,01	283,73	11,57
19	3063	3003,77	98,06	59,23	1,34	1250,06	41,62	452,50	15,04
20	3083	3022,44	98,04	60,56	1,96	1172,56	38,79	577,86	19,12
21	3127	2697,01	86,25	429,99	13,75	930,58	34,51	604,39	22,41
22	3222	-3229,96	-100,25	—7,96	—0,25	1578,01	48,86	512,31	15,86
23	3293	3045,26	92,48	247,74	7,52	1180,18	38,75	435,15	14,29
24	3317	3191,84	96,23	125,16	3,77	1194,94	37,44	573,71	17,96
25	3433	3426,23	99,80	6,77	0,20	1180,35	34,45	699,11	20,41
26	3485	2860,82	82,09	624,18	17,91	1041,98	36,42	629,52	22,—
27	3520	3084,91	87,64	435,09	12,36	1324,07	42,92	427,39	13,85
28	3532	1978,72	56,02	1553,28	43,98	917,40	46,36	294,92	14,91
29	3535	2917,26	82,53	617,74	17,47	1133,35	38,85	469,97	16,11
30	3550	3164,25	89,13	385,75	10,87	1182,16	37,36	594,05	18,77
31	3600	3502,58	97,29	97,42	2,71	957,35	27,34	348,55	9,95
32	3619	3545,46	97,97	73,54	2,03	1588,—	44,79	805,42	22,72
33	3655	3592,78	98,30	62,22	1,70	1319,69	36,73	534,90	14,89
34	3665	3659,96	99,86	5,04	0,14	1260,67	34,44	702,44	19,19
35	3700	3599,51	97,28	100,49	2,72	1379,50	38,32	659,35	18,32
36	3711	3421,74	92,21	289,26	7,79	1195,75	34,95	618,86	18,09
37	3715	4018,92	108,19	—303,92	—8,19	1660,99	41,32	852,05	21,21
38	3790	3312,74	87,41	477,26	12,59	1386,83	41,86	525,03	15,85
39	3936	3724,97	94,64	211,03	5,36	1419,53	38,11	721,56	19,37
40	3962	3947,24	99,63	14,76	0,37	1511,59	38,30	550,53	13,95
41	3970	3670,51	92,46	299,49	7,54	1268,27	34,55	627,23	17,09
42	4085	3914,54	95,83	170,46	4,17	1493,19	38,15	604,80	15,45
43	4125	3897,53	94,16	+227,47	+5,52	1487,75	38,17	418,65	19,75
44	4466	4263,66	95,47	202,34	4,53	1463,43	34,32	780,48	18,30
45	4675	4359,32	93,25	315,68	6,75	1752,36	40,20	838,48	19,23
46	4683	4214,02	90,—	468,98	10,—	1387,68	32,93	770,62	18,29
47	5000	4839,40	96,79	160,60	3,21	1369,72	28,30	1048,72	21,67
48	5115	5125,65	100,21	—10,65	—0,21	1532,27	29,89	511,14	9,97
49	5193	5157,71	99,32	35,29	0,68	1641,91	31,85	644,48	12,46
50	6408	5631,83	87,89	776,17	12,11	2074,87	36,84	585,67	10,40

der Ausgaben.

Kleidungsausgabe		Ausgabe f. Heizung und Beleuchtung		Sonstige Ausgaben		Arbeitseinkommen	Die Gesamtausgabe ist Prozent des Arbeitseinkommens
Mk.	Proz. der Gesamt-Ausg.	Mk.	Proz. der Gesamt-Ausg.	Mk.	Proz. der Gesamt-Ausg.	Mk.	
131,11	8,96	43,72	2,99	281,83	19,26	1550	94,40
156,64	10,63	31,63	2,15	134,43	9,13	1334	110,42
309,60	15,06	106,05	5,16	413,88	20,13	1850	111,11
191,87	8,40	115,74	5,06	625,86	27.38	1967	115,20
246,13	10,22	75,32	3,13	440,54	18,29	2277	105,77
153,11	6,29	126,99	5,21	574,21	23,57	2333	104,41
348,37	14,85	81,63	3,48	520,61	22,20	2400	97,73
416,74	14,24	83,04	2,84	738,04	25,21	2160	135,53
339,42	13,36	114,89	4,52	594,62	23.41	2400	105,86
476,26	18,61	94,57	3,70	535,89	20,94	2192	116,74
424,02	17,47	121,32	4,99	559,44	23,05	2519	96,37
200,65	7,19	93,65	3,35	615,52	22,05	2500	111,65
274,25	12,98	67,01	3,17	482,42	22,84	2535	83,34
225,53	7,36	68,48	2,24	1327,96	43.34	2595	118,—
408,22	14,17	103,72	3,60	792,29	27,51	2760	104,36
200,40	6,78	92,94	3,14	774,98	26,21	2908	101,63
373,11	12,42	43,12	1,44	695,43	23,16	2560	117,32
327,84	13,37	53,74	1,78	718,02	29,27	2995	81,90
293,18	9,77	92,15	3,07	915,88	30,50	2140	140,36
443,68	14,68	191,83	6,35	636,51	21,06	3083	98,04
326,12	12,09	66,68	2,47	769,24	28,52	3127	86,25
318,95	9,87	80,30	2,49	740,39	22,92	2682	120,43
380,89	12,51	126,60	4,16	922,44	30,29	3050	99,84
448,08	14,04	162,76	5,10	812,35	25,46	3160	101,08
293,64	8,57	66,86	1,95	1186,27	34,62	2894	118,39
185,26	6,48	150,41	5,26	853,65	29,84	3465	82,53
360,08	11,67	182,89	5,93	790,48	25,63	3150	97,93
267,55	13,52	94,01	4,75	404,84	20,46	3052	64,83
510,41	17,50	84,85	2,91	718,68	24,63	3385	86,18
473,87	14,99	79,04	2,49	835,13	26,39	3350	94,46
415,85	11,87	86,99	2,48	1693,86	48,36	3000	116,75
361,52	10,20	125,23	3,53	665,29	18,76	2550	139,04
488,61	13,60	162,10	4,51	1087,48	30,27	3506	102,48
232,95	6,37	95,43	2,61	1368,47	37,39	3056	119,76
539,09	14,98	109,25	3,04	912,32	25,34	3700	97,28
363,18	10,61	203,51	5,95	1040,44	30,40	2810	121,77
564,72	14,05	122,58	3,05	818,58	20,37	3715	108,18
397,58	12,—	122,89	3,71	880,41	26,58	3790	86,88
459,82	12,34	109,57	2,94	1014,49	27,24	3540	105,23
633,24	16,04	162,65	4,12	1089,23	27,59	3362	117,41
363,91	9,91	217,59	5,93	1193,51	32,52	3970	92,46
485,86	12,41	72,80	1,86	1257,89	32,13	3388	115,54
371,91	9,54	114,32	2,93	1504,90	38,61	3975	98,05
540,40	12,68	140,13	3,29	1339,22	31,41	4259	100,11
804,86	18,46	112,07	2,57	851,55	19,54	4250	102,57
499,67	11,85	131,74	3,13	1424,31	33,80	4341	97,07
664,96	13,74	155,76	3,22	1600,24	33,07	4490	107,78
400,26	7,81	110,46	2,15	2571,52	50,18	4375	117,16
509,21	9,88	266,54	5,17	2095,57	40,64	3700	139,40
632,47	11,23	143,77	2,55	2195,05	38,98	4665	120,73

5*

Die äußersten Grenzfälle des nach Verbrauchseinheiten berechneten „Nahrungsprozentes“ liegen bei 20,82 und 8,09 % der Gesamtausgabe. Der Medianwert und die Quartilen stellen sich auf Grund der nachstehend geordneten Reihe folgendermaßen:

30,82	**16,75**	18,19	**15,25**
30,15	**16,67**	18,16	14,52
22,53	16,59	18,13	14,21
22,23	16,56		
21,39	16,51	18,09	14,10
20,90	16,50	17,88	13,67
20,54	16,40	17,61	13,64
20,12	16,28	17,58	12,96
19,26	16,14	17,38	12,51
18,91	16,09	17,34	11,88
18,63	15,65	—	10,99
18,54	15,61	16,76	10,62
18,54	15,52	—	8,09
18,43	**15,34**		

Medianwerte: 16,67 u. 16,75
Quartilwerte: 18,54 und 15,34 u. 15,25
Mittelwert der ganzen Reihe (arithm. Mittel): 17,14.

Der Medianwert kommt somit um ein geringes unter den arithmetischen Durchschnitt zu liegen. Der Wert 17 entspricht beiden und kann auch als dichtester Wert in Anspruch genommen werden.

Tierische und pflanzliche Nahrung.

Eine Reihe von Anhaltspunkten, nicht weniger der exakten Statistik als der unmittelbaren Anschauung entnommen, lassen darauf schließen, daß mit günstigerer Lebenslage der Verbrauch der höherwertigen tierischen Nahrung zunimmt. Die Gründe scheinen auf der Hand zu liegen, bedürfen aber doch der Überprüfung. Voraussetzung ist dabei, daß störende Einflüsse, vor allem des Berufs und des Klimas, möglichst ausgeschlossen werden. Unser Material, Angehörige desselben Berufs umfassend, entspricht dieser Forderung im ersten Punkte unbedingt; was klimatische Einflüsse auf die Art der Ernährung anlangt, so liegen die Verhältnisse in Deutschland zwar gewiß nicht gleich, es ist aber doch kaum mit einem so tiefgehenden Unterschied zwischen Nord und Süd, Ost und West zu rechnen, daß wesentliche Verschiedenheiten in der Qualität der Nahrung vorzugsweise hierauf zurückzuführen wären. Immerhin ist eine Untersuchung auch in dieser Richtung angezeigt (vgl. Übersicht 20).

Zunächst ist aus Übersicht 20 ersichtlich, wie groß die Ausgabe für tierische und pflanzliche Nahrung, Genußmittel und Wirtshausausgabe in jedem einzelnen Haushalt ist, gleichzeitig wurde der Anteil dieser vier Gruppen von Ausgaben an der Gesamtnahrungsausgabe errechnet. Die

Laufende Nummer der Familie	Gesamt-Jahreseinkommen der Familie 1912/13	Gesamt-Jahreseinkommen des Mannes 1912/13	Gesamt-Nahrungsausgabe Mk.	Gesamt-Nahrungsausgabe Proz. der Ges.-Ausg.	Ausgaben für Tierische Nahrung Mk.	Tierische Nahrung Proz. der Nahr.-Ausg.	Pflanzliche Nahrung Mk.	Pflanzliche Nahrung Proz. der Nahr.-Ausg.	Genußmittel Mk.	Genußmittel Proz. der Nahr.-Ausg.	Wirtschaftsbesuch Mk.	Wirtschaftsbesuch Proz. der Nahr.-Ausg.
1	2	3	4	5	6	7	8	9	10	11	12	13
1	1550	1550	901,86	61,63	439,10	48,68	220,88	24,49	228,67	25,36	13,21	1,47
2	1807	1334	1066,02	72,37	555,23	52,09	346,96	32,54	161,39	15,14	2,44	0,23
3	2092	1850	827,70	40,25	443,54	53,59	199,51	24,10	60,82	7,35	123,83	14,96
4	2405	1967	881,62	38,57	477,97	54,21	265,39	30,10	76,51	8,68	61,75	7,01
5	2425	2277	1103,44	45,82	585,99	53,11	241,77	21,91	182,43	16,53	93,25	8,45
6	2426	2333	1100,87	45,19	527,30	47,90	267,82	24,33	127,85	11,62	177,80	16,15
7	2444	2400	923,36	39,36	527,—	57,07	218,83	23,70	162,80	17,63	14,73	1,60
8	2474	2160	1366,68	46,65	637,90	46,68	359,59	26,31	153,44	11,23	215,75	15,78
9	2567	2400	1074,23	42,28	592,11	55,12	315,38	29,36	86,18	8,02	80,56	7,50
10	2626	2192	1035,46	40,47	574,27	55,46	295,60	28,55	70,09	6,77	95,50	9,22
11	2760	2519	851,63	35,08	355,80	41,77	311,59	36,59	89,89	10,56	94,35	11,08
12	2806	2500	1241,90	44,49	670,85	54,01	393,07	31,65	112,88	9,09	65,10	5,25
13	2807	2535	903,90	42,78	463,25	51,25	219,32	24,26	89,60	9,92	131,73	14,57
14	2944	2595	934,78	30,51	446,96	47,81	215,55	23,06	107,83	11,54	164,44	17,59
15	2974	2760	1180,87	41,—	581,70	49,26	275,09	23,30	97,40	8,25	226,68	19,19
16	2982	2908	1482,79	50,16	498,93	33,65	590,26	39,81	187,60	12,65	206,—	13,89
17	3013	2560	1351,77	45,—	549,69	40,67	381,92	28,25	247,80	18,33	172,36	12,75
18	3039	2995	1079,58	44,01	466,70	43,23	322,49	29,87	151,69	14,05	138,70	12,85
19	3063	2140	1250,06	41,62	523,64	41,89	256,44	20,51	232,82	18,62	237,16	18,98
20	3083	3083	1172,56	38,79	670,76	57,21	314,28	26,80	81,40	6,94	106,12	9,05
21	3127	3127	930,58	34,51	499,77	53,71	312,24	33,55	53,91	5,79	64,66	6,95
22	3222	2682	1578,01	48,86	624,08	39,55	393,20	24,92	90,45	5,73	470,28	29,80
23	3293	3050	1180,18	38,75	592,36	50,19	352,10	29,83	130,02	11,02	105,70	8,96
24	3317	3160	1194,94	37,44	586,20	49,06	355,72	29,77	109,57	9,17	143,45	12,—
25	3433	2894	1180,35	34,45	503,77	42,68	303,65	25,72	133,34	11,30	239,59	20,30
26	3485	3465	1041,98	36,42	649,42	62,33	251,27	24,11	92,65	8,89	48,64	4,67
27	3520	3150	1324,07	42,92	729,44	55,09	487,45	36,81	60,67	4,58	46,51	3,52
28	3532	3052	917,40	46,36	537,59	58,60	223,92	24,41	80,59	8,78	75,30	8,21
29	3535	3385	1133,35	38,85	510,58	45,05	362,53	31,99	125,49	11,07	134,75	11,89
30	3550	3350	1182,16	37,36	589,04	49,83	383,19	32,41	105,60	8,93	104,33	8,83
31	3600	3000	957,35	27,34	454,38	47,46	267,60	27,95	84,32	8,81	151,05	15,78
32	3619	2550	1588,—	44,79	801,16	50,45	395,99	24,94	267,68	16,86	123,17	7,75
33	3655	3506	1319,69	36,73	661,03	50,09	376,60	28,54	224,25	16,99	57,81	4,38
34	3665	3056	1260,67	34,44	544,37	43,18	420,05	33,32	86,75	6,88	209,50	16,62
35	3700	3700	1379,50	38,32	774,23	56,12	349,99	25,37	172,66	12,52	82,62	5,99
36	3711	2810	1195,75	34,95	599,90	50,17	336,22	28,12	166,07	13,89	93,55	7,82
37	3715	3715	1660,99	41,32	914,87	55,08	414,29	24,94	140,70	8,47	191,13	11,51
38	3790	3790	1386,83	41,86	735,32	53,02	383,73	27,66	130,97	9,45	136,81	9,87
39	3936	3540	1419,53	38,11	850,36	59,90	436,11	30,72	108,84	7,67	24,22	1,71
40	3962	3362	1511,59	38,30	805,95	53,32	458,88	30,36	119,01	7,87	127,75	8,45
41	3970	3970	1268,27	34,55	577,68	45,55	319,36	25,18	172,90	13,63	198,33	15,64
42	4085	3382	1493,19	38,15	724,89	48,55	321,59	21,54	168,94	11,31	277,77	18,60
43	4125	3975	1487,75	34,66	759,63	51,06	322,36	21,67	189,44	12,73	216,32	14,54
44	4466	4259	1463,43	34,32	660,28	45,12	363,23	24,82	133,77	9,14	306,15	20,92
45	4675	4250	1752,36	40,20	817,73	46,67	413,01	23,57	153,05	8,73	368,57	21,03
46	4683	4341	1387,68	32,93	682,22	49,16	396,66	28,59	87,59	6,31	221,21	15,94
47	5000	4490	1369,72	28,30	578,02	42,20	421,24	30,75	141,59	10,34	228,87	16,71
48	5115	4375	1532,27	29,89	834,24	54,44	379,09	24,74	215,46	14,06	103,48	6,76
49	5193	3700	1641,91	31,85	858,72	52,30	401,56	24,46	184,89	11,26	196,74	11,98
50	6408	4665	2074,87	36,84	754,59	36,37	457,49	22,05	229,11	11,04	633,68	30,54

Haushalte sind wiederum nach der Größe des Familieneinkommens 1912/13 geordnet, die Beifügung des Arbeitseinkommens des Haushaltsvorstandes gestattet weitergehende Vergleiche, denen hier aber nicht nachgegangen werden kann.

Folgende Übersicht zeigt demgegenüber, wieviel Hundertteile der Ausgabe für tierische Nahrung jene für pflanzliche Nahrung in den einzelnen Einkommensstufen ausmacht:

Übersicht 21.

Tierische und pflanzliche Nahrung.

Lfde. Nr.	Gesamtfamilieneinkommen 1912/13	Tierische Nahrungsausgabe (abgerundet in Mark)	Pflanzliche Nahrungsausgabe (abgerundet in Mark)	Die Ausgabe für pflanzliche Nahrung beträgt in Prozent jener für tierische Nahrung
1	1550	439,1	220,9	50,4
2	1807	555,2	347,0	62,5
3	2092	443,5	199,5	45,0
4	2405	478,0	265,4	55,4
5	2425	586,0	243,8	**41,6**
6	2426	527,9	267,8	50,8
7	2444	527,0	218,8	**41,5**
8	2474	637,9	359,6	56,4
9	2567	592,1	315,4	53,2
10	2626	574,3	265,6	51,5
11	2760	395,8	311,6	**87,6**
12	2806	670,8	393,1	58,5
13	2807	463,2	219,3	47,3
14	2944	447,0	215,6	48,3
15	2974	581,7	275,1	47,2
16	2982	498,9	590,3	**118,2**
17	3013	549,7	381,9	69,5
18	3039	466,7	382,5	69,1
19	3063	523,6	256,4	48,8
20	3083	670,8	314,3	46,7
21	3127	499,8	312,2	62,4
22	3222	624,0	393,2	63,0
23	3293	592,4	352,1	59,4
24	3317	586,2	355,7	60,8
25	3433	503,8	383,6	60,3
26	3485	649,4	251,3	**38,6**

Lfde. Nr.	Gesamtfamilieneinkommen 1912/13	Tierische Nahrungsausgabe (abgerundet	Pflanzliche Nahrungsausgabe in Mark)	Die Ausgabe für pflanzliche Nahrung beträgt in Prozent jener für tierische Nahrung
27	3520	729,4	487,4	66,8
28	3532	537,6	223,9	**41,6**
29	3535	510,6	362,5	**71,0**
30	3550	589,0	383,2	65,0
31	3600	534,4	367,6	**81,1**
32	3619	801,2	396,0	49,4
33	3655	661,0	376,6	57,0
34	3665	544,4	420,0	**77,2**
35	3700	774,2	350,0	45,2
36	3711	539,9	336,2	62,2
37	3715	914,9	414,3	45,1
38	3790	735,3	383,7	52,2
39	3936	850,4	436,1	51,3
40	3962	805,9	458,9	56,9
41	3970	577,7	319,4	55,2
42	4085	724,9	321,6	44,4
43	4125	759,6	322,4	**42,3**
44	4466	660,3	363,2	55,0
45	4675	817,3	413,0	50,5
46	4683	682,2	396,7	**58,2**
47	5000	578,0	421,2	**72,8**
48	5115	834,2	379,1	**45,4**
49	5193	858,7	401,6	46,8
50	6408	754,6	457,5	60,5

Nur in einem einzigen Falle übersteigt die Ausgabe für pflanzliche Nahrung jene für tierische Nahrung; die weitaus meisten Fälle zeigen einen Anteil von zwei Fünftel bis zwei Drittel. Zieht man die Durchschnitte für die einzelnen Einkommensstufen, so ergibt sich das Folgende:

Einkommensstufe	Anteil der pflanzlichen Nahrungsausgabe in Prozent der tierischen
unter 2000 Mk.	56,4
über 2000—3000 „	57,3 [1]
„ 3000—4000 „	58,2
„ 4000—unter 5000 Mk.	50,1
5000 Mk. und mehr	55,4

[1] Ohne den einen Haushalt, in dem die pflanzliche Nahrungsausgabe jene für tierische Nahrung übertrifft, 52,6.

Eine Abhängigkeit des Ausgabenanteils für pflanzliche Nahrung von der Einkommensstufe ist hiernach kaum nachweisbar; es mag sein, daß das Material für einen solchen Nachweis, der anderwärts geglückt ist, nicht groß genug ist. Indessen scheinen doch die individuellen Gestaltungsgründe des Konsums wenigstens im Mittelstande reichlich stark zu wirken; dies entspricht ja durchaus sonstigen Erscheinungen, die in vorliegender Arbeit niedergelegt wurden.

Der arithmetische Durchschnitt der ganzen Reihe ist 56,9, ihre Mediane 48,8 und 48,3; diese liegen also beträchtlich unter dem arithmetischen Mittel; am dichtesten sind die Werte zwischen 45 und 60.

Gliedert man nach geographischen Gruppen, so ergibt sich der Anteil der pflanzlichen Nahrungsausgabe, gemessen an jenen für tierische Nahrung,

in Norddeutschland	(21 Haushalte)	mit	56,6,
„ Westdeutschland	(9 „)	„	42,5,
„ Sachsen-Thüringen	(12 „)	„	61,5,
„ Süddeutschland	(7 „)	„	52,7.

Hiernach scheint tatsächlich eine Beziehung zwischen Wohnsitz und Qualität des Konsums zu obwalten; der geringere Anteil des pflanzlichen Konsums in Westdeutschland und Süddeutschland wird deutlich; das entspricht im ganzen Erfahrungen, die auch sonst gemacht wurden: in Bayern zumal ist der hohe Anteil, den das Fleisch an der Ernährung ausmacht, bekannt; auch die gegenteilige Erfahrung in Sachsen-Thüringen hat kaum etwas Überraschendes.

Erst die spätere Kalorien- und Nährwertberechnung kann indessen etwas über den unterschiedlichen Nährwert der Nahrung aussagen. Auch ist die bloße Gegenüberstellung der Geldbeträge insofern nicht für sich allein schlüssig, als bei niedrigen Preisen der Konsum trotz geringerer Ausgabe ein beträchtlicher sein kann. Überall zeigt sich die Notwendigkeit, auf die Mengen, ihre chemisch-physikalische Zusammensetzung und ihre physiologische Bedeutung zurückzugreifen.

Ausgabe im Wirtshaus.

Wir haben es hier mit sehr großen Unterschieden, die in höherem Maße örtlich und persönlich als durch das Einkommen bedingt sind, zu tun. Der geringste Ausgabenbetrag im Wirtshause ist 2,44 Mk. (vorausgesetzt, daß die Aufzeichnungen ganz genau sind, was bekanntlich in diesem Punkte auf Zweifel stößt), die höchste 633,68 Mk. Der geringste Anteil der Wirtshausausgabe an der Gesamternährungsausgabe ist 0,23 und der höchste 30,54 %. Gliedert man, ohne nach dem Erwähnten hieran tiefergehende Aufschlüsse zu erwarten, nach Einkommensgruppen, so ergibt sich:

Einkommensstufe Mk.	Betrag der Wirtshausausgabe Mk.	Anteil der Wirtshausausgabe in Prozent der Gesamtnahrungsausgabe
unter 2000	7,82	0,85
über 2000—3000	125,81	11,60
„ 3000—4000	139,10	10,50
„ 4000—unter 5000	279,00	18,20
5000 und mehr	290,36	16,50
Im Durchschnitt	156,50	11,67

Die an sich zu erwartende absolute Steigerung der Wirtshausausgabe mit wachsendem Einkommen liegt also in der Tat deutlich vor; dagegen ist eine regelmäßige Zunahme des Prozentsatzes der Wirtshaus- an der Gesamternährungsausgabe nicht gegeben.

Gliedert man den absoluten Betrag und Prozentanteil der Wirtshausausgabe, ähnlich wie das bei der tierischen und pflanzlichen Nahrungsausgabe geschah, nach geographischen Gruppen, so ergibt sich folgendes:

		Durchschnittliche Wirtshausausgabe	Durchschnittlicher Anteil an der Nahrungsausgabe
In norddeutschen Haushalten	(21) . .	133,51 Mk.	11,19 %
„ westdeutschen „	(9) . .	169,48 „	12,19 %
„ sächs.-thüringischen „	(12) . .	185,42 „	14,04 %
„ süddeutschen „	(5)[1] . .	238,32 „	17,19 %

Es liegt also eine regelmäßige — absolute und prozentuale — Zunahme der Ausgabe im Wirtshaus vor, je nachdem man von Nord- nach Westdeutschland, nach Sachsen-Thüringen und Süddeutschland fortschreitet. Dies scheint den Erfahrungen nicht zu widersprechen.

Genußmittel.

Auch die für Genußmittel aufgewendete Summe soll unter dem Gesichtspunkt des Einkommens und der geographischen Zugehörigkeit geprüft werden. Freilich ist das individuelle Moment hier besonders wichtig und an sich fraglich, ob eine Ausscheidung unter den genannten Rücksichten die tatsächlich wirkende Ursächlichkeit zu erklären vermag. — Nach dem Einkommen geordnet, ergibt sich folgende Gegenüberstellung:

[1] Unter Weglassung der beiden bayrischen Haushalte 1 und 2 mit ihren ungewöhnlich und unwahrscheinlich niedrigen Wirtshausausgaben.

Einkommensgruppe Mk.	Durchschnittl. Betrag der Genußmittelausgabe Mk.	Durchschnittl. Anteil der Genußmittelausgabe an der Gesamtnahrungsausgabe in Prozent
unter 2000	195,03	20,20
über 2000—3000	114,06	10,61
„ 3000—4000	134,81	10,79
„ 4000—unter 5000	146,44	11,64
5000 und darüber	167,76	11,67
Im Durchschnitt	137,40	11,27
„ „ (ohne die Stufe unter 2000 Mk.)	134,96	10,90

Die Einkommen von weniger als 2000 Mk. zeigen eine ganz ungewöhnliche Entwicklung; sie können in keiner Weise als „repräsentativ" für ihre Wohlhabenheitsschicht angesehen werden und mußten auch gelegentlich anderer Berechnungen in dieser Richtung ausscheiden[1]. Dagegen zeigt sich bei den übrigen Gruppen eine beträchtliche absolute Zunahme der Genußmittelausgabe mit steigendem Einkommen; die Prozentanteile machen diese Steigerung allerdings nur in kleinstem Umfange mit, für sie ist der relative Beharrungszustand (die Spannung: 10,61 bis 11,67 bei einem Durchschnitt von 11,27, oder besser, unter Weglassung der beiden kleinsten Einkommen, von 10,90) viel bezeichnender als die Erhöhung, die allerdings eine sehr regelmäßige ist. Der Wert 11 % der Gesamtnahrungsausgabe hat manche innere Wahrscheinlichkeit für sich.

Unter geographischer Einstellung verschiebt sich das Bild wie folgt:

		Genußmittelausgabe	Anteil an der Gesamtnahrungsausgabe
In norddeutschen Haushalten	(21):	125,44 Mk.	10,41 %
„ westdeutschen „	(9):	140,32 „	10,02 %
„ sächsisch-thüringischen „	(12):	142,97 „	11,19 %
„ süddeutschen „	(7):	181,96 „	14,77 %
[„ „ (nur bayerischen) „	(6):	197,21 „	16,28 %]

Nur Bayern fällt aus dem Gesamtrahmen mit einer sowohl absolut wie relativ beträchtlich gesteigerten Mehrausgabe für Genußmittel heraus; hält man damit zusammen, daß von den sechs bayerischen Haushalten der größere Teil den weniger wohlhabenden Schichten angehört, also an sich eine geringere Genußmittelausgabe erwarten läßt, so dürfte der Einfluß der geographischen Zugehörigkeit erwiesen sein.

[1] Man denke auch an den für einen dieser Haushalte oben nachgewiesenen Anteil der Naturalwirtschaft.

Die Wohnungsausgabe.

Für die verschiedenen Wohlhabenheitsgruppen lassen sich folgende Feststellungen hinsichtlich der Wohnungsausgabe ermitteln:

	Durchschnittliche Ausgabe in Mark	Die Wohnungsausgabe beträgt in Prozent der Gesamtausgabe
Unter 2000 Mk. Einnahme . .	94,48	6,44
2000—3000 „ „ . .	451,77	17,90
3000—4000 „ „ . .	569,62	17,24
4000—5000 „ „ . .	682,60	16,40
über 5000 „ „ . .	697,50	13,62

Die als „Schwabesches Gesetz" bekannte Formel geht bekanntlich dahin: „Je wohlhabender eine Familie ist, eine um so größere Summe, aber um so weniger Prozente der Gesamtausgaben verwendet sie durchschnittlich auf Wohnungsmiete." In unserem Falle handelt es sich allerdings um die weitergreifende allgemeine Wohnungs*ausgabe*, aber das „Gesetz" ist auch hier im ganzen (mit Ausnahme der beiden Grenzstufen) als zutreffend erwiesen. Man hat nun die Formel weitergebildet. St. Bauer (a. a. O.) läßt bei verhältnismäßig steigendem Einkommen die Wohnungsausgabenquoten bis zu einem gewissen Grenzeinkommen sinken, sie hernach steigen oder gleichbleiben. Das trifft in unserem Falle insofern zu, als die Quote von der ersten zur zweiten Einkommensstufe ganz gewaltig wächst. Indessen spielen hier besondere Umstände mit, so daß das „Schwabesche Gesetz" für uns in höherem Maße zutrifft als die Bauersche Interpretation. Freilich soll hierauf angesichts der nicht sehr zahlreichen Fälle kein zu starkes Gewicht gelegt werden. Vielmehr steht die Individualuntersuchung auch hier obenan.

Im wesentlichen wird hierdurch bestätigt, was die vorangehende Berechnung auf Grund der Wohnungs*mieten* und ihrer Anteile an dem *Einkommen* bereits erwiesen hat.

Die Kleidungsausgabe.

Nach Einkommensgruppen geordnet, ergibt sich für die wirkliche und verhältnismäßige Kleiderausgabe folgendes:

Einkommensgruppe	Tatsächliche Ausgabe in Mark	„Kleidungsprozent"
unter 2000 Mk.	143,87	9,79
2000—3000 „	301,04	11,21
3000—4000 „	390,52	12,14
4000—5000 „	540,54	12,98
über 5000 „	541,72	10,66

Sonstige Ausgaben.

Einkommensgruppe	Tatsächliche Ausgabe in Mark	„Prozent" der sonstigen Ausgaben
unter 2000 Mk.	208,13	14,19
2000—3000 „	642,59	25,37
3000—4000 „	910,54	27,82
4000—5000 „	1275,57	31,08
über 5000 „	2115,60	40,72

Die beiden letzten Ausgabengruppen haben manche gemeinschaftlichen Züge. Vor allem wächst der absolute Ausgabebetrag mit dem Einkommen. Die Zunahme ist indessen bei dem Sammelposten „Sonstige Ausgaben" noch sehr beträchtlich höher. Hier steigt die Ausgabe in der höchsten Einkommensschicht auf das Zehnfache der niedrigsten, während bei Kleidung nicht ganz das Vierfache erreicht wird. Die Gründe liegen nahe genug. Der prozentuale Anteil hat ebenfalls im ganzen eine steigende Richtung, ohne daß auch nur annähernd gleich starke Gegensätze zwischen den verschiedenen Einkommensstufen vorhanden wären. Die Kleidungsausgabe bewegt sich vielmehr in dem engen Rahmen von fast 10 bis 13 %; dagegen steigt der Prozentanteil der sonstigen Ausgaben von noch nicht 15 auf über 40 %, also fast auf das Dreifache; hierfür ist die Abnahme des „Nahrungsprozentes" unmittelbar wichtig.

Vergleich mit älterem Material.

Zum Vergleich sollen in folgendem drei Ingenieur- und Bauführerhaushalte nach den reichsamtlichen „Wirtschaftsrechnungen" von 1908 herangezogen werden.

In den drei Familien mit zusammen 16 Personen betrug durchschnittlich

der Arbeitsverdienst des Mannes	3169,01	Mk.	=	85,5 %
die Nebenarbeit des Mannes . .	53,26	„	=	1,4 %
sonstige bare Einnahmen . . .	483,57	„	=	13,1 %
Zusammen:	3705,84	Mk.	=	100,0 %.

Die Ausgabe für

Nahrungs- und Genußmittel . .	1167,84	Mk.	=	33,2 %
Kleidung, Wäsche, Reinigung . .	576,87	„	=	16,4 %
Wohnung und Haushalt . . .	603,10	„	=	17,1 %
Heizung und Beleuchtung . . .	110,30	„	=	3,1 %

Gesundheits- und Körperpflege .	115,87	Mk.	=	3,3 %
Unterricht, Schulgeld, Lehrmittel	199,11	„	=	5,6 %
Geistige und gesellige Bedürfnisse	91,44	„	=	2,6 %
Staat, Gemeinde, Kirche . . .	52,12	„	=	1,5 %
Vor- und Fürsorge (Versicherung)	144,33	„	=	4,1 %
Verkehrsmittel	83,58	„	=	2,4 %
Persönliche Bedienung	69,18	„	=	2,0 %
Geldgeschenke usw.	25,05	„	=	0,7 %
Schuldentilgung und Zinsen . .	89,78	„	=	2,5 %
Erwerbskosten	33,97	„	=	1,0 %
Sonstige Ausgaben	127,19	„	=	3,6 %
Nicht verteilte Naturalien . . .	—			—
Ersparnisse	30,49	„	=	0,9 %
Zusammen:	3 520,22	Mk.	=	100,0 %
Überschuß:	185,02	„		

Die Ausgabe für Nahrungs- und Genußmittel:

Fleisch, Schinken, Speck . . .	248,73	Mk.
Wurst	48,49	„
Fische, auch geräuchert . . .	15,01	„
Butter	113,13	„
Schmalz, Margarine	33,42	„
Käse	19,59	„
Eier	35,20	„
Kartoffeln	27,30	„
Grünwaren	34,15	„
Salz, Gewürz, Öl	8,62	„
Zucker, Syrup, Honig	36,18	„
Mehl, Reis, Hülsenfrüchte . .	35,73	„
Obst und Südfrüchte	51,09	„
Brot und Backwaren	168,20	„
Kaffee und -Ersatz	17,99	„
Tee, Schokolade, Kakao . . .	15,33	„
Milch	95,55	„
Übrige Getränke im Hause . .	25,02	„
Sonstige Nahrungsmittel . . .	3,44	„
Tabak und Zigarren	2,23	„
Ausgaben in Gastwirtschaften .	133,44	„
Zusammen:	1 167,84	Mk.

Übersicht 22.

Drei Haushalte technischer Privatangestellter in den „Wirtschaftsrechnungen"[1].

	1. Wasserbauingenieur, 6 Personen, 4 Kinder von 6, 8, 11, 17 J., Breslau.		2. Städtischer Techniker, 3 Personen, 1 Kind von einem Jahr.		3. Telegr.-Bauführer, 5 Personen, 2 Kinder, Dienstmädchen.	
	Mk.	Proz.	Mk.	Proz.	Mk.	Proz.
Arbeitsverdienst	2880,—	= 67,8	1725,—	= 61,3	2740,—	= 86,1
Nebenarbeit des Mannes	9,80	= 0,2	9,17	= 0,3	150,—	= 8,0
Sonstige bare Einnahmen	1361,40	= 32,0	1080,—	= 38,4[2]	200,—	= 5,0[3]
Zusammen:	4251,20		2814,17		3370,—	
Dabei aus Darlehen und Ersparnis	215,—		—,—		200,—	
Ausgaben für						
Nahrungs- und Genußmittel	960,57	= 24,4	1282,66	= 42,7	998,10	= 33,6
Kleidung, Wäsche, Reinig.	683,74	= 17,4	469,06	= 15,6	305,05	= 10,3
Wohnung und Haushalt	713,25	= 18,1	520,15	= 17,3	628,64	= 21,1
Heizung und Beleuchtung	86,89	= 2,2	33,76	= 1,1	121,30	= 4,1
Gesundheits- u. Körperpflege	154,04	= 3,9	45,28	= 1,5	51,27	= 1,7
Unterricht, Schulgeld, Lehrmittel	382,16	= 9,7	—,—		178,05	= 6,0
Geist. u. gesell. Bedürfnisse	86,26	= 2,2	40,05	= 1,3	47,45	= 1,6
Staat, Gemeinde, Kirche	56,44	= 1,4	4,16	= 0,1	62,81	= 2,1
Vor- und Fürsorge (Vers.)	214,56	= 5,5	28,55	= 1,0	208,43	= 7,0
Verkehrsmittel	108,35	= 2,8	13,90	= 0,5	12,85	= 0,4
Persönliche Bedienung	77,70	= 2,0	455,30	= 15,2	129,85	= 4,4
Geldgeschenke usw.	41,15	= 1,0	21,70	= 0,7	0,39	= 0,0
Schuldentilgung u. Zinsen	101,25	= 2,6	—,—		168,10	= 5,7
Erwerbskosten	61,70	= 1,6	0,70	= 0,0	1,36	= 0,0
Sonstige Ausgaben	137,36	= 3,5	—,—		36,40	= 1,2
Nicht verteilte Naturalien	—,—		—,—		—,—	
Ersparnisse	66,30	= 1,7	15,70	= 0,5	25,18	= 0,8
Zusammen:	3931,72		3003,37	= 100	2975,21	
Überschuß:	+ 319,38		— 180,20		+ 4,09	

[1] Die drei Haushalte können nicht die in vorstehender Übersicht zusammengefaßten sein.

[2] Einnahmen der Ehefrau.

[3] Nebenarbeit des Mannes.

Die Ausgabe für Nahrungs- und Genußmittel:

	1.		2.		3.	
Fleisch, Schinken, Speck . .	138,16	Mk.	71,28	Mk.	312,85	Mk.
Wurst	33,50	„	59,01	„	61,41	„
Fische, auch geräuchert . . .	7,08	„	20,31	„	5,33	„
Butter	98,70	„	5,17	„	88,55	„
Schmalz, Margarine . . .	43,25	„	0,40	„	34,90	„
Käse	12,90	„	11,49	„	18,43	„
Eier	29,50	„	53,80	„	17,88	„
Kartoffeln	31,79	„	—,—	„	14,58	„
Grünwaren	33,38	„	2,75	„	23,50	„
Salz, Gewürz, Öl	9,81	„	3,67	„	7,26	„
Zucker, Syrup, Honig . . .	43,19	„	16,84	„	30,44	„
Mehl, Reis, Hülsenfrüchte .	44,67	„	5,74	„	20,77	„
Obst und Südfrüchte . . .	60,41	„	20,09	„	24,—	„
Brot und Backwaren . . .	210,—	„	86,93	„	121,67	„
Kaffee und -Ersatz	13,27	„	17,20	„	19,66	„
Tee, Schokolade, Kakao . .	12,16	„	5,90	„	11,10	„
Milch	54,86	„	115,94	„	128,91	„
Übrige Getränke im Hause .	34,42	„	192,63	„	35,81	„
Sonstige Nahrungsmittel .	3,76	„	—,—	„	2,25	„
Tabak und Zigarren . . .	6,76	„	77,75	„	—,—	„
Ausgaben i. Gastwirtschaften	39,—	„	515,76	„	18,80	„
Zusammen:	960,57	Mk.	1282,66	Mk.	998,10	Mk.

Ausgewählte Verbrauchsgegenstände.

Baut man die Kenntnis vom Nahrungskonsum möglichst von unten aus auf, so wird man zunächst nicht bei den meist einem starken Wechsel unterworfenen Einzelheiten, sondern bei den großen Verbrauchsposten verweilen und als solche anerkennen: Brot, Fleisch, Fett und allenfalls einen die übrige Nahrung zusammenfassenden Sammelposten, der vor allem Kartoffeln und Gemüse, damit, im Gegensatz zu Eiweiß und Fetten, vorzugsweise Kohlenhydrate enthält und insofern innere Zusammenhänge aufweist. Selbständig für sich sind fünftens die Genußmittel zu erfassen.

Die meisten Berechnungen sollen auf Grundlage der Verbrauchseinheit erfolgen, für welch letztere (s. o.) die vom Statistischen Reichsamt eingeführten Maßstäbe benützt werden. Auf diese Weise bleibt der Vergleich mit der größten deutschen Erhebung jederzeit möglich. Die Frage, welche der zahlreichen seit Engel benutzten Methoden zur Ermittlung der Verbrauchseinheit die beste ist, kann dabei zunächst offen bleiben. Es kommt weniger auf die größere oder geringere Genauigkeit des Maßstabes als darauf an, daß er von möglichst zahlreichen Arbeiten in vergleichender Weise benutzt wird.

Grundlage der Ernährung ist — von der Verdauung abgesehen — die dem Organismus zugeführte Menge, nicht der dafür entrichtete Geldbetrag. Trotzdem spielt dieser in den meisten Bearbeitungen von Haushaltsrechnungen die Hauptrolle. Auch wenn wir keine eigentlich physiologische Darstellung anstreben, sondern stets im statistisch-sozialwissenschaftlichen Rahmen bleiben, so muß doch der nach der Menge berechnete Konsum von Fleisch, Brot und Fett in besonders eindringlicher Weise behandelt werden. Zu diesem Zweck geben wir an erster Stelle die auf die einzelnen Haushalte, dann die auf die Verbrauchseinheiten entfallenden Konsummengen der drei genannten Nahrungsmittel, zum Teil, wie beim Fleisch, noch weiter unterschieden. Durch gleichzeitige Anfügung der Gesamtjahreseinkommen der Familien, vom niedrigsten angefangen, wird die Verbindung zwischen der physiologischen und der soziologischen Fragestellung angeknüpft. Freilich ist an eindeutige Beziehungen zwischen beiden durchaus nicht zu denken. Wer etwa eine Zunahme des Fleischkonsums mit steigendem Einkommen als sicher annehmen sollte, wird enttäuscht sein, unser Material läßt solche naheliegende Zusammenhänge nicht aufkommen. So ist zum Beispiel der Fleischverbrauch der Verbrauchseinheit in der mit dem kleinsten Einkommen ausgestatteten Familie größer (72,65 kg) als in der in der Einkommensentwicklung zuoberst stehenden Familie (68,07 kg), und die dazwischen liegenden Abstufungen weisen wenigstens auf den ersten Blick wenig Regelmäßigkeit auf.

Übersicht 23.

Der Verbrauch von Mehl, Brot, Fleisch und Fett[1].

I. Nach Haushalten.

Gesamteinkommen des Haushalts (Mk.)	Konsumierte Menge (in Kilogramm) von: Mehl (Brot)	(Schweine-) Fleisch	(Rind-) Fleisch	Fett
1550	243,7	82,5	62,8	12,9
1807	536,0	77,2	71,5	31,3
2092	208,8	86,6	57,6	18,7
2405	249,3	37,9	40,4	42,8
2425	256,9	86,9	61,6	27,4

[1] Der Begriff „Fett" ist hier als Zusammenfassung von Butter und Schmalz und nicht nahrungsmittelchemisch zu verstehen; hierüber später. — Über die Zusammensetzung des Fleisch- und Mehlkonsums wird unten (S. 88 ff.) näheres mitgeteilt.

Gesamteinkommen des Haushalts (Mk.)	Konsumierte Menge (in Kilogramm) von Mehl (Brot)	(Schweine-) Fleisch	(Rind-) Fleisch	Fett
2426	306,5	65,5	38,8	34,0
2444	242,4	79,0	41,3	50,6
2474	293,8	111,8	57,0	39,4
2567	392,4	109,6	49,8	46,7
2626	276,7	118,6	35,9	42,9
2760	434,4	63,1	21,6	50,0
2806	432,9	78,8	51,1	60,4
2807	234,7	75,9	28,9	34,0
2944	244,6	70,7	47,9	13,8
2974	391,8	71,2	40,5	54,5
2982	346,6	61,6	77,0	70,6
3013	505,1	56,4	52,0	62,8
3039	344,3	69,8	32,8	51,6
3063	289,2	82,1	76,4	16,8
3083	302,2	68,7	78,0	79,8
3127	383,4	120,6	29,5	46,2
3222	498,0	58,1	53,3	48,4
3293	269,8	69,3	39,9	67,8
3317	296,9	72,0	53,9	53,8
3433	361,7	69,5	30,6	47,7
3485	259,5	39,9	28,5	48,1
3520	440,3	85,2	55,8	59,5
3532	310,4	41,6	30,1	66,6
3535	301,5	31,6	16,1	58,3
3550	368,3	94,7	53,4	42,8
3600	271,0	65,1	38,0	52,2
3619	455,9	144,8	79,1	54,1
3655	333,8	78,0	40,8	68,1
3665	373,9	77,1	35,6	45,7
3700	314,5	105,5	29,5	64,8
3711	264,8	69,9	28,2	60,6
3715	325,0	105,3	69,3	55,3
3790	393,7	99,1	27,6	69,6
3936	383,2	115,7	91,3	89,4
3962	410,9	128,0	59,8	83,8
3970	218,5	102,9	46,1	52,8

Gesamteinkommen des Haushalts (Mk.)	Konsumierte Menge (in Kilogramm) von Mehl (Brot)	(Schweine-) Fleisch	(Rind-) Fleisch	Fett
4085	369,2	107,7	43,3	66,3
4125	318,3	118,3	42,3	62,4
4466	403,1	85,2	47,0	58,7
4675	409,6	151,3	62,4	52,5
4683	504,3	91,6	45,3	67,0
5000	352,8	103,8	65,6	65,4
5115	366,0	100,3	90,1	46,0
5193	427,8	95,6	59,0	61,8
6408	515,7	131,4	52,4	36,2

II. Nach Verbrauchseinheiten.

Gesamt-Familieneinkommen (Mk.)	Konsumierte Menge des im Haushalt verzehrten Mehles (Brotes)	Fleisches	Fettes
1550	121,85	72,65	6,45
1807	223,33	60,96	13,04
2092	104,40	72,10	9,35
2405	118,71	38,24	20,38
2425	128,45	74,25	13,70
2426	139,32	47,41	15,45
2444	110,18	54,68	18,74
2474	139,90	80,38	18,76
2567	163,50	66,42	19,46
2626	106,42	59,42	16,50
2760	188,89	36,83	21,74
2806	180,38	54,12	25,17
2807	117,35	52,40	17,00
2949	116,48	56,48	6,57
2974	178,09	50,77	24,77
2982	165,25	57,71	31,88
3013	187,07	40,15	23,26
3039	137,72	41,04	20,64
3063	131,46	72,05	7,64
3083	131,39	63,78	34,69
3127	182,58	71,43	22,00
3222	184,44	41,26	17,93
3293	112,41	51,75	28,15

Gesamt-Familieneinkommen (Mk.)	Menge des im Haushalt verzehrten Mehles (Brotes)	Fleisches	Fettes
3317	172,56	54,74	23,39
3433	172,22	47,69	22,74
3485	123,57	32,57	22,90
3520	169,34	54,23	22,88
3532	124,16	28,68	26,64
3535	150,75	23,85	29,13
3550	108,32	43,56	12,59
3600	117,82	44,83	22,69
3619	168,85	82,93	20,04
3655	128,38	45,70	26,19
3665	169,95	51,23	20,77
3700	149,76	64,29	38,86
3711	120,32	44,59	27,55
3715	141,30	75,91	24,04
3790	171,17	53,09	30,26
3936	166,52	90,00	38,87
3962	146,75	67,05	29,91
3970	109,25	74,50	26,40
4085	175,81	71,90	31,57
4125	127,32	64,24	24,96
4466	183,23	60,61	26,68
4675	170,67	89,04	21,87
4683	162,68	44,15	21,57
5000	100,80	48,40	18,69
5115	174,29	90,67	21,90
5193	194,45	70,27	28,09
6408	190,98	68,06	13,38

In die Prüfung der einzelnen Posten eintretend, suchen wir zunächst die Spannrahmen, innerhalb deren sich die konsumierten Mengen bewegen, zu ermitteln; sie ergeben sich wie folgt:

	nach Haushalten		nach Verbrauchseinheiten
Für Mehl . .	208,8—536,0 kg		100,80—223,33 kg
„ Fleisch			
von Schwein	31,6—151,3 „	47,7–223,9 kg	23,85— 90,67 „
„ Rind .	16,1— 91,3 „		
„ Fett . .	12,9— 89,4 „		6,45— 38,87 „

Beim Vergleich beider Berechnungen, jener nach Haushalten und jener nach Verbrauchseinheiten, fällt eine ziemlich weitgehende Übereinstimmung auf. Der Spannrahmen für den Mehlkonsum ist

	nach Haushalten	nach Verbrauchseinheiten
für Mehl	100 : 257	100 : 222
„ Fleisch	100 : 469	100 : 380
„ Fette	100 : 683	100 : 603

Wohl ist der Rahmen, innerhalb dessen sich die berichtigte[1] Aufstellung bewegt, kleiner als jener, der den Berechnungen nach Haushalten zugrunde liegt. Aber der Unterschied ist doch nicht beträchtlich; es bleibt eine sehr große Mannigfaltigkeit der verbrauchten Mengen bestehen. Man wird sich freilich daran erinnern, daß das Material hinsichtlich der Zusammensetzung der buchführenden Familien sehr sorgfältig ausgewählt wurde; die Untersuchung nach Verbrauchseinheiten kann also nur noch kleinere Verschiedenheiten im Haushaltsaufbau ausgleichen und man wird, ohne zu große Fehler, auch die im Haushalt als solchen konsumierten Mengen untereinander vergleichen können.

Man wird nun weiter die Grenzfälle des Verbrauchs nach Möglichkeit ausschließen, um gewissermaßen die dichtesten oder häufigsten Werte zu ermitteln; bevor dies vorgenommen werden kann, ist noch eine Vorarbeit zu leisten: man wird nämlich nach Einkommensgruppen zu unterscheiden haben, und es liegt damit ein erster Fall vor, in dem die Abhängigkeit eines zunächst physiologischen Vorganges, des Nahrungsverbrauchs, von sozialen Bedingungen zur Untersuchung steht. Bildet man für diesen Zweck drei Einkommensgruppen von 1. weniger als 3000 Mk. (mit 16 Fällen), 2. 3000—4000 Mk. (mit 25 Fällen) und 3. mit mehr als 4000 Mk. (mit 9 Fällen), so ergibt sich (ohne Ausscheidung der Grenzfälle):

a) nach Haushalten (in Kilogramm):

In der Einkommensschicht von	Mehlkonsum	Fleischkonsum (Schwein)	(Rind)	Fettkonsum
weniger als 3000 Mk.	208,8—536,0	37,9—118,6	21,6—77,0	12,9—70,6
über 3000 bis 4000 Mk.	218,5—505,1	31,6—144,8	16,1—91,3	16,8—89,4
über 4000 Mk.	318,3—515,7	85,2—151,3	42,3—90,1	36,2—67,0

[1] Von „berichtigten" Zahlen, Berechnungen usw. ist wiederholt dann die Rede, wenn die Verbrauchseinheit zugrunde gelegt wird.

b) nach Verbrauchseinheiten (in Kilogramm):

In der Einkommensschicht von	Mehlkonsum	Fleischkonsum	Fettkonsum
weniger als 3000 Mk.	104,41—223,33	36,83—80,38	6,45—29,41
über 3000 bis 4000 Mk.	108,32—187,07	23,85—90,—	7,64—38,87
über 4000 Mk. . . .	100,80—194,45	44,16—90,67	13,41—31,57

Eine klare Unterscheidung des Verbrauchs nach dem Einkommen liegt keineswegs vor. Vielmehr überrascht die Ähnlichkeit des Konsums in den beiden unteren Einkommensschichten; die obere Einkommensstufe beginnt allerdings zumeist mit größeren Mengen. Auch beim Mehl zeigt sich hier, wenigstens bei der Berechnung nach Haushalten[1], eine höhere Mindestmenge des Konsums. Der Schluß läge an sich nicht fern, daß die Bessergestellten einen geringeren Brotkonsum durch Verbrauch höherwertiger Gegenstände (Fleisch, Fette) ausgleichen können. Doch bedarf es hierfür noch einer genaueren Prüfung.

Die (arithmetischen) Durchschnitte des Verbrauchs liegen, wenn man zunächst die höchsten und niedrigsten Mengen mit einbegreift, wie folgt (in Kilogramm):

	Mehlkonsum		Fleischkonsum			Fettkonsum	
	nach Haushalten	nach Verbrauchseinheiten	nach Haushalten (Schwein)	nach Haushalten (Rind)	nach Verbrauchseinheiten (zusammen)	nach Haushalten	nach Verbrauchseinheiten
Durchschnitt der unteren Einkommensstufe . . .	318,2	142,6	79,1	48,9	58,4	39,4	17,3
Durchschnitt der mittleren Einkommensstufe . . .	347,0	147,1	82,0	47,0	53,6	57,8	24,8
Durchschnitt der oberen Einkommensstufe . . .	407,4	156,2	109,5	56,4	67,5	57,4	23,2
Gesamtdurchschnitt:	348,7	147,4	85,3	50,0	58,1	51,9	22,1

Mit einigen Ausnahmen behauptet sich hiernach die zu erwartende Steigerung des Konsums bei wachsendem Einkommen. Und zwar gilt dies nicht nur im allgemeinen für Fleisch und Fett, sondern, was zunächst überraschen mag, auch für Mehl (Brot). Freilich stimmt auch diese letztere Erscheinung mit früher (zum Beispiel bei den deutschen Metallarbeitern) Festgestelltem überein. Hier sei angemerkt, daß der Gesamtdurchschnitt der von einer Arbeiterfamilie verzehrten Fleischmenge (einschließlich Wurst) sich in der Erhebung des Statistischen Reichsamtes auf 130,8 kg, der Fettverbrauch auf 63,7 kg stellt; dagegen konsumierte eine Lehrer- und Beamtenfamilie in der amtlichen Statistik durchschnittlich

[1] Die Zahl der Verbrauchseinheiten ist in dieser Einkommenslage durchschnittlich die größte, so daß die Berechnung nach Verbrauchseinheiten relativ kleinere Anteile ergibt.

157,6 kg Fleisch und 65,8 kg Fett. Unser Material hält sich im Fleischverbrauch etwas mehr an die Arbeiterhaushalte, während der Fettkonsum unter jenen der Arbeiter, Lehrer und Beamten des amtlichen Materials zurückbleibt, qualitativ aber (durch stärkeren Butterverbrauch) jenen zumeist übertrifft. Da, wie schon gezeigt wurde, die Durchschnittsgröße des Haushalts, nach Verbrauchseinheiten bemessen, in beiden Erhebungen fast genau gleich ist, so sind Unterlagen für den Vergleich gegeben.

Es bleibt übrig, zu untersuchen, inwieweit die arithmetischen Durchschnitte mit den durch die häufigsten Werte veranschaulichten, tatsächlichen Verhältnissen übereinstimmen. Wir können hierbei die Unterscheidung nach drei Einkommensgruppen beibehalten und uns auf die nach Verbrauchseinheiten berechneten Mengen beschränken. Erachtet man die Abweichung des Einzelfalls um ein Viertel des arithmetischen Durchschnitts nach oben wie nach unten als unauffällig und vereinbar mit den Grundsätzen der Mittelwertbildung, so fallen von den 16 Haushalten der niedrigsten Einkommensgruppe nur vier aus dem Gesamtrahmen des Mehlkonsums heraus und von diesen enthalten nur zwei Fälle eine starke Abweichung, einmal im Sinne geringeren, einmal im Sinne höheren Konsums. Noch günstiger liegt die Dispersion der Reihe beim Mehlkonsum der Mittelgruppe, wo nur zwei ganz unbedeutende Abweichungen über das gekennzeichnete Maß hinaus stattfinden. Ähnliches gilt für die Gruppe der größeren Einkommen; wenn hier zwei Fälle beträchtlich abweichen, so findet dies in der Zusammensetzung der Gruppe aus Einkommen von recht verschiedener Höhe eine zwanglose Erklärung.

Hinsichtlich des Fleischkonsums liegt die Sache ähnlich. Wieder verzeichnen zwei Haushalte einen unverhältnismäßig höheren und zwei einen geringeren Verbrauch; die Abweichungen übertreffen jene beim Mehlkonsum. Die mittlere Einkommensklasse weist vier Fälle erheblich nach unten gravitierenden Fleischkonsums auf, gleichzeitig sechs Fälle erhöhten Verbrauchs. Hier scheint also das arithmetische Mittel ein „isolierter Mittelwert", kein Ausdruck tatsächlicher Verhältnisse mehr zu sein. Sehr deutlich zeigt sich in diesem Fall das schon bei kleinem Material wahrnehmbare Abweichen der Konsumgewohnheiten. Ähnliches gilt auch für die höchsten Einkommen; nur die Hälfte der hierher gehörigen Einkommen fügen sich dem um den Durchschnittswert gezogenen Rahmen ein, im übrigen wird er nach unten und oben verlassen.

Auch für den Fettverbrauch ist zum Teil ähnliches festzustellen. Zwei Haushalte mit kleinen Einkommen erreichen kaum mehr als ein Drittel des Durchschnitts, andere fallen um etwas geringere Beträge nach oben und nach unten aus der Reihe heraus. Viel einheitlicher verhält sich die homogenere Mittelgruppe, in der zwei Haushalte geringeren, zwei größeren Konsum aufweisen, die Abweichungen aber im ganzen geringer sind. Noch weniger Verschiedenheit zeigt die Klasse der Bestgestellten, wo nur ein Fall erheblich abweicht.

Von den neun Durchschnitten, die den Mehl-, Fleisch- und Fettverbrauch der drei Einkommensschichten veranschaulichen, sind also mindestens drei nicht im eigentlichen Sinne „repräsentativ" zu nennen. Untersuchen wir die Gesamtdurchschnitte ohne Berücksichtigung des Einkommens, so zeigt sich dies: Von den 50 Fällen des Mehlkonsums, dessen durchschnittlicher Spannrahmen 110 bis 185 kg ist, betreffen fünf einen (nicht sehr beträchtlich) kleineren, vier einen (auch nicht bedeutend) höheren Konsum; beim Fleischverbrauch, dessen allgemeines Mittel 42 bis 73 kg ist, weichen mindestens sechs Fälle nach unten, acht nach oben ab; die Abweichungen sind aber viel erheblicher als beim Mehlkonsum. Der durchschnittlich auf 17 bis 28 kg bemessene Fettverbrauch weist zehn Fälle meist bedeutend kleineren und acht Fälle größeren, oft viel größeren Konsums auf. Man wird abschließend die für den Mehlkonsum errechneten Durchschnitte als charakteristisch erachten, für jene des Fleisch- und Fettkonsums eine derartige Bezeichnung aber nur bedingt — für den Fettverbrauch am wenigsten — in Anspruch nehmen. Diese Wahrnehmung fügt sich früheren Feststellungen ein.

Die für die Haushalte errechneten Durchschnitte könnten noch mit den sogenannten Verbrauchsberechnungen der amtlichen Statistik verglichen werden. Aber man wird von solcher Gegenüberstellung nicht viel erwarten dürfen. Wir können uns einstweilen auf die Feststellung beschränken, daß der durchschnittliche Mehlverbrauch unserer Erhebung beträchtlich über der amtlich auf den Kopf zur Verfügung stehenden Menge von 249 kg Weizen, Spelt und Roggen (1913/14) steht. In der Erhebung des Statistischen Reichsamtes fehlt es an einer vergleichbaren Zahl.

Augenscheinlich bedarf es weitgehender Ausscheidung innerhalb der für vorstehende Untersuchung zusammengezogenen Verbrauchsposten, um einigermaßen den Ablauf der Konsumvorgänge kennen zu lernen. Die Vereinigung von Schweine- und Rindfleisch, von Butter, Schmalz und Kunstfetten birgt sehr große qualitative Unterschiede der Konsumtion selbst bei einheitlichen Gesamtverbrauchsmengen in sich. Hier hat die spätere Einzeldarstellung einzugreifen.

Den allgemeinen Ausführungen über Mehl-, Fleisch- und Fettverbrauch sollen hier einige Betrachtungen spezieller Art, die im besonderen die Art des Konsums der genannten Gegenstände im Auge haben, folgen. Freilich hat diese Betrachtung ihre Grenzen; denn ein Urteil über die Qualität der gekauften Gegenstände kann man beim gegenwärtigen Stand der Haushaltsforschung von den buchführenden Familien nicht verlangen. Eine Hausfrau wird sich nur selten dazu verstehen, das eingekaufte Fleisch als solches erster, zweiter, dritter Güte zu bezeichnen oder den auf Knochen, Fett entfallenden Anteil zu nennen. Auch fehlt nicht selten den städtischen Haushalten der Überblick. So wird man sich auf die Namhaftmachung der Unterschiede beschränken müssen, die aus den Haushaltsbüchern unmittelbar hervorgehen: Brot, Mehl, Gebäck (einschließlich des Weißbrotes); Schweinefleisch, Schinken, Wurst, Rind- und Kalbfleisch; Butter, Schmalz, Kunstfett. Schon diese mehrfachen Untergliederungen des Mehl-, Fleisch- und Fettkonsums versprechen, zumal bei Einstellung auf die Einkommensverschiedenheiten, wesentliche Beiträge zum Ernährungsproblem.

Der Mehl- und Brotkonsum im einzelnen.

Die Berechnung des Mehlkonsums geschah folgendermaßen:

In den Haushaltsrechnungen finden sich drei einschlägige Posten:

1. Mehl und Teigwaren, in Mengen (Pfund) angegeben;
2. Schwarzbrot, ebenfalls in Mengen (Pfund) ermittelt;
3. Backwaren, einschließlich weißes Brot, nicht oder in ungeeigneter Weise nach Mengen ausgewiesen.

Die Angaben unter 1 konnten ohne weiteres (beziehungsweise nach Umrechnung aus Pfund, das sich für die Anschreibung wenig eignet, in Kilogramm) übernommen werden. Die Notierungen für Schwarzbrot bedurften nur der Umrechnung in Mehl, die dadurch geschah, daß zwei Drittel des Betrags als Mehlverbrauch angenommen wurde.

Um die nur dem Geldbetrage nach ermittelten Backwaren auf Mengeneinheiten zu bringen, mußte, etwas summarisch, zunächst ein Drittel des Geldbetrags für Wasser, Zucker und andere Zutaten und die gegenüber der Schwarzbrotbereitung teurere Arbeit des Bäckers in Abzug gebracht werden. Vom Restbetrag der Ausgabe, der nunmehr das reine Gebäck zum Gegenstand hat, konnten auch nur zwei Drittel für die Berechnung des Mehlkonsums angesetzt werden und zwar geschah diese letztere auf der einheitlichen Grundlage eines Mehlpreises von 11 Pf. für das Pfund. Natürlich schwankt der Preis tatsächlich in den einzelnen Orten. Angesichts aber des im übrigen unvermeidlichen summarischen Verfahrens schien man auf diese immerhin nicht sehr erheblichen Schwankungen keine Rücksicht nehmen zu sollen.

Die so gewonnenen Ergebnisse beruhen im allgemeinen zur Hälfte auf tatsächlichen Mengennotierungen und haben vor ausschließlichen Berechnungen, wie sie sich sonst vielfach finden, manches voraus.

Auf Grund vorstehend dargelegter Unterlagen erhielt man für den Mehlkonsum der Technikerhaushalte folgende Übersicht, aus der die bloß errechneten Zahlen des Gebäckkonsums, die oben (S. 80 ff.) zur Berechnung des Gesamtmehlverbrauchs herangezogen wurden, ausscheiden können.

Mindest- und Höchstmengen des (als solches gekauften) Mehles und des konsumierten (Schwarz-) Brotes waren:

	an Mehl	an Schwarzbrot
Mindestmenge . .	4,0 kg	62,0 kg
Höchstmenge . . .	205,5 kg	247,7 kg

Ähnlich wie bei Fleisch und Fett ist zu erwarten, daß die Einzelwerte des Mehlkonsums noch viel weiter auseinandergehen als der Gesamtmehlverbrauch, innerhalb dessen sich (als solches gekauftes) Mehl, Schwarzbrot und Gebäck vielfach surrogieren. Daß die Spannung im Mehlkonsum (diesen im engsten Sinn verstanden) noch erheblich größer ist als im Brotkonsum, liegt auf der Hand; bei ersterem handelt es sich häufig um abweichende Konsumgewohnheiten, während der Verbrauch von Schwarzbrot doch im allgemeinen nicht unter gewisse Grenzen, die freilich vor allem vom Weißbrotverzehr vorgeschrieben werden, sinken kann.

Von einer Unterscheidung des Mehlkonsums nach seinen Bestandteilen und nach Einkommensgruppen ist nicht viel zu erwarten. Bei dem (nach Kartoffeln) billigsten Nahrungsmittel kann die größere oder geringere Wohlhabenheit nicht so viel besagen wie bei Fleisch und Fett.

Die Einzelheiten des Fleischverbrauchs.

Man wird von der Ungleichwertigkeit des Konsums der drei in Frage kommenden Fleischarten ausgehen müssen; wohl surrogieren sie sich in gewissem Umfang, aber der Nährwert (auf den im einzelnen hier noch nicht eingegangen werden kann) ist nicht der gleiche; Schweinefleisch ersetzt ferner zum Teil den Fettkonsum, endlich bedingt Schinken und Wurst (der „kalte Aufschnitt") eine relativ viel höhere Ausgabe als das vorzugsweise warm genossene Fleisch [1]. Physiologische und soziologische Gesichtspunkte durchdringen sich hier, ohne daß die Möglichkeit voller Klärung gewährleistet erschiene.

Untersucht man das gegenseitige Verhältnis der drei Hauptfleischarten zunächst auf Grundlage der Haushalte (also noch nicht der Verbrauchseinheiten), so ergibt sich das Folgende:

Es betrug	Schweinefleisch	Schinken und Wurst	Rind- und Kalbfleisch
die konsumierte Höchstmenge .	70,5 kg	109,0 kg	91,3 kg
„ „ Mindestmenge	15,0 kg	4,0 kg	16,1 kg

Die größte Spannung findet sich, wie zu erwarten, beim Schinken- und Wurstkonsum, die geringste beim übrigen Schweinefleisch. In allen drei Fällen aber sind die Unterschiede außerordentlich groß. Angesichts dieser Gegensätze hat die Berechnung des arithmetischen Mittels zunächst nur bedingten Wert; dieses stellt sich auf:

32,5 kg für Schweinefleisch,
53,8 kg für Schinken und Wurst,
50,0 kg für Rind- und Kalbfleisch.

An dieser Stelle scheint eine Übersicht über die Fleischverbrauchsmengen geboten zu sein, die andere Statistiken feststellen konnten. Diese Übersicht greift zweckmäßig auch auf den Fettkonsum über; zwischen Fleisch und Fett bestehen ja Übergänge, die von der statistischen Aufbereitung nicht immer gleichmäßig eingeordnet wurden. So kann man sehr wohl zweifeln, wohin Schweinespeck, auch, wohin Schweineschmalz zu rechnen ist. Deshalb vermag nur eine Gegenüberstellung des Fleisch- und des Fettverbrauchs der Gesamtlage des Konsums Rechnung zu tragen. Hier ist Übersicht 23 (S. 80) zu vergleichen.

Die im vorstehenden wiederholt gemachte Feststellung eines sehr weit gespannten Konsumrahmens wird durch die nachfolgende Übersicht bestätigt. Es handelt sich in ihr um Arbeiter- und kleine Beamten-(Lehrer-) Haushalte, die manches gemeinsame aufweisen. Leider scheint der Fettkonsum nicht immer vollständig erfaßt zu sein [2].

---

[1] Unter diesem Gesichtspunkt empfahl sich, abweichend von der Statistik des Statistischen Reichsamts, die Zusammenfassung von Schinken und Wurst, von deren Ungleichwertigkeit man im übrigen überzeugt war: tatsächlich aber überwiegt der Konsum beider Nahrungsmittel in Gestalt des „Gemischten Aufschnittes", der eine Ausscheidung in vielen Fällen unmöglich machte.

[2] Es überrascht, wie klein trotz aller Arbeit das reichsdeutsche Material von Haushaltsrechnungen noch ist. So greifen die meisten Bearbeiter der in den Schriften

Fleischkonsummengen aus verschiedenen Erhebungen.

Nach den „Wirtschaftsrechnungen":			
Arbeiterhaushalte	130,8	kg	
In Barmer Familien (J. Haacke) .	126,9	„	
In Münchener Metallarbeiterfamilien	149,9	„	(indirekte Methode)
In den Technikerfamilien	135,3	„	
Nach Brutzer	110,0	„	(Schätzung)
Nach den „Wirtschaftsrechnungen":			
Beamten- und Lehrerhaushalte .	60,0	„	(schätzungsweise Berechnung aus den Durchschnittszahlen für Einkommensschichten)
Düsseldorfer Arbeiterhaushalte nach Most	115,7	„	(besondere Berechnung)
Beamtenhaushalt aus den „Wirtschaftsrechnungen", verwendet bei Tägtmeyer	185,1	„	
Stuttgarter Normalarbeiterhaushalt (Tägtmeyer)	101,1	„	
Nach Wörishoffer	170,0	„	
Nach Fröhlich	168,1	„	
In Leipziger Metallarbeiterfamilien	96,4	„	(Fleisch ohne Wurst)
In einer Magdeburg. Familie (Herbst)	150,4	„	(Fleisch ohne Wurst)
Breslauer Arbeiterfamilie (Neißer) ca.	190,0	„	(Fleisch einschl. Speck)
Breslauer Lehrerfamilie . . ca.	150,0	„	(Fleisch einschl. Speck)
Deutsche Volksschullehrer (Gerloff) .	87,7—233,9 kg		
Deutsche Buchdrucker (Abelsdorff) ca.	180,0 kg [1].		

Natürlich liegt es ganz ferne, aus diesen sehr gegensätzliche und ganz verschiedene Konsummengen einschließenden Angaben Mittelwerte

des Vereins für Sozialpolitik vereinigten preis- und haushaltsstatistischen Arbeiten entweder auf die „Wirtschaftsrechnungen" des Statistischen Reichsamts oder auf die Erhebung des Metallarbeiterverbands zurück. Demgegenüber besitzt die kleine Schweiz ein mindestens gleichwertiges Material und die Vereinigten Staaten von Amerika, England, Belgien und Frankreich können auf die bekannten reichen Quellen zurückgreifen, die allerdings nicht im gleichen Maße wissenschaftlich gesichert sind wie die deutschen Erhebungen.

[1] Aus der für zwei Monate festgestellten Tagesmenge von 479,5 bis 602,5 g bei vier Familien ermittelt.

errechnen zu wollen. Die Übersicht beleuchtet die großen Gegensätze in der Konsumgestaltung, mehr kann sie nicht dartun. Auch die Art der Erhebung ist ja nicht die gleiche, in vielen Fällen sind die Mengen nur indirekt aus den Ausgaben heraus errechnet und tragen dann stets hypothetischen Charakter. Für Zwecke feineren Vergleichs fehlt es an der Unterscheidung selbst der gebräuchlichsten Fleischarten (Rind- und Schweinefleisch), von Qualitätsunterschieden ganz abgesehen.

Vor allem aber versagt der Vergleich, wenn man statt auf die Haushalte, auf die Verbrauchseinheiten zurückgeht. Dies liegt, wie schon gesagt, in unserer Absicht. Da auch die Methode zur Berechnung von Verbrauchseinheiten wenig einheitlich ist, so bleibt für uns nicht viel Vergleichsmaterial übrig. Es ist also berechtigt, wenn wir uns anschließend wieder auf das besonders aufbereitete Material vorliegender Erhebung beschränken.

In den nachstehenden Übersichten wird der gesamte Fleischkonsum wie folgt ausgewiesen, wobei die in Frage kommenden Haushalte nach dem Gesamtfamilieneinkommen, unter Beifügung des Arbeitsverdienstes des Haushaltsvorstands, geordnet und in jedem Falle Schweinefleisch, Schinken und Wurst, Rind- und Kalbfleisch unterschieden werden.

1. Verbrauch der drei Fleischarten im Haushalt,
2. Verbrauch der Verbrauchseinheit,
3. Ausgabe des Haushalts für die drei Fleischarten,
4. Ausgabe der Verbrauchseinheit,
5. Preis des Kilogramm Fleisches,
6. Konsumierte Kalorien auf die Verbrauchseinheit berechnet.

Diese Zusammenstellung dürfte in methodischer Weise alles Wesentliche, was die Haushaltstatistik über den Fleischkonsum als solchen besagen kann, enthalten. Es bleibt dann nur übrig, bereits gebahnte Wege weiter zu verfolgen. Hierzu rechnen wir die Berechnung des Anteils der Fleischausgaben am Gesamt- und Arbeitseinkommen, des Verhältnisses von tierischer und pflanzlicher Nahrung in den verschiedenen Einkommensschichten, der gegenseitigen Surrogierung usw. Hingegen scheiden die Beziehungen des Konsums zur Kopfzahl aus, weil ja bereits eine, verfeinerten Ansprüchen Rechnung tragende Berechnung nach Verbrauchseinheiten stattfand. Versuchsweise könnte es im Anschluß an diese unternommen werden, zu prüfen, ob sich eine bestimmte Beziehung zwischen dem Konsum und den nach Zahl der Verbrauchseinheiten geordneten Haushalten ergibt. Da aber das Material wenig Unterschiede hinsichtlich der Haushaltsgröße aufweist, so ist nicht allzuviel von solcher Untersuchung zu erwarten. Ausscheiden müssen, weil von mir an anderer Stelle behandelt [1], alle, die Belastung des Haushalts durch Fleischzölle usw. verfolgenden Fragen.

Aus Übersicht 23 (S. 80) sind auch die Einzelheiten der Preisgestaltung für Fleisch zu entnehmen. Bereits die sorgfältige Lesung der Tabellen zeigt zum Beispiel eine erhebliche Verteuerung in den höheren Einkommensstufen. Wir erhalten das folgende Bild:

im Durchschnitt der Einkommensstufe	Es kostet ein Kilogramm Schweinefleisch Pf.	Schinken und Wurst Pf.	Rind- und Kalbfleisch Pf.
unter 2000 Mk.	181,5	201,5	180,0
2000—3000 „	187,9	240,9	200,3
3000—4000 „	196,4	234,8	200,8
4000—5000 „	205,4	235,2	212,0
über 5000 „	214,0	244,8	210,0
Im Durchschnitt:	194,3	234,0	216,0

Nur bei Schweinefleisch kommt diese Verteuerung voll zum Ausdruck. Dagegen unterlaufen bei Schinken und Wurst Schwankungen, wenn auch die Gegenüberstellung der untersten und obersten Einkommensgruppen eine recht verständliche Sprache redet. Bei Rind- und Kalbfleisch wird die Preissteigerung ebenfalls, aber gegenüber jener des Schweinefleisches in stark abgeschwächtem Maße, deutlich.

Insoweit man hieraus auf einen Qualitätsrückgang bei sinkendem Einkommen schließen kann, wird dieser in erster Linie bei Schweinefleisch wirksam, in zweiter Linie bei Rind- und Kalbfleisch. Bei Schinken und Wurst liegt die Wahl der Qualität nicht ganz im gleichen Maße beim Konsumenten.

in der Einkommensstufe von	Die Geldausgabe beträgt nach Haushalten für Schweinefleisch Mk.	Schinken und Wurst Mk.	Rind- und Kalbfleisch Mk.	Fleisch überhaupt Mk.
weniger als 2000 Mk.	53,8	101,1	121,1	276,0
2000—3000 „	58,9	114,2	93,5	268,6
3000—4000 „	64,9	113,5	95,1	273,5
4000—5000 „	64,8	186,4	102,2	353,4
über 5000 „	80,4	173,9	138,8	393,1
Im Durchschnitt:	63,4	122,7	93,3	279,4

[1] Schriften des Verf. Beitrag für „Neuordnung der deutschen Finanzwirtschaft", Schr. d. V. f. Sozialp.

in der Einkommensstufe von	Die Geldausgabe beträgt nach Verbrauchseinheiten für Schweinefleisch Mk.	Schinken und Wurst Mk.	Rind- und Kalbfleisch Mk.	Fleisch überhaupt Mk.
weniger als 2000 Mk.	24,5	46,5	55,1	126,1
2000—3000 „	25,9	51,1	42,2	119,2
3000—4000 „	27,4	45,5	39,3	112,2
4000—5000 „	27,5	76,3	42,3	146,1
über 5000 „	31,8	68,9	56,5	157,2
Im Durchschnitt:	27,3	52,0	42,2	121,5

Die Zunahme des Fleischkonsums mit steigendem Einkommen wird hier nicht überall deutlich. Aber man wird nach früheren Ausführungen über die Verschiedenheit des Verbrauchs auch keine eindeutige Entwicklung erwarten. Kann doch neben Verbrauchsverminderung infolge kleineren Einkommens auch Qualitätsverminderung einhergehen, die selbständig zu prüfen ist. Wenn die Ergebnisse, je nachdem sie nach Haushalten oder Verbrauchseinheiten errechnet sind, nicht stets übereinstimmen, so liegt das daran, daß die durchschnittliche Zahl der auf einen Haushalt entfallenden Verbrauchseinheiten in den fünf Einkommensschichten verschieden groß ist, im allgemeinen aber mit wachsendem Einkommen zunimmt, so daß ein gewisser Ausgleich des höheren Einkommens durch größere Familie vorliegt.

Völlig klar ist die vermehrte Ausgabe für Schweinefleisch, je höher die Einkommen steigen. Die Einkommen unter 3000 Mk. liegen, den arithmetischen, aber auch den häufigsten Werten nach, unter der Durchschnittsverbrauchsausgabe von 63,4 Mk. für den Haushalt, von 27,3 Mk. für die Verbrauchseinheit. Bei Schinken und Wurst tritt diese Entwicklung weniger deutlich hervor. Hier klafft ein gewaltiger Unterschied zwischen der Ausgabe der Haushalte unter und über 4000 Mk. Stellt man diese sich gegenüber, so haben wir es mit einer sehr großen Ausgabesteigerung in den besser gestellten Familien zu tun, während im übrigen die Einkommen zwischen 2000 und 3000 Mk. etwas mehr verausgaben als jene zwischen 3000 und 4000 Mk. Dabei unterlaufen freilich manche recht zufällige und selbst einzelne fragwürdige Werte, wie die Ausgabe von noch nicht 10 Mk. einer Familie der letztgenannten Einkommensschicht. Solche Fälle drücken das Mittel gleich bedeutend herab. Was schließlich die Ausgabe für Rindfleisch anlangt, so liegen auch hier Anzeichen von Verbrauchsbeschränkung bei niedrigerem Einkommen vor. Indessen fällt die Gruppe der kleinsten Einkommen aus dieser Entwicklung ganz heraus. Bei ihr scheint Rindfleisch den verringerten Konsum sonstigen Fleisches auszugleichen. Auch bei Rindfleisch ist nur die Ausgabe der Familien mit mehr als 5000 Mk. Einkommen, nach Haushalten wie nach Verbrauchseinheiten berechnet, viel größer als die der weniger Verdienenden.

Die bisher wahrgenommenen Gegensätze verringern sich teilweise, faßt man die gesamten Fleischausgaben ins Auge. Die Unterschiede sind aber immer noch bedeutend; sie scheiden besonders die beiden höchsten Einkommensstufen von den übrigen; wieder nehmen die beiden kleinsten Haushalte eine gewisse Sonderstellung ein.

Eine gewisse Klärung der im Konsum sich vereinigenden Vorgänge darf vielleicht von der Gegenüberstellung der Posten für

konsumierte Menge
Ausgabe
Preise,

geordnet nach den Fleischarten und nach Einkommensgruppen und berechnet für die Verbrauchseinheiten, erwartet werden. Wir haben hierfür folgende Angaben:

Schweinefleischkonsum.

Einkommensgruppe	Konsum. Menge kg	Ausgabe Mk.	Preis des Kilogramm Pf.
unter 2000 Mk.	13,4 = 96	24,5 = 90	181,5 = 93
2000—3000 „	14,0 = 100	25,9 = 95	187,9 = 96
3000—4000 „	13,6 = 97	27,4 = 100	196,4 = 101
4000—5000 „	13,2 = 94	27,5 = 101	205,4 = 107
über 5000 „	14,9 = 106	31,8 = 114	214,0 = 110
Im Durchschnitt:	14,0 = 100	27,3 = 100	194,3 = 100

Schinken- und Wurstkonsum.

Einkommensgruppe	Konsum. Menge kg	Ausgabe Mk.	Preis des Kilogramm Pf.
unter 2000 Mk.	23,2 = 103	46,5 = 89	201,5 = 81
2000—3000 „	22,1 = 99	51,5 = 99	240,9 = 102
3000—4000 „	21,2 = 94	45,5 = 87	234,8 = 100
4000—5000 „	32,4 = 144	76,3 = 147	235,2 = 100
über 5000 „	28,1 = 125	68,9 = 133	244,8 = 104
Im Durchschnitt:	22,5 = 100	52,0 = 100	234,0 = 100

Rind- und Kalbfleischkonsum.

Einkommensgruppe	Konsum. Menge kg	Ausgabe Mk.	Preis des Kilogramm Pf.
unter 2000 Mk.	30,6 = 138	55,1 = 130	180,0 = 84
2000—3000 „	21,1 = 95	42,2 = 100	200,3 = 93
3000—4000 „	19,5 = 89	39,3 = 93	200,8 = 93
4000—5000 „	19,9 = 90	42,3 = 100	212,0 = 98
über 5000 „	27,4 = 124	56,5 = 134	210,8 = 97
Im Durchschnitt:	22,1 = 100	42,2 = 100	216,0 = 100

Hieraus ergibt sich:

1. Bei den niedrigsten Einkommen ist die konsumierte Menge Schinken und Wurst ungefähr gleich, jene von Schweinefleisch etwas niedriger, jene von Rind- und Kalbfleisch bedeutend höher, als dem Durchschnitt entspricht. Die verausgabten Beträge liegen bei beiden zuerst genannten Fleischarten beträchtlich unter dem Durchschnitt, beim Rindfleisch erheblich darüber. Ganz allgemein sind, bei allen Fleischsorten, die Preise viel niedriger als dem Durchschnitt entsprechen würde. Die Annahme, daß billigere Qualitäten bevorzugt würden, liegt sehr nahe, indessen bedarf die geringe Zahl der in dieser Einkommensgruppe vereinigten Haushalte der Hervorhebung.

2. In der stärker besetzten Einkommensschicht von 2000 bis 3000 Mk. sind die verbrauchten Fleischmengen dem Durchschnitt sehr angenähert. Sie stimmen mit diesem bei Schweinefleisch, Schinken und Wurst überein und bleiben nur bei Rind- und Kalbfleisch ein wenig zurück. Ähnlich liegt es bei der Ausgabe, nur mit der Besonderheit, daß diese nur beim Schweinefleischkonsum etwas unter dem Durchschnitt liegt. Der für ein Kilogramm gezahlte Preis bleibt bei Schweine-, Rind- und Kalbfleisch unter dem Durchschnitt, dem er bei Schinken und Wurst ungefähr gleichkommt. Auch in dieser Gruppe liegt die Vermutung eines Qualitätsrückgangs wenigstens bei einem Teil des verzehrten Fleisches nahe.

3. Die nächsthöheren Einkommen von 3000 bis 4000 Mk. umfassen die Hälfte des verarbeiteten Materials und sind, weil sie als bezeichnend für die Einkommensverhältnisse einer großen Zahl von Technikern gelten durften, besonders wichtig. Auffälligerweise bleibt die konsumierte Fleischmenge in allen Fällen etwas unter dem Durchschnitt zurück. Man beachte hierbei, daß die Zahl der Verbrauchseinheiten in dieser Gruppe ein wenig größer als im Gesamtdurchschnitt ist. Was die Ausgabe anlangt, so erreicht diese nur bei Schweinefleisch das Mittel, sinkt aber bei Rind- und Kalbfleisch und noch mehr bei Schinken

und Wurst unter den Durchschnitt. Unter diesem bleibt auch der Preis für Rind- und Kalbfleisch, während die für die anderen Fleischarten bezahlten Beträge genau mit dem allgemeinen Durchschnitt übereinstimmen.

4. Bei den Familien mit 4000 bis 5000 Mk. Gesamteinkommen erreichen die Konsummengen von Schweine-, Rind- und Kalbfleisch nicht ganz das Mittel, während jene von Schinken und Wurst den Durchschnitt um fast die Hälfte überschreiten. Ähnlich liegt die Ausgabe, die indessen mit der durchschnittlichen bei Schweine-, Rind- und Kalbfleisch völlig übereinstimmt. Dieser Umstand und die Tatsachen der Preisgestaltung lassen die Verwendung höherwertigen Fleisches bei den Bessergestellten als sicher erscheinen; auch die Bevorzugung des teureren „Aufschnitts" läßt hierauf schließen. Ferner ergibt sich auch ein größerer Gesamtverbrauch an Fleisch.

5. Das letztere trifft ausnahmslos für die Gruppe der höchsten Einkommen unseres Materials zu. Weniger der Schweinefleisch- als der Schinken-, Wurst-, Rind- und Kalbfleischkonsum ist gesteigert, im allgemeinen um ein Viertel gegenüber dem Durchschnitt. Ferner zeigt die Ausgabe eine noch größere Zunahme, die sich bei den zuletzt genannten Fleischsorten auf ein Drittel des Durchschnitts beläuft. Gleichzeitig überwiegt bei den Preisen die Erhöhung gegenüber dem Durchschnitt. Quantitativ und qualitativ ist also der Fleischkonsum bei den Bestgestellten gehoben.

Diese Untersuchung muß noch auf den Gesamtfleischkonsum ausgedehnt werden, um zu möglichst schlüssigen Folgerungen zu führen. Werden dabei einzelne wesentliche Unterschiede zwischen den einzelnen Fleischarten verwischt, so ist doch infolge der gegenseitigen Surrogierung eine klarere Entwicklung zu erwarten.

Gesamtfleischkonsum.

Einkommensgruppe	Konsumierte Menge kg	Ausgabe Mk.
Unter 2000 Mk.	66,2 = 113	126,1 = 104
2000—3000 „	57,2 = 98	119,6 = 98
3000—4000 „	54,3 = 93	92,2 = 76
4000—5000 „	65,5 = 112	144,1 = 114
über 5000 „	70,4 = 120	157,2 = 129
Im Durchschnitt:	58,6 = 100	121,5 = 100

Diese Gegenüberstellung kann sich auf Menge und Ausgabe beschränken. Deutlich tritt aus ihr die bedeutende Steigerung des Fleischkonsums bei den Einkommen von mehr als 4000 Mk. hervor. Da gleichzeitig die Ausgabe noch beträchtlicher das Mittel überschreitet, so liegt auch eine qualitative Verbesserung nahe. Demgegenüber überrascht der hohe Konsum bei den kleinsten Einkommen; indessen ist die hierfür angesetzte Ausgabe verhältnismäßig geringer, so daß Qualitätsverringerung angenommen werden kann. Die Einkommen weiter von 2000 bis 3000 Mk. entsprechen in Quantum und Qualität fast genau dem Durchschnitt. Das auffälligste in der Entwicklung ist das Zurückbleiben der Einkommen zwischen 3000 und 4000 Mk. gegenüber dem Durchschnitt; weit stärker noch hinsichtlich der Ausgabe als hinsichtlich der Menge. Dieses Ergebnis ist an sich nicht zu erwarten gewesen und es bleibt überraschend, auch wenn man daran denkt, daß der Durchschnitt eine rein rechnerische Größe ist.

Übersicht 24.

Die Fleischpreise in geographischer Gliederung.

Stadt	Höhe des Einkommens Mk.	Preis des Kilogramm (in Pf.) Schweinefleisch	Schinken und Wurst	Rind- und Kalbfleisch
[20 Familien]	Großstädte (über 100 000 Einwohner):			
1. Groß-Berlin . .	2806	191	243	201
„ (Spandau)	2444	205	234	215
2. Hamburg . . .	3790	208	235	228
„ (Harburg)	3700	203	245	212
„ . . .	3535	189	241	204
3. München . . .	3619	204	242	196
4. Leipzig	2426	197	249	201
5. Köln (Kalk) . .	3715	221	226	188
6. Magdeburg . .	4125	213	245	208
„ . . .	4085	204	223	218
„ . . .	3293	212	231	205
7. Dresden . . .	6408	219	261	246
„ . . .	4683	203	253	217
8. Nürnberg . . .	5193	205	256	206
9. Düsseldorf . . .	4675	196	222	213
10. Essen (Ruhr) . .	3550	176	235	185
11. Stettin	2760	199	294	198
12. Aachen	4466	211	233	204
13. Lübeck	3655	211	271	223
14. Posen	3127	163	216	189

Stadt	Höhe des Einkommens Mk.	Preis des Kilogramm (in Pf.) Schweinefleisch	Schinken und Wurst	Rind- und Kalbfleisch
[19 Familien]	Mittelstädte (20000—100000 Einwohner):			
15. Darmstadt . . .	3520	196	224	186
16. Ludwigshafen . .	2944	203	266	196
17. Offenbach . . .	5115	223	260	213
" . . .	5000	209	202	178
18. Hindenburg . .	3433	177	211	178
19. Dessau	3936	249	234	181
20. Osnabrück . . .	3083	191	202	175
21. Regensburg . .	3063	221	228	204
22. Gotha	2807	189	220	227
"	2626	182	219	197
"	2474	197	231	210
23. Geestemünde . .	3970	163	192	215
24. Apolda	3962	175	243	216
25. Merseburg . . .	3600	189	191	201
26. Neuß a. Rh. . .	3317	200	250	203
27. Eisenach . . .	2474	197	231	210
28. Hanau	2425	202	229	175
29. Prenzlau . . .	2405	173	270	169
30. Zeitz	2974	166	229	204
[11 Familien]	Kleinstädte und Land (unter 20000 Einw.):			
31. Friedrichsort . .	3711	192	228	208
32. Böhlitz-Ehrenberg	3665	210	243	219
33. Burg i. Dithm. .	3532	183	235	180
34. Bergedorf . . .	3485	218	269	224
35. Lörrach	3222	189	222	207
36. Wurzen i. S. . .	3039	184	228	196
" . .	2982	145	247	208
37. Niederschlema b. Aue	3013	185	227	196
38. Sonneberg . . .	2092	191	224	202
39. Reistenhausen . .	1807	184	208	180
" . .	1550	179	195	180

Die Durchschnitte der Fleischpreise stellen sich für das Kilogramm wie folgt:

	Schweinefleisch	Schinken u. Wurst	Rind- u. Kalbfleisch
in 20 Großstädten .	202 Pf.	243 Pf.	207 Pf.
in 19 Mittelstädten .	195 "	228 "	197 "
in 11 Kleinstädten .	187 "	229 "	200 "

Laufende Nummer	Gesamteinkommen der Familie	Arbeitseinkommen des Vorstands	Schweinefleisch 1: Verbrauch des Haushalts in Kilogramm	Schweinefleisch 2: Verbrauch pro Verbrauchseinheit in Kilogr.	Schweinefleisch 3: Ausgaben des Haushalts in Mark	Schweinefleisch 4: Ausgaben pro Verbrauchseinheit in Mark	Schweinefleisch 5: Preis des Kilogramm in Pf.	Schweinefleisch 6: Tägl. konsumierte Kalorien pro Verbrauchseinheit	Schinken 1: Verbrauch des Haushalts in Kilogramm	Schinken 2: Verbrauch pro Verbrauchseinheit in Kilogr.
1	1550	1550	27,9	13,9	50,01	25,0	179	150,5	54,6	27,3
2	1807	1334	31,3	13,0	57,52	24,0	184	140,0	46,1	19,2
3	2092	1850	34,1	17,0	65,05	32,5	191	184,5	52,5	26,2
4	2405	1967	22,5	10,7	39,03	10,9	173	115,7	15,4	7,3
5	2425	2277	27,1	13,5	54,69	27,3	202	146,5	59,8	29,9
6	2426	2333	24,9	11,3	49,19	22,2	197	171,4	40,6	18,5
7	2444	2400	32,4	14,7	66,35	24,6	205	158,6	46,6	21,2
8	2474	2160	33,5	15,9	66,14	31,5	197	172,4	78,3	37,3
9	2567	2400	40,4	16,8	81,03	33,7	200	181,7	69,2	28,8
10	2626	2192	48,7	18,7	88,94	34,2	182	201,5	69,9	26,9
11	2760	2519	21,1	9,2	41,95	18,2	199	99,1	42,0	18,3
12	2806	2500	43,3	18,0	83,45	34,9	191	194,6	35,5	14,8
13	2807	2535	15,4	7,7	29,07	14,5	189	97,0	60,5	30,2
14	2944	2595	52,8	25,1	106,04	50,5	203	270,9	17,9	8,5
15	2974	2760	16,6	7,5	27,50	12,5	166	81,4	54,6	24,8
16	2982	2908	25,3	10,5	36,81	15,3	145	113,7	36,3	15,1
17	3013	2560	22,3	8,3	41,24	15,3	185	89,2	34,1	12,7
18	3039	2995	29,9	11,9	55,25	22,1	184	129,2	39,9	15,8
19	3063	2140	43,0	19,5	94,95	43,1	221	210,9	39,1	17,8
20	3083	3083	19,4	8,4	37,15	16,1	191	90,9	49,3	21,4
21	3127	3127	43,0	20,5	70,30	33,5	163	220,9	77,6	37,0
22	3222	2682	29,3	10,8	55,43	20,5	189	116,3	28,8	10,6
23	3293	3050	19,6	8,2	41,53	17,3	212	87,9	49,7	20,7
24	3317	3160	31,9	13,9	63,88	27,8	200	149,6	40,1	17,4
25	3433	2894	27,4	13,0	48,60	23,1	177	145,7	42,1	20,1
26	3485	3465	21,1	10,0	46,07	21,9	218	108,6	18,8	9,0
27	3520	3150	32,4	12,5	63,72	24,5	196	134,2	52,8	20,3
28	3532	3052	37,6	15,0	68,62	27,4	183	162,4	4,0	1,6
29	3535	3385	15,0	7,5	28,26	14,1	189	81,0	16,6	8,3
30	3550	3350	32,4	13,5	57,12	16,8	176	102,6	62,3	26,0
31	3600	3000	22,5	9,7	42,52	18,4	189	105,7	42,6	18,5
32	3619	2550	70,5	26,1	142,67	52,8	204	330,7	74,3	27,6
33	3655	3506	33,0	12,7	69,60	26,8	211	136,9	45,0	17,3
34	3665	3056	21,5	9,8	45,17	20,6	210	150,9	55,6	25,3
35	3700	3700	39,5	18,8	80,20	38,2	203	202,9	66,0	31,4
36	3711	2810	22,8	10,4	43,90	19,9	192	110,0	47,1	21,4
37	3715	3715	43,8	19,0	96,95	42,1	221	205,2	61,5	26,7
38	3790	3790	35,6	15,5	73,93	32,1	208	166,9	63,5	27,6
39	3936	3540	61,8	26,9	153,97	66,9	249	289,1	53,9	23,5
40	3962	3362	43,0	15,4	75,48	27,0	175	165,7	85,0	30,3
41	3970	3970	20,3	10,1	33,20	16,6	163	108,0	82,6	41,3
42	4085	3388	33,1	15,8	67,97	32,4	204	170,0	74,4	35,4
43	4125	3975	36,5	14,6	77,80	31,1	213	157,6	81,8	32,7
44	4466	4259	24,8	11,2	52,39	23,8	211	121,4	60,4	27,5
45	4675	4250	42,3	17,6	83,09	34,6	196	190,4	109,0	45,4
46	4683	4341	21,0	6,8	42,63	13,7	203	73,2	70,6	22,8
47	5000	4490	31,4	9,0	65,49	18,7	209	96,9	72,4	23,4
48	5115	4375	35,3	16,8	78,85	37,5	223	181,4	65,0	30,9
49	5193	3700	37,6	17,1	76,80	34,9	205	184,5	58,0	26,4
50	6408	4665	45,4	16,8	99,04	36,6	219	181,9	86,0	31,8

konsum.

und Wurst				Rind- und Kalbfleisch						
3	4	5	6	1	2	3	4	5	6	
Ausgaben des Haushalts in Mark	Ausgaben pro Verbrauchs-einheit in Mark	Preis des Kilogramm in Pf.	Tägl. konsumierte Kalorien pro Verbrauchs-einheit	Verbrauch des Haushalts in Kilogramm	Verbrauch pro Verbrauchs-einheit in Kilogr.	Ausgaben des Haushalts in Mark	Ausgaben pro Verbrauchs-einheit in Mark	Preis des Kilogramm in Pf.	Tägl. konsumierte Kalorien pro Verbrauchs-einheit	Laufende Nummer
106,50	53,2	195	408,5	62,8	31,4	113,23	56,6	180	139,5	1
95,80	39,9	208	288,0	71,5	29,8	129,01	53,7	180	130,4	2
117,95	59,0	224	393,5	57,6	28,8	116,19	58,1	202	126,5	3
41,63	19,8	270	110,0	42,4	20,2	71,94	34,2	169	88,5	4
137,45	68,7	229	447,5	61,6	30,8	107,14	53,6	175	135,0	5
100,15	45,5	249	276,4	38,8	17,6	77,89	35,4	201	76,8	6
109,02	40,4	234	317,3	41,2	18,8	88,87	40,4	215	82,7	7
181,21	86,3	231	549,0	57,0	27,1	119,93	57,1	210	119,0	8
150,36	62,7	217	431,2	49,8	20,7	100,55	41,9	202	86,7	9
153,24	58,9	219	402,7	35,9	13,8	70,76	27,2	197	60,4	10
123,55	53,7	294	273,5	21,6	9,4	42,80	18,6	198	41,4	11
87,15	36,3	243	213,3	51,1	21,3	102,25	42,6	200	95,8	12
133,09	66,5	220	452,5	28,9	14,5	65,75	32,9	227	63,5	13
47,73	22,7	266	127,6	47,9	22,8	94,02	44,8	196	100,0	14
125,05	56,8	229	371,4	40,5	18,4	82,72	37,6	204	80,5	15
90,82	37,8	247	226,6	77,0	32,1	158,44	66,0	208	140,8	16
77,44	28,7	227	189,2	52,0	19,2	102,22	37,9	196	84,4	17
91,16	36,5	228	234,8	32,8	13,1	64,45	25,8	196	57,2	18
89,10	40,5	228	266,4	76,4	34,5	155,93	70,9	204	152,3	19
99,59	43,3	202	320,0	78,0	33,9	136,62	59,4	175	148,7	20
167,75	79,8	216	553,8	29,5	14,0	55,70	26,5	189	61,4	21
64,21	23,4	222	159,3	53,3	19,8	110,53	40,9	207	86,7	22
115,10	48,0	231	310,4	39,9	16,6	81,94	34,1	205	72,9	23
100,33	43,6	250	261,3	53,9	23,4	109,23	47,5	203	102,6	24
88,85	42,1	211	300,5	30,6	14,6	54,70	26,0	178	63,8	25
69,35	33,0	269	133,3	28,5	13,6	63,93	30,4	224	59,5	26
118,49	45,6	224	306,2	55,8	21,5	109,03	41,9	186	94,2	27
9,45	3,8	235	24,0	30,1	12,1	54,31	21,7	180	52,8	28
40,10	20,5	241	124,5	16,1	8,0	32,84	16,4	204	35,5	29
146,47	43,1	235	274,7	53,4	22,2	99,08	29,1	185	68,8	30
81,45	35,4	191	277,4	40,5	16,5	76,32	33,1	201	77,4	31
179,92	66,6	242	471,5	79,1	29,3	155,09	57,4	196	133,9	32
122,13	46,9	271	259,2	40,8	15,7	90,87	35,0	223	68,5	33
135,36	61,5	243	378,6	35,6	16,2	76,82	34,9	219	70,9	34
161,70	77,0	245	470,9	29,5	14,0	62,63	29,8	212	61,4	35
107,51	48,8	228	320,9	28,1	12,8	58,60	26,6	208	55,9	36
138,79	60,3	226	400,9	9,3	30,1	130,20	56,6	188	132,2	37
149,33	64,9	235	313,5	27,6	12,0	62,86	27,3	228	52,6	38
125,87	54,7	234	351,3	91,3	39,6	164,38	71,5	181	173,9	39
206,37	73,7	243	451,4	59,8	21,3	129,23	46,1	216	93,2	40
158,47	79,2	192	619,5	46,1	23,1	99,14	49,6	215	101,0	41
165,75	78,9	223	543,8	43,3	20,6	94,64	45,0	218	90,5	42
200,80	80,3	245	489,6	42,3	16,9	87,90	35,2	208	74,0	43
141,01	64,1	233	411,4	47,0	21,4	96,90	44,0	204	93,6	44
241,68	100,7	222	680,4	62,4	26,0	132,97	55,4	213	113,8	45
178,56	57,6	253	341,3	45,3	14,8	98,45	31,9	217	64,2	46
146,11	41,7	202	231,7	65,6	21,1	116,73	33,3	178	82,3	47
169,35	80,6	260	463,8	90,1	42,9	192,58	91,7	213	117,7	48
148,68	67,6	256	395,0	59,0	27,0	121,48	55,2	206	188,6	49
231,34	85,7	261	477,4	52,4	18,7	123,79	45,8	246	85,2	50

Im ganzen überwiegt bei dieser Gegenüberstellung der Eindruck einer mäßigen Preissteigerung mit zunehmender Bevölkerungszahl der Städte. Ganz klar tritt dies indes nur bei Schweinefleisch hervor. Eine andere Unterscheidung, auf die nicht näher eingegangen werden kann, ergibt sich auf Grund geographischer Gliederung nach Nordost-, Mittel-, Nordwest- und Süddeutschland.

Einzelheiten des Fettkonsums.

Für den Fettkonsum, der in den verschiedenen Erhebungen nicht immer gleichmäßig vom Fleischkonsum getrennt ist, liegen folgende aus Haushaltsrechnungen gewonnene Ergebnisse vor:

	Durchschnittlich von 1 Person verbrauchte Fettmenge	
Nach den „Wirtschaftsrechnungen" des Kaiserlichen Statistischen Amtes (Arbeiterhaushalt)	63,7 kg	
Nach den „Wirtschaftsrechnungen" (Beamten- und Lehrerhaushalte) .	30,0 „	(Schätzung)
In Bonner Familien (J. Haacke) .	61,7 „	
In Münchner Metallarbeiterfamilien	9,6 „	(nur Butter; Schätzung)
In den vorliegenden Technikerfamilien	51,9 „	
Nach Brutzer	60,0 „	(Schätzung)
In Düsseldorfer Arbeiterhaushalten (nach Most)	30,0 „	(Besondere Berechnung)
In einem Beamtenhaushalte nach Tägtmeyer	68,9 „	
In einem Stuttgarter Normalarbeiterhaushalte (Tägtmeyer)	63,7 „	
Nach Wörishoffer	57,5 „	
Nach Fröhlich	59,4 „	
In Leipziger Metallarbeiterfamilien	24,6 „	(nur Butter)
In einer Magdeburger Familie (Herbst)	50,2 „	(nur Butter)
In einer Breslauer Arbeiterfamilie .	60,0 „	(Speck bei Fleisch eingerechnet)
In einer Breslauer Lehrerfamilie .	82,0 „	(Speck bei Fleisch eingerechnet)
In Familien deutscher Volksschullehrer (Gerloff)	32,8—80,7 kg	

Man sieht, daß sich die Mengen häufig zwischen 50 und 60 kg bewegen und mag diesen Betrag, der freilich aus sehr ungleichen Werten berechnet ist, übrigens mit dem Durchschnitt unserer Rechnungen (52 kg) einigermaßen übereinstimmt, zur Grundlage weiterer Feststellungen nehmen. Freilich erschwert die Weglassung der billigeren Fettarten in mehreren früheren Erhebungen den Vergleich ganz beträchtlich; und gerade die Untersuchung des Fettkonsums in qualitativer Hinsicht ist für die Haushaltsstatistik, insbesondere für die Frage der Surrogierung, von Wichtigkeit.

Sucht man zunächst, ähnlich wie bei Fleisch, die Mindest- und Höchstmengen des nach seinen Bestandteilen gegliederten Fettkonsums, so ergibt unser Material folgendes:

Mindestkonsum

an Butter	Schmalz	Kunstfetten	Fette insgesamt
1,8 kg	—	—	12,9 kg

Höchstkonsum

an Butter	Schmalz	Kunstfetten	Fette insgesamt
62,5 kg	30,9 kg	25,3 kg	89,4 kg

Natürlich finden sich die Fälle des Mindestkonsums an einzelnen Fettarten ebensowenig vereinigt wie jene des Höchstverbrauchs. Vielmehr weisen die zum Teil ganz aus dem Rahmen fallenden Höchst- und Mindestmengen auf weitgehenden Ersatz durch andere Fettarten hin. In einiger Klarheit geht der Umfang dieser gegenseitigen Surrogierung aus Übersicht 27 hervor. Daß gleichzeitig ein Zusammenhang zwischen Einkommen und Höhe des Fettkonsums besteht, ist schon oben (S. 86 f.) gezeigt worden.

Für den Butterkonsum, also den Verbrauch des höchstwertigen, freilich noch zahlreiche Güteabstufungen einschließenden Fettes, in den einzelnen Einkommensschichten gilt nachstehende Übersicht:

Gesamteinkommen	Butterkonsum	Schmalzkonsum	Konsum künstlicher Fette
Unter 2000 Mk.	8,6 kg	13,5 kg	—
2000—3000 „	31,0 „	5,6 „	4,7 kg
3000—4000 „	40,6 „	10,3 „	8,2 „
über 4000 „	46,5 „	7,5 „	4,6 „

Ausschließlich der Butterkonsum folgt einer bestimmten Regel, er steigt mit zunehmendem Einkommen. Wenn auch manche Abweichung — besonders bei den Einkommen von mehr als 5000 Mk. — unterläuft, so scheint doch hier eine Abwicklung vorzuliegen, welche eine Untersuchung auch nach Verbrauchseinheiten rechtfertigt.

Übersicht 26.

Butterkonsum nach Verbrauchseinheiten.

Einkommen	Konsum	Einkommen	Konsum
6408 Mk.	10,9 kg	3433 Mk.	21,8 kg
5193 „	24,6 „	3317 „	17,2 „
5115 „	13,1 „	3293 „	19,7 „
5000 „	6,7 „	3222 „	9,3 „
		3127 „	14,8 „
4683 „	19,3 „	3083 „	26,3 „
4675 „	20,0 „	3063 „	1,3 „
4466 „	26,9 „	3039 „	14,2 „
4125 „	22,3 „	3013 „	20,2 „
4085 „	29,4 „		
		2982 „	21,2 „
3970 „	12,4 „	2974 „	22,2 „
3962 „	21,6 „	2944 „	0,9 „
3936 „	26,5 „	2807 „	11,6 „
3790 „	27,1 „	2806 „	22,7 „
3715 „	18,0 „	2760 „	12,5 „
3711 „	17,6 „	2626 „	7,6 „
3700 „	25,5 „	2567 „	14,7 „
3665 „	7,1 „	2474 „	9,1 „
3655 „	22,2 „	2444 „	17,4 „
3619 „	9,4 „	2426 „	14,2 „
3600 „	11,9 „	2425 „	9,0 „
3550 „	8,3 „	2405 „	19,3 „
3535 „	24,0 „	2092 „	7,4 „
3532 „	22,8 „		
3520 „	9,3 „	1807 „	4,3 „
3485 „	20,1 „	1550 „	3,5 „

Gesamteinkommen	Butterkonsum
Unter 2000 Mk.	3,9 kg
2000—3000 „	13,6 „
3000—4000 „	17,1 „
über 4000 „	19,2 „

Die Zunahme des Butterkonsums bei steigendem Einkommen bleibt also auch für die Verbrauchseinheiten bestehen.

Übersicht 27.

Die Ausgaben für Fette.

Gesamt-einkommen	Jahresausgabe des Haushalts				Ausgabe der Verbrauchseinheit	
	für Butter	für Schmalz	für Kunstfette	Zusammen	für Fett insgesamt	für Butter
Mk.	Mk.	Mk.	Mk.	Mk.	Mk.	Mk.
1550	17,60	11,33	—	28,93	12,0	7,3
1807	24,78	39,40	—	64,18	32,1	12,4
2092	39,69	4,30	3,09	47,08	23,5	20,0
2405	118,72	—,90	2,95	122,57	58,3	56,5
2425	54,90	8,83	3,49	67,22	33,6	27,4
2426	97,32	4,95	—	102,27	46,5	44,2
2444	128,10	5,60	—,35	134,05	60,9	58,2
2474	50,47	10,16	26,86	87,49	41,7	24,0
2567	99,81	5,81	16,22	121,84	50,1	41,5
2626	52,71	9,81	30,69	93,21	35,9	20,3
2760	83,53	26,54	4,05	114,12	49,6	36,3
2806	141,69	4,95	5,50	152,14	63,3	59,0
2807	62,20	4,87	14,08	81,15	40,6	31,1
2944	5,49	25,36	—	30,85	14,7	2,5
2974	132,98	8,49	2,40	143,87	65,4	60,5
2982	151,71	16,41	19,81	187,93	78,3	63,2
3013	163,06	13,90	23,87	200,83	74,4	68,0
3039	100,96	15,35	16,63	132,94	53,2	40,4
3063	5,70	27,83	—	33,53	15,2	2,6
3083	148,38	21,95	5,41	175,74	76,4	64,5
3127	86,32	28,70	—	115,02	54,8	41,1
3222	62,62	30,39	—	93,01	34,4	23,2
3293	136,11	22,65	12,17	170,93	71,5	56,7
3317	113,69	16,79	9,40	139,88	60,8	49,4
3433	126,89	3,18	—	130,07	62,0	60,4
3485	122,53	4,77	3,69	130,99	62,4	58,3
3520	72,98	53,01	8,03	134,02	51,6	28,1
3532	163,03	13,40	—	176,43	70,6	65,2
3535	131,79	7,39	8,85	148,03	74,0	65,9
3550	69,81	—	23,05	92,86	27,3	20,5
3600	79,55	26,45	11,99	117,99	51,3	34,6
3619	77,64	48,40	—	126,04	46,7	28,7
3655	170,60	1,45	16,40	188,45	72,5	65,5
3665	43,45	8,30	42,40	94,15	42,8	19,7
3700	156,95	21,65	—	178,60	85,0	74,7
3711	112,12	6,10	27,01	145,23	66,0	50,9
3715	117,85	24,58	2,01	144,44	62,5	51,2
3790	180,59	11,80	2,10	194,49	84,5	78,5
3936	181,14	9,70	32,95	223,79	97,7	78,8
3962	167,83	15,40	29,90	213,13	76,1	59,9
3970	66,24	10,09	43,40	119,73	59,9	33,1
4085	173,22	8,90	—	182,12	86,7	82,5
4125	153,75	11,65	1,05	166,45	66,6	61,5
4466	153,67	15,99	—	169,66	77,1	69,8
4675	134,88	6,15	2,40	143,43	59,7	56,1
4683	166,07	1,25	9,35	176,67	57,0	53,6
5000	65,53	42,30	34,18	142,01	40,6	18,8
5115	81,77	22,03	10,65	114,45	54,5	38,9
5193	136,91	5,03	8,21	150,15	68,2	62,3
6408	81,30	6,01	5,10	92,41	34,2	30,1

Gliedert man dies Material nach Einkommensgruppen, so ergibt sich dieses:

Einkommensgruppe	Durchschnittliche Ausgabe des Haushalts für Butter	Schmalz	künstl. Fette	Fett überhaupt	Durchschnittl. Ausgabe d. Verbrauchseinheit für Fett überhaupt	Butter
Unter 2000 Mk.	21,2	25,4	—	46,6	22,0	9,8
2000—3000 „	87,1	9,8	9,2	106,1	47,3	38,8
3000—4000 „	114,2	17,8	12,8	144,8	61,4	48,6
4000—5000 „	156,3	8,8	2,6	167,7	69,4	64,7
über 5000 „	91,4	18,8	14,5	124,7	49,4	37,5

Stellt man schließlich die konsumierte Menge der Ausgabe gegenüber, so erhält man folgende Übersicht, die sich auf die Verbrauchseinheiten beschränken kann:

Einkommensgruppe	Fett überhaupt (kg) Verbrauch (kg) der Verbrauchseinheit	Fett überhaupt (kg) Ausgabe (Mk.) der Verbrauchseinheit	Butter (kg) Verbrauch (kg) der Verbrauchseinheit	Butter (kg) Ausgabe (Mk.) der Verbrauchseinheit
Unter 2000 Mk.	9,7 = 44	22,0 = 39	3,9 = 24	9,8 = 22
2000—3000 „	18,3 = 83	47,3 = 85	13,6 = 85	33,8 = 76
3000—4000 „	24,8 = 112	61,4 = 112	17,1 = 107	48,6 = 109
4000—5000 „	25,5 } = 115	69,4 = 125	23,6 = 147	64,7 = 145
über 5000 „	20,5 } = 93	49,4 = 88	13,9 = 87	37,5 = 84
Im Durchschnitt	22,1 = 100	55,7 = 100	16,0 = 100	44,5 = 100

Der Zuckerkonsum.

Der Zuckerkonsum liegt in unserem Material, entsprechend einer auch sonst gemachten Erfahrung, viel gleichmäßiger als der Verbrauch der bisher besprochenen Lebensmittel. Wir erhalten folgende Gegenüberstellung des Zuckerverbrauchs einmal nach Haushalten, dann nach Verbrauchseinheiten:

Übersicht 28.

Zuckerkonsum.

Einkommen über 4000 Mk.	Zuckerverbrauch (in Kilogramm) der Haushalte	der Verbrauchseinheiten	im Durchschnitt nach Haushalten	im Durchschnitt nach Verbrauchseinheiten
6408	22,8	8,5		
5193	57,5	24,3		
5115	37,3	17,8	49,1	18,9
5000	55,5	15,9		
4683	101,0	32,6		
4675	48,0	20,0		

Einkommen	Zuckerverbrauch (in Kilogramm) der Haushalte	der Verbrauchseinheiten	im Durchschnitt nach Haushalten	im Durchschnitt nach Verbrauchseinheiten
4466	40,3	18,3		
4125	53,0	21,2	49,1	18,9
4085	25,5	12,1		
3—4000 Mk.				
3970	29,3	14,6		
3962	60,0	21,4		
3936	55,5	24,1		
3790	58,0	25,2		
3715	51,9	23,6		
3711	56,5	26,8		
3700	35,7	16,2		
3665	58,5	26,6		
3655	115,6	44,5		
3619	92,3	34,2		
3600	32,5	14,1		
3550	22,5	12,5		
3535	56,1	28,0	52,6	22,0
3532	44,8	17,9		
3520	64,4	24,8		
3485	62,1	29,5		
3433	40,3	19,2		
3317	35,8	15,5		
3293	52,7	21,9		
3222	80,6	29,8		
3127	20,6	9,8		
3083	50,5	21,9		
3063	40,0	18,2		
3039	44,3	17,9		
3013	32,8	12,8		
2—3000 Mk.				
2982	38,1	15,9		
2974	38,8	17,6		
2944	37,6	17,8	38,5	17,2
2807	31,8	15,9		
2806	41,5	17,3		

Einkommen	Zuckerverbrauch (in Kilogramm) der Haushalte	der Verbrauchseinheiten	im Durchschnitt nach Haushalten	im Durchschnitt nach Verbrauchseinheiten
2760	26,8	13,0		
2626	60,0	23,1		
2567	16,9	7,1		
2474	66,8	31,7		
2444	43,5	19,7	38,5	17,2
2426	33,6	10,4		
2425	22,9	11,5		
2405	41,3	9,7		
2092	40,3	20,2		
Unter 2000 Mk.				
1807	27,0	11,3	22,0	9,9
1550	17,0	8,5		

Die Ausgabe für Zucker berechnet sich wie folgt:

Bei einem Einkommen von Mk.	Auf den Haushalt entfallen Mk.	Auf die Verbrauchseinheit entfallen Mk.
1550	10,58	4,4
1806	18,28	9,1
2092	24,11	12,0
2405	23,47	11,2
2425	13,32	6,7
2426	19,36	8,8
2444	21,00	9,5
2474	38,70	18,4
2567	9,49	3,9
2626	35,27	13,5
2760	12,07	5,2
2806	22,76	9,5
2807	17,27	8,6
2944	19,99	9,5
2974	18,64	8,5
2982	22,09	9,2
3013	19,11	7,1
3039	25,52	10,2
3063	20,99	9,5
3083	26,05	11,3
3127	9,57	4,6
3222	46,28	17,1
3293	26,68	10,9
3317	20,15	8,8
3433	20,51	9,8
3485	31,48	15,0
3520	35,81	13,8
3532	23,52	9,4
3535	27,97	14,0
3550	12,82	3,8
3600	16,53	7,1
3619	50,67	18,4
3655	61,34	23,6
3665	31,05	14,1
3700	18,86	9,0
3711	30,21	13,7
3715	28,42	12,3
3790	29,57	12,9
3936	28,13	12,2

Bei einem Einkommen von Mk.	Auf den Haushalt entfallen Mk.	Auf die Verbrauchseinheit entfallen Mk.	Bei einem Einkommen von Mk.	Auf den Haushalt entfallen Mk.	Auf die Verbrauchseinheit entfallen Mk.
3962	32,35	11,4	4683	52,64	17,0
3970	16,41	8,4	5000	29,29	8,4
4085	13,03	6,2	5115	21,24	10,1
4125	29,29	11,7	5193	30,77	14,0
4466	22,05	10,0	6408	13,17	4,9
4675	25,86	10,3			

in der Einkommensgruppe	Durchschnittlich entfällt auf den Haushalt eine Ausgabe von . . Mk.:	auf die Verbrauchseinheit
Unter 2000 Mk.	14,4	6,7
2000—3000 „	21,2	9,6
3000—4000 „	27,6	11,5
4000—5000 „	28,6	11,0
über 5000 „	21,7	9,4

Eine Abhängigkeit des Zuckerkonsums vom Einkommen scheint mindestens für die kleineren Einkommensstufen vorzuliegen; dagegen ist bei den Bestgestellten im Durchschnitt ein Rückgang gegenüber der vorhergehenden Einkommensstufe zu verzeichnen. Freilich schwankt der Verbrauch bei den 9 Fällen eines 4000 Mk. übersteigenden Einkommens außerordentlich, zwischen 22,8 und 101 kg auf den Haushalt, 8,5 und 32,6 kg auf die Verbrauchseinheit. In ähnlich weitem Rahmen bewegt sich der Verbrauch in der Einkommensschicht 3—4000 Mk., nämlich zwischen 20,6 und 115,6 kg (9,8 und 44,5 kg auf die Verbrauchseinheit), während der niedrigste Konsum der Einkommensschicht 2—3000 Mk. 16,9, der höchste 66,8 kg (7,1 und 31,7 kg auf die Verbrauchseinheit) ist. Unter allen Umständen ist der Verzehr der weniger als 2000 Mk. verdienenden Haushalte der niedrigste.

Der Salzkonsum.

Die niedrigste Konsummenge an Salz ist mit 5,5 kg, die höchste mit 20,8 kg gegeben. Vielleicht ist der durch Einkauf nachgewiesene Jahresverbrauch bei einem Gegenstand, von dem leicht ein größerer Vorrat gehalten werden kann, nicht unbedingt schlüssig. Allzu große Abweichungen werden indessen nicht erwartet werden.

Sucht man eine Beziehung zwischen dem Salzkonsum und der Gesamtausgabe bzw. dem Einkommen, so kann sie nach Erfahrungen, wie sie die bisherige Literatur verzeichnet, nur im umgekehrten Sinn wie bei den qualifizierten Nahrungsmitteln: Fleisch, Fett, Zucker, bestehen; die einfachere, reizlosere Kost der weniger Wohlhabenden erfordert an sich größere Zutaten von Gewürzen, vor allem an Salz. Unter diesem Gesichtspunkt ist nachstehende Übersicht zu beurteilen:

Übersicht 29.

Salzkonsum.

Einkommen	Salzverbrauch (in Kilogramm) des Haushalts	der Verbrauchseinheit	im Durchschnitt der Einkommensstufe nach Haushalten	Verbrauchseinheiten
Über 4000 Mk.				
6408	8,5	3,1		
5193	6,0	2,8		
5115	11,0	5,2		
5000	22,5	6,4		
4683	9,5	3,0	10,4	4,0
4675	9,5	4,0		
4466	11,0	5,0		
4125	8,5	3,4		
4085	7,0	3,3		
3—4000 Mk.				
3970	19,0	9,5		
3962	11,0	3,9		
3936	12,0	5,2		
3790	16,5	7,2		
3715	12,0	5,2		
3711	9,0	4,1		
3700	12,0	5,7		
3665	13,0	5,9		
3655	14,0	5,4		
3619	12,0	4,5	11,8	5,0
3600	16,0	7,0		
3550	11,0	3,2		
3535	10,5	5,7		
3532	7,8	3,1		
3520	13,0	5,0		
3485	6,5	3,1		
3433	12,5	6,0		
3317	20,3	8,8		
3293	8,5	3,6		

Einkommen	Salzverbrauch (in Kilogramm) des Haushalts	der Verbrauchseinheit	im Durchschnitt der Einkommensstufe nach Haushalten	Verbrauchseinheiten
3222	14,5	5,4		
3127	7,5	3,6		
3083	11,0	4,8		
3063	9,0	4,1	11,8	5,0
3039	7,5	3,0		
3013	9,0	3,3		
2—3000 Mk.				
2982	8,5	3,5		
2974	6,0	2,7		
2944	11,0	5,2		
2807	10,0	5,0		
2806	18,3	7,6		
2760	5,5	2,4		
2626	10,3	4,0	9,7	4,3
2567	9,5	3,9		
2474	9,0	4,3		
2444	6,0	2,2		
2426	10,5	4,8		
2425	11,5	5,7		
2405	13,0	6,1		
2092	6,8	3,4		
Unter 2000 Mk.				
1807	12,5	5,0	11,9	5,3
1550	11,3	5,6		

Hiernach scheint eine Abhängigkeit des Salzverbrauchs vom Einkommen nicht vorzuliegen; der Konsum ist im ganzen ein recht gleichmäßiger.

Der Genußmittelkonsum.

Tabak.

Der Tabakkonsum entzieht sich einer Berechnung gleich der für die Nahrungsmittel durchgeführten. Zunächst sind hier Qualitätsunterschiede vorhanden, die wohl noch weiter gehen als bei jedem andern Verbrauchsgegenstand. Bis zu einem gewissen Grade nur lassen sie sich aus den Ausgaben entnehmen. Dann muß die Ausscheidung nach Verbrauchseinheiten in Wegfall kommen. Von den 50 Familien unseres Materials haben 4 Kinder im Alter von über 14 Jahren[1], es sind dies übrigens alles Haushalte mit geringem Tabakkonsum, man kann somit ohne erheblichen Fehler annehmen, daß der Haushaltsvorstand allein Tabakkonsument ist (soweit ersichtlich, spielen auch Einladungen, bei denen Tabak verbraucht werden konnte, nur eine sehr geringe Rolle). Ferner wird der Wirtshauskonsum nicht erfaßt und so mag manche im Wirtshause gekaufte Zigarre der Registrierung entgehen. Immerhin kann der so entstehende Fehler nicht groß sein; der Durchschnittsraucher bringt doch wohl seine eigene Zigarre in die Kneipe mit. Schwerer wiegt der Umstand, daß vielfach die Hausfrau das Haushaltsbuch führt und nicht stets Kenntnis vom vollen Tabakeinkauf ihres Mannes, den dieser zumeist selbst besorgen wird, haben kann. Die nachstehenden Mengenangaben können demgemäß nur als Untergrenze des tatsächlichen Verbrauchs, der sich übrigens fast ausnahmslos auf Zigarren beschränkt, gelten.

Übersicht 30.

Zigarrenkonsum.

Einkommen (Mk.)	Konsum. Zigarren (im Jahr)	Einkommen (Mk.)	Konsum. Zigarren (im Jahr)	Einkommen (Mk.)	Konsum. Zigarren (im Jahr)
6408	2042	3665	142	2982	1633
5193	672	3655	554	2974	307
5115	495	3619	523	2944	208
5000 *	453	3600	28	2807	688
		3550 *	666	2806	408
4683 *	50	3535	936	2760 *	14
4675	856	3532	493	2626	195
4466	430	3520	10	2567	898
4125	198	3485	—	2474	393
4085	984	3433	620	2444	1050
		3317	295	2426	856
3970	1661	3293	956	2425	1182
3962	439	3222	394	2405	299
3936	132	3117	150	2092	48
3790	278	3083	266		
3715	484	3063	646	1807	278
3711	1267	3039	1434	1550	95
3700	95	3013	1433		

Manche Anzeichen scheinen einen gewissen — an sich sehr nahegelegten — Zusammenhang zwischen Tabakkonsum und Einkommen vermuten

[1] Diese Familien sind durch * gekennzeichnet.

zu lassen; so steht der weitaus am besten ausgestattete Haushalt (6408 Mk. Einkommen) im Zigarrenverbrauch (2042 Stück) an der Spitze, das kleinste Einkommen aber (1550 Mk.) hat zwar nicht den geringsten, aber doch einen recht unbedeutenden Konsum (95 Stück). Aber dazwischen findet sich doch ein sehr gegensätzliches Verhalten. Man wird zweckmäßig für die Mittelwertbildung alle Fälle geringen Konsums, der dann oft zufälliger Natur sein mag, ausscheiden. Überwiegen bei diesen Haushalten von Nicht- oder Wenigrauchern die kleinen Einkommen in auffälliger Weise, so ist es immerhin sehr möglich, daß absichtliche Einschränkung vorliegt. Bekanntlich ist eine solche unter anderen auch als Folge der Zunahme der auf unentbehrliche Gegenstände gelegten Verbrauchsbelastung zu erwarten [1], welche die kleinen Einkommen unverhältnismäßig stärker belastet als die großen [2].

Man wird einen Verbrauch von täglich weniger als eine Zigarre (also jährlich weniger als 365 Stück) als besonders gering erachten können. 20 Haushalte fallen hierunter, eine an sich sehr beträchtliche Zahl. Von ihnen gehören an

dem Einkommen von	über 4000 Mk.	2 = 22,2 %	dieser Einkommen,
" " "	3000—4000 "	10 = 40,0 %	" "
" " "	2000—3000 "	6 = 42,9 %	" "
" " "	unter 2000 "	2 = 100,0 %	" "

In der Tat schließt diese Gegenüberstellung eine gewisse, bei der kleinen Zahl der Fälle freilich mit Vorsicht aufzunehmende Abhängigkeit des Zigarrenkonsums vom Einkommen ein. In jedem Fall bedarf es in diesem Zusammenhang noch der Prüfung der Qualitätsunterschiede; denn ein Übergang zu geringeren Qualitäten, die von der Steuer sehr viel weniger belastet sind, liegt an sich noch näher als der völlige Verzicht auf das Rauchen.

Betrachtet man nun den Konsum der eigentlichen Raucherfamilien, so läßt sich der verbleibende Rest von 30 Haushalten wie folgt gliedern. Es verzeichnen einen Zigarrenkonsum:

In der Einkommensgruppe	Von mehr als 1 bis 2 Zig. täglich (mehr als 365 bis 730 Zig. jährlich)	Von mehr als 2 bis 3 Zig. täglich (mehr als 730 bis 1095 Zig. jährl.)	Von mehr als 3 bis 4 Zig. täglich (mehr als 1095 bis 1460 Zig. jährl.)	Von mehr als 4 Zigarren täglich (mehr als 1460 Zig. jährl.)	Zusammen
über 4000 Mk.	4	2	—	1	7
3000—4000 "	9	2	3	1	15
2000—3000 "	3	3	2	—	8
unter 2000 "	—	—	—	—	—
Zusammen:	16	7	5	2	30

[1] Vgl. Lotz, Finanzwissenschaft.
[2] Vgl. meine Darstellung in Schriften d. Ver. f. Sozialpolitik, oben S. 48, 93.

Aus dieser Übersicht folgt immerhin soviel, daß der Verbrauch von täglich mehr als vier Zigarren sich auf die beiden oberen Einkommensgruppen (von mehr als 3000 Mk.) beschränkt; wiederholt steht übrigens der in der Übersicht an dritter Stelle (Konsum von 3—4 Zigarren täglich) nachgewiesene Zigarrenverbrauch von Haushalten mit höherem Einkommen der Obergrenze (4 Zigarren) sehr nahe. Jedenfalls widersprechen sich die Angaben dieser und der vorausgehenden, den kleineren Zigarrenkonsum darstellenden Übersicht in keiner Weise.

Die Frage der Qualitäten und der Qualitätsverschiebungen ist anschließend zu beantworten. Zu diesem Zweck ist auf Ausgaben und Preis zurückzugreifen.

Übersicht 31.

Die Ausgabe für Tabak und der Preis der Zigarre.

Einkommen (Mk.)	Ausgabe des Haushalts (Mk.)	Durchschnittlicher Preis der Zigarre (Pf.)	Einkommen (Mk.)	Ausgabe des Haushalts (Mk.)	Durchschnittlicher Preis der Zigarre (Pf.)
6408	156,92	7,6	3433	54,90	8,9
5193	53,89	8,0	3317	27,10	9,2
5115	38,91	7,9	3293	67,95	7,1
5000	35,58	7,8	3222	28,92	7,3
			3117	16,25	10,8
(4683	3,—	6,0)	3083	37,80	14,2
4675	66,70	7,8	3063	59,12	9,1
4466	35,25	8,2	3039	80,10	5,6
4125	11,90	—[1]	3013	117,87	8,2
4085	61,92	6,3			
			2982	113,87	6,9
3970	98,45	5,9	2974	19,67	6,4
3962	30,26	6,9	2944	18,36	8,9
3936	10,11	7,7	2807	43,21	6,3
3790	21,65	7,8	2806	26,15	6,4
3715	42,67	8,7	(2760	1,35	9,7)
3711	89,12	7,0	2626	13,89	7,1
3700	10,31	10,9	2567	54,—	6,0
3665	12,98	9,1	2474	22,46	5,7
3655	48,38	8,7	2444	72,63	6,9
3619	45,02	8,6	2426	69,30	8,1
(3600	2,40	8,4)	2425	62,30	5,3
3550	64,90	9,7	2405	21,35	7,1
3535	57,15	6,1	(2092	3,80	7,9)
3532	36,31	7,4			
(3520	—,98	9,8)	1807	20,32	7,3
(3485	—	—)	(1550	6,73	7,1)

[1] Neben 36 Zigarren Rauch- und Kautabak.

Durchschnittsausgaben und -Preise für Zigarren (unter Ausscheidung der Beträge von weniger als 10 Mk.).

Einkommensstufe	Ausgabe	Preis
2000—3000 Mk.[1]	44,77 Mk.	6,7 Pf.
3000—4000 „	48,08 „	8,4 „
über 4000 „	64,17 „	7,7 „
(ohne Einkommen 6408 „	48,71 „)	

Die beiden stärker besetzten Einkommensschichten unterscheiden sich in ganz bezeichnender Weise durch verschiedene Ausgabe und Preise, was auf Verminderung sowohl der Ausgabe wie der Qualität bei sinkendem Einkommen schließen zu lassen scheint.

Stellt man für die oben ermittelten 30 eigentlichen Raucherfamilien Menge, Ausgabe und Preis einander gegenüber, so erhält man folgendes Bild:

Einkommensgruppe	Menge	Ausgabe	Preis der Zigarre
über 4000 Mk.	847 Stück	64,17 Mk.	7,7 Pf.
3000—4000 „	840 „	61,41 „	7,7 „
2000—3000 „[2]	888 „	57,99 „	6,4 „

Unzweifelhaft ist also mit einer Qualitätsverringerung in den niedrigeren Einkommensschichten zu rechnen. Dies prägt sich, ganz abgesehen von den Preisen, in der Ausgabe aus, die für eine etwas größere Menge, als dem Konsum der oberen Schichten entspricht, gemacht wird. Die Preisverringerung und demnach wohl auch Qualitätsverschlechterung beträgt ein Sechstel des von den Bessergestellten angelegten Preises, unter Anrechnung der Konsummenge noch etwas darüber.

Indessen ist diese Preis- und Qualitätsverringerung wohl weniger auffällig als die große Gleichmäßigkeit in der Preisgestaltung im allgemeinen. Vor dem Krieg war die 7- und 8-Pf.-Zigarre vom Mittelstande bevorzugt. Auch die häufigsten Werte stimmen darin überein. In drei Fünftel aller Fälle beträgt der Preis zwischen 6 und 8 Pf.; die darüber liegenden Fälle, an Zahl weit häufiger als die zurückbleibenden, beziehen sich sehr oft auf Haushalte mit geringem Konsum an Tabak, der dann als Luxus- und Gelegenheitskonsum angesehen werden muß. Wir treffen in solchen Familien einige sehr hohe Durchschnittspreise, die nicht auf regelmäßige Konsumgewohnheiten, sondern auf das

[1] Da nur ein Haushalt unter 2000 Mk. Einkommen mehr als 10 Mk. für Tabak verausgabt, muß die Durchschnittsberechnung für diese Gruppe wegfallen.

[2] Die unterste Einkommensgruppe (weniger als 2000 Mk.) fällt aus.

Bereithalten von Zigarren für besondere Zwecke, Besuche, Gesellschaften usw. schließen lassen. Die große Mehrzahl begnügte sich mit der 7- oder 8-Pf.-Zigarre.

Kaffee, Tee und Kakao.

Bekanntlich obwalten hinsichtlich des Kaffee- und Teegenusses bedeutende örtliche Verschiedenheiten, die in der Hauptsache den größeren Kaffeeverbrauch im Süden, den größeren Teekonsum im Norden zur Unterlage haben. Auch hier spielt der Verbrauch in Gastwirtschaften eine Rolle, man erinnert sich an die große Bedeutung des Kaffeehauses etwa in Bayern, während in Berlin noch gelegentlich eigener Kaffee in die Wirtschaft („Hier können Familien Kaffee kochen") mitgebracht wurde. Ferner liegen ähnlich wie beim Tabak beträchtliche Qualitätsunterschiede vor, die zunächst ausscheiden müssen. Aus technischen Gründen mußte Tee und Kakao zusammengefaßt werden; wir folgen hierin der amtlichen Statistik.

Über den Konsum der drei Genußmittel unterrichtet nachstehende nach Haushalten und Verbrauchseinheiten gliedernde Übersicht:

Übersicht 32.

Kaffee-, Tee- und Kakaokonsum.

Einkommen:	Ausgaben (in Mark) des Haushalts für Kaffee	für Tee und Kakao	für Kaffee, Tee u. Kakao zusammen	der Verbrauchseinheit für Kaffee	für Kaffee, Tee u. Kakao zusammen
1550	24,07	—,60	24,67	10,0	10,3
1807	32,50	—	32,50	16,2	16,2
2092	13,20	5,03	18,23	6,6	14,1
2405	4,80	13,52	18,32	2,2	8,7
2425	16,90	14,34	31,24	8,4	15,6
2426	8,35	5,45	13,80	3,2	5,3
2444	69,90	6,25	76,15	31,6	34,6
2474	—	30,13	30,13	—	14,3
2567	9,65	4,38	14,03	4,0	5,8
2626	21,40	11,65	33,05	8,2	12,7
2760	22,90	16,51	39,41	10,0	17,1
2806	23,68	22,88	46,56	9,9	19,4
2807	3,56	8,43	11,99	1,8	6,0
2944	6,50	5,59	12,09	3,1	5,8
2974	13,26	11,70	24,96	6,0	11,3
2982	27,—	4,18	31,18	11,2	13,0

Ein-kommen:	Ausgaben (in Mark) des Haushalts für Kaffee	für Tee und Kakao	für Kaffee, Tee u. Kakao zusammen	der Verbrauchseinheit für Kaffee	für Kaffee, Tee u. Kakao zusammen
3013	48,88	5,55	54,43	18,1	20,2
3039	11,50	24,30	35,80	4,6	14,3
3063	17,75	3,61	21,36	8,1	9,7
3083	20,66	8,95	29,61	9,0	12,9
3127	15,95	2,83	18,78	7,6	8,9
3222	17,15	6,95	24,10	6,3	8,9
3293	28,95	10,52	39,47	12,1	16,4
3317	21,75	24,30	46,05	9,5	20,0
3433	14,23	23,70	37,93	6,8	18,1
3485	10,25	40,95	51,20	4,9	24,4
3520	10,60	19,83	30,43	4,1	11,8
3532	14,90	10,85	25,75	6,0	10,3
3535	32,09	3,99	36,08	16,0	18,0
3550	10,90	4,50	15,40	3,2	4,5
3600	2,40	10,70	13,10	1,0	5,7
3619	18,35	14,28	32,63	6,8	12,3
3655	58,57	18,23	76,80	22,5	29,5
3665	14,10	28,80	42,90	6,4	19,5
3700	44,—	42,25	86,25	21,0	41,1
3711	19,—	6,70	25,70	8,6	11,7
3715	22,03	24,31	46,34	9,6	20,1
3790	59,89	5,22	65,11	26,0	28,3
3936	32,50	19,58	52,08	14,1	22,6
3962	33,23	12,45	45,68	11,9	16,3
3970	17,75	8,25	26,—	8,9	13,0
4085	31,77	11,22	42,99	15,1	20,5
4125	32,70	28,10	60,80	13,1	24,3
4466	15,30	15,98	31,28	7,0	14,2
4675	46,93	15,40	62,33	12,3	18,7
4683	7,30	8,63	15,93	2,3	5,1
5000	35,39	9,75	45,14	10,1	12,9
5115	24,—	21,15	45,15	11,4	18,7
5193	18,15	20,70	38,85	8,2	17,6
6408	—	16,75	16,75	—	6,2

Einkommen Mk.	Kaffeekonsum nach kg	Tee- und Kakaokonsum Haushalten kg	Kaffee-, Tee- und Kakaokonsum zusammen kg	Kaffeekonsum und Tee- und Kakaokonsum nach Verbrauchseinheiten kg
6408	—	4,1	4,1	1,5
5193	6,0	7,8	13,8	6,3
5115	7,3	4,1	11,1	4,5
5000	10,5	2,4	12,9	3,7
4683	2,1	3,8	5,9	1,8
4675	14,5	4,1	18,6	7,7
4466	4,8	4,3	9,1	4,1
4125	9,4	9,1	18,5	7,4
4085	9,3	3,3	12,6	6,0
3970	5,8	1,6	7,4	3,7
3962	11,3	2,5	13,8	4,9
3936	10,5	7,0	17,5	7,6
3790	19,8	2,4	22,2	9,6
3715	7,0	9,5	16,5	7,2
3711	6,0	1,8	7,8	3,4
3700	13,3	12,0	25,3	12,0
3665	4,4	8,4	12,8	5,8
3655	19,0	3,8	22,8	8,8
3619	5,9	2,5	8,4	3,1
3600	0,6	2,0	2,6	1,1
3550	3,5	1,6	5,1	1,5
3535	10,8	1,1	11,9	5,9
3532	5,0	2,8	7,8	3,1
3520	3,5	5,0	8,5	3,3
3485	3,3	10,3	13,6	6,5
3433	4,4	6,3	10,7	5,1
3317	7,3	3,8	11,1	4,8
3293	8,4	4,3	12,7	5,3
3222	6,8	1,4	8,2	3,0
3127	4,8	0,5	5,3	2,5
3083	6,5	2,1	8,6	3,7
3063	5,0	0,8	5,8	2,6
3039	3,6	6,0	9,6	3,8
3013	14,8	2,0	16,8	6,2
2982	6,8	0,6	7,4	3,1

Einkommen Mk.	Kaffeekonsum nach Haushalten kg	Tee- und Kakaokonsum nach Haushalten kg	Kaffee-, Tee- und Kakaokonsum zusammen kg	Kaffeekonsum und Tee- und Kakaokonsum nach Verbrauchseinheiten kg
2974	4,3	3,4	7,7	3,5
2944	2,1	1,5	3,6	1,2
2807	1,1	1,9	3,0	1,5
2806	8,1	7,8	15,9	6,6
2760	7,1	4,0	11,1	4,8
2626	5,8	2,3	8,1	3,1
2567	2,9	0,6	3,5	1,5
2474	—	7,4	7,4	3,5
2444	23,3	1,3	24,6	9,1
2426	2,1	1,1	3,2	1,5
2425	5,5	3,8	9,3	4,6
2405	1,5	3,8	5,3	2,5
2092	4,0	0,9	4,9	2,5
1807	9,9	—	9,9	4,1
1550	6,9	0,2	7,1	3,5

Durchschnittsausgabe und -Preis.

Einkommensgruppe	Ausgabe der Verbrauchseinheit in Mark für Kaffee	Ausgabe der Verbrauchseinheit in Mark für Kaffee, Tee u. Kakao zusammen
Unter 2000 Mk.	13,1	13,2
2000—3000 „	8,1 [1]	13,8
3000—4000 „	10,1	16,7
4000—5000 „	10,0 [1]	15,9
über 5000 „	9,9	14,1

Augenscheinlich nähern sich die Verbrauchsmengen sehr erheblich, wenn man die drei Genußmittel: Kaffee, Tee, Kakao zusammenfaßt. Das darf auch wegen ihrer annähernden Gleichwertigkeit geschehen; freilich bleiben dabei noch Fragen offen, die aber erst im Zusammenhang mit der Ausgabe und mit etwa zutage tretenden Qualitätsverschiebungen geprüft werden können.

Die Berechnung des auf die Verbrauchseinheit entfallenden Konsums kann sich auf die für alle drei Genußmittel festgestellte Gesamtmenge beschränken. Die Ausscheidung nach Einkommensstufen soll unter der gleichen Voraussetzung anschließend vorgenommen werden.

[1] Ein Haushalt ohne jeden Kaffeekonsum ist ganz in Abzug gebracht; derselbe Haushalt erscheint dagegen in der Reihe des gesamten Kaffee-, Tee- und Kakaoverbrauchs.

Es betrug der durchschnittliche Konsum von Kaffee, Tee und Kakao zusammen

		im Haushalt	für die Verbrauchseinheit
in der Einkommensstufe	über 4000 Mk.	11,8 kg	4,8 kg
" " "	3000—4000 "	11,7 "	4,9 "
" " "	2000—3000 "	8,2 "	3,5 "
" " "	unter 2000 "	8,5 "	3,8 "

Die Abhängigkeit des Konsums vom Einkommen kommt hier wenigstens insofern zum klaren Ausdruck, als der Verbrauch der beiden unteren Einkommensschichten beträchtlich von jenem der beiden oberen abweicht. Die zwei Gruppen werden durch den Einkommenswert 3000 Mk. geschieden und man kann wohl sagen, daß die darunter liegenden Einkommen, gemessen an den Bedürfnissen von Privatangestellten, nicht erheblich mehr als das Existenzminimum gewährten. Wenn sich der Genußmittelkonsum unter jener Grenze auf höchstens drei Viertel des Verbrauchs der Bessergestellten beläuft, so scheint allerdings die Abhängigkeit vom Einkommen deutlich zu sein. Dabei wird der Durchschnitt in der minderbemittelten Gruppe wiederholt durch auffallend hohen Konsum, der seine besonderen Gründe haben mag, gestört. Läßt man den einen Fall von 24,6 kg (9,1 kg auf die Verbrauchseinheit) weg, so ergibt sich für die Gruppe der Einkommen von weniger als 3000 Mk. nur ein mittlerer Konsum von 7,1 kg (3,3 kg auf den Haushalt) und der Minderverbrauch gegenüber jenem der Bessergestellten, der im übrigen gleichmäßiger liegt, tritt deutlich vor Augen.

Die Ernährung nach Kalorien und Nährwerten.

Kalorienberechnungen.

Für die Kalorienberechnung konnten die folgenden, in allen Haushalten in mehr oder größeren Mengen konsumierten Nahrungsmittel unmittelbar herangezogen werden:

1. Mehl,
2. Brot,
3. Schweinefleisch [1],
4. Wurstwaren usw. [1],
5. Rindfleisch [1],
6. Butter,
7. Schmalz,
8. Künstliche Fette,
9. Milch,
10. Eier,
11. Kartoffeln,
12. Reis,
13. Hülsenfrüchte,
14. Zucker.

[1] S. auch Übersicht 25.

In dieser Aufstellung fehlen — neben Genußmitteln, die aber wohl bis zu einem gewissen Grad vernachlässigt werden dürfen —: Käse, Fische, Gemüse, Obst; für diese vier Gegenstände boten die Aufzeichnungen keine genauen Unterlagen; die für die Kalorienberechnung unerläßlichen Mengenangaben waren entweder gar nicht oder nicht hinreichend genau mitgeteilt. Doch konnten für eine Reihe von Haushalten, bei denen auch diese Nahrungsmittel der Menge und Qualität nach eingehender notiert waren, Stichproben gemacht werden. Es ergibt sich eine gewisse Wahrscheinlichkeit dafür, daß der Anteil der genannten vier Konsumartikel am Gesamt-Kalorienverbrauch zwischen 5 und 7 % schwankt. Nimmt man ferner den Nährwert der nicht im einzelnen zu analysierenden Wirtshausausgabe und der Genußmittel hinzu, so spricht die Vermutung dafür, daß die für die einzelnen Haushalte auf Grund des Verbrauchs der oben angeführten 14 Nahrungsmittel ermittelten Kalorienwerte um etwa 10 % erhöht werden müssen, um dem tatsächlichen Verbrauche so nahe wie möglich zu kommen.

Je nach Gebrauch dieser rechnerischen Berichtigung ergibt sich der Kalorienverbrauch, wie er mit größter Genauigkeit für den Hauptteil der Nahrung (eben die 14 aufgeführten Nahrungsmittel) festgestellt werden konnte, in den einzelnen nach dem Gesamt-Familieneinkommen geordneten Haushalten für die Verbrauchseinheit wie folgt:

Übersicht 33.

Kalorienverbrauch.

Laufende Nummer	Einkommen Mk.	Täglicher Kalorienverbrauch der Verbrauchseinheit	Unter Berücksichtigung von 10 % Zuschlag (s. o.) rund
1	1550	2680,5	2950
2	1807	3962,8	4360
3	2092	2189,0	2410
4	2405	2370,7	2610
5	2425	3325,5	3655
6	2426	2532,0	2785
7	2444	2702,7	2975
8	2474	2940,0	3235
9	2567	2896,7	3185
10	2626	2584,9	2845
11	2760	2102,4	2310
12	2806	2449,2	2695
13	2807	3874,5	4260
14	2944	2576,3	2835

Laufende Nummer	Einkommen Mk.	Täglicher Kalorienverbrauch der Verbrauchseinheit	Unter Berücksichtigung von 10% Zuschlag (s. o.) rund
15	2974	2823,0	3105
16	2982	3680,9	4050
17	3013	2904,5	3195
18	3039	2680,0	2950
19	3063	4300,4	4730
20	3083	3248,4	3575
21	3127	2919,3	3210
22	3222	3522,3	3875
23	3293	2735,5	3010
24	3317	3044,9	3350
25	3433	3291,8	3620
26	3485	3048,2	3355
27	3520	3439,0	3785
28	3532	3119,2	3430
29	3535	3363,5	3700
30	3550	2529,4	**2780**
31	3600	2843,3	3125
32	3619	3241,5	3565
33	3655	3066,1	3375
34	3665	3110,4	3420
35	3700	3512,1	3865
36	3711	3141,3	3455
37	3715	3676,0	4045
38	3790	3247,7	3575
39	3936	3522,3	3875
40	3962	3538,2	3890
41	3970	3380,4	3720
42	4085	3006,8	3310
43	4125	2794,2	3075
44	4466	3522,7	3875
45	4675	3364,1	3700
46	4683	2633,3	2895
47	5000	2499,0	**2750**
48	5115	4017,0	4420
49	5193	3899,9	4290
50	6408	2860,8	3145

Nach Einkommensgruppen geordnet ergibt sich dieses:

Einkommensstufe	Durchschnittl. täglicher Kalorienverbrauch der Verbrauchseinheit	Unter Berücksichtigung von 10 % Zuschlag (s. o.) rund
Unter 2000 Mk.	3391,6	3730
über 2000 bis 3000 Mk. . .	2860,5	3145
„ 3000 „ 4000 „ . .	3139,0	3455
„ 4000 bis unter 5000 Mk.	3064,6	3370
5000 Mk. und darüber .	3344,2	3680
Alle Haushalte:	3077,3	3385

Zunächst sei angemerkt, daß das Mittel von 3077,3 Kalorien täglichen Verbrauchs seitens der Verbrauchseinheit auch dann, wenn es gemäß früherer Feststellung um ein Zehntel erhöht wird und somit den Betrag von rund 3385 Kalorien erreicht, mit dem von medizinischen und physiologischen Kennern ermittelten Konsum durchaus nicht in Widerspruch steht. Allerdings ist es etwas höher als die meisten früher — übrigens häufig nur deduktiv — ermittelten Werte, aber wir haben es auch mit Angehörigen des Mittelstandes zu tun, deren Einkommen im ganzen sich erheblich über jenes der Arbeiter (an Friedensmaßstäben gemessen) erhob. (Freilich sind die Technikerhaushalte, die für gegenwärtige Ermittlungen Verwendung fanden, auch nicht unbedingt typisch für die Lebensverhältnisse des Standes; man hat es hier wie fast stets bei sozialstatistischem Untersuchungsmaterial mit erlesenen, wirtschaftlich kundigen Haushaltsleitern zu tun; andere pflegen sich mit mühevollen Arbeiten gleich denen, auf denen unsere Berechnung fußt, nicht abzugeben.)

Die Abhängigkeit des Kalorienverbrauchs vom Einkommen tritt in obiger Aufstellung nicht deutlich entgegen; scheidet man aber die beiden Haushalte von weniger als 2000 Mk. Jahreseinkommen wegen der für sie maßgebenden besonderen Verhältnisse (von denen schon wiederholt die Rede war) aus, so wird doch im ganzen der mit dem Einkommen steigende Kalorienverbrauch deutlich. Nimmt man aus den beiden obersten Einkommensstufen das Mittel, so tritt der genannte Zusammenhang unmittelbar in die Erscheinung.

Aber diese äußerlich sichtbare Übereinstimmung darf nicht über die sehr großen Unterschiede hinwegtäuschen, die in den Kalorienwerten der einzelnen Haushalte in qualitativer Hinsicht vorhanden sind. Die Kalorienmenge setzt sich in den verschiedenen Fällen aus sehr ungleichen Werten zusammen, variiert übrigens auch beträchtlich um das Mittel herum. Man weiß, daß der Nährwert der Nahrungseinnahme nicht nur von der

Zahl der Kalorien abhängt; die Verdaulichkeit der einzelnen Nahrungsmittel, ihre gegenseitige Ergänzung, die Schmackhaftigkeit der Nahrung, ihr Volumen usw. sind alles Größen, die bei bloßer Kalorienberechnung unter den Tisch zu fallen drohen. Man hat ja von diesem Standpunkt überhaupt die Kalorienlehre ablehnen zu können geglaubt. Das mögen im einzelnen die Fachmänner miteinander ausmachen; für den Statistiker und Nationalökonomen ist die Kalorienmethode deshalb wichtig und bisher unersetzbar, weil sie ihm gestattet, die ungleichartigen Gegenstände auf einen allen gemeinsamen Nenner zurückzuführen. Aber auch der Statistiker und Nationalökonom bleibt sich der Bedingtheit und Relativität dieses methodischen Hilfsmittels bewußt; schon durch sein Zahlenmaterial, dadurch, daß bei angenäherter Gesamtkalorienzahl die einzelnen zu summierenden Einheiten so sehr differieren, wird er auf das Bedenkliche einer nur das rechnerische Endergebnis berücksichtigenden Betrachtungsweise hingewiesen. Spätere Untersuchungen, die den Nährwert der Nahrung nach ihrem Gehalt an Eiweiß, Fetten und Kohlenhydraten prüfen, bestätigen dann aufs neue die außerordentliche Individualität der Einzelfälle, auf die bisher meist so wenig geachtet wurde.

Nimmt man mit König für die Verbrauchseinheit einen täglichen Konsum von 2900 ausnutzbaren Kalorien als Regel an, so ist für den Durchschnitt unseres Materials (bei Berücksichtigung des Wirtshausverbrauchs und des nicht in Kalorien umgerechneten Konsums) ebenso wie für die nach Einkommensstufen errechneten Durchschnitte eine Überschreitung dieser Norm festzustellen. Und zwar beträgt der Mehrbetrag durchschnittlich 16,7 % des Normbetrags von 2900 Kalorien. Unter dieser Norm liegen acht Haushalte, bei drei weiteren deckt sich der Konsum fast genau mit dem Regelfall. Dagegen liegt der festgestellte höchste Kalorienverbrauch bei 4730, ist also um 63 % höher; in insgesamt sieben Fällen sind je mehr als 4000 Kalorien täglich konsumiert worden. Auch wenn man, was nicht ohne weiteres zutrifft, die in Frage kommenden Berufe denen schwerer *körperlicher* Arbeit zurechnet und dann mit König eine Konsummenge von 3431 Kalorien als regelmäßig erachtet, bleibt der Verbrauch vieler Haushalte noch darüber, während sich dann allerdings der festgestellte Durchschnitt von 3385 Kalorien der Norm sehr nähert. Indessen läßt die Berechnung nach Verbrauchseinheiten, die bei unserem Material vorgenommen wurde, die gleichmäßige Annahme schwerer körperlicher Arbeit kaum zu und es bleibt der Schluß, daß, soweit die für sich allein freilich nicht entscheidende Kalorienberechnung zugrunde gelegt wird, in vielen Fällen eine sehr auskömmliche Ernährung, jedenfalls keine Unterernährung gegeben ist. Dabei finden sich Haushalte mit hohem Kalorienverbrauch nicht etwa nur unter den Bestverdienenden; so haben von den 16 Familien mit weniger als 3000 Mk. Jahreseinkommen drei, von den 34 Familien mit mehr als 3000 Mk. Einkommen vier einen Verbrauch von mehr als 4000 Kalorien täglich gehabt.

Nährwertberechnungen.

Der jährliche Verbrauch an Eiweiß (Stickstoff), Fett und Kohlenhydraten stellt sich in den 50 nach dem Gesamtfamilieneinkommen geordneten Haushalten wie folgt:

Übersicht 34.

Verbrauch an Eiweiß, Fett und Kohlenhydraten.

Laufende Nummer	Gesamtfamilieneinkommen	Jahresverbrauch in Kilogramm der Verbrauchseinheit an Eiweiß	Fett	Kohlenhydraten
1	1550	31,127	29,186	119,030
2	1807	**41,970**	37,015	216,477
3	2092	24,290	27,759	**92,168**
4	2405	23,618	33,072	103,924
5	2425	38,252	41,280	142,183
6	2426	26,003	**33,942**	108,533
7	2444	23,254	37,484	109,385
8	2474	30,247	43,272	114,801
9	2567	29,706	38,053	124,550
10	2626	26,782	37,907	111,313
11	2760	**17,185**	32,698	**83,408**
12	2806	34,132	45,495	**156,828**
13	2807	31,050	38,206	**155,889**
14	2944	28,872	26,709	125,443
15	2974	26,377	41,466	116,980
16	2982	36,817	**60,555**	**162,080**
17	3013	24,955	36,716	141,476
18	3039	22,902	25,794	129,072
19	3063	28,580	30,173	**92,839**
20	3083	30,720	**52,484**	126,557
21	3127	23,382	38,588	108,661
22	3222	33,728	35,789	**184,878**
23	3293	22,888	40,693	119,996
24	3317	28,405	38,633	141,793
25	3433	29,457	41,442	127,615

Laufende Nummer	Gesamtfamilieneinkommen	Jahresverbrauch in Kilogramm der Verbrauchseinheit an Eiweiß	Fett	Kohlenhydraten
26	3485	38,080	47,519	119,854
27	3520	34,359	45,381	**154,484**
28	3532	30,351	43,193	139,441
29	3535	34,411	46,199	**205,330**
30	3550	25,395	26,660	125,228
31	3600	**24,613**	36,852	130,478
32	3619	31,376	43,521	128,846
33	3655	23,703	39,057	146,503
34	3665	28,778	38,006	**137,636**
35	3700	32,321	**53,379**	135,460
36	3711	30,375	49,571	123,698
37	3715	**41,092**	**55,342**	142,380
38	3790	28,294	47,601	137,544
39	3936	34,152	**58,134**	129,647
40	3962	31,296	47,486	**158,113**
41	3970	34,411	**53,270**	124,528
42	4085	26,192	**50,111**	**89,903**
43	4125	24,725	43,095	111,969
44	4466	30,797	46,848	**159,129**
45	4675	33,697	48,193	132,562
46	4683	**21,529**	33,601	124,515
47	5000	**22,605**	31,124	122,545
48	5115	**47,762**	**53,672**	**184,329**
49	5193	37,442	**54,454**	140,970
50	6408	28,604	34,316	119,776

Nach Einkommensgruppen ergeben sich folgende Durchschnitte:

Einkommensgruppe	Jahresverbrauch in Kilogramm der Verbrauchseinheit an Eiweiß	Fett	Kohlenhydraten
Unter 2000 Mk. . . .	36,548	33,101	167,753
2000 bis 3000 Mk. . .	28,328	38,421	121,963
3000 bis 4000 „ . .	29,921	42,859	136,482
4000 bis unter 5000 Mk.	27,388	44,370	123,616
5000 Mk. und mehr . .	34,103	43,391	141,905
Gesamtdurchschnitt:	29,821	41,420	132,815

In vorstehenden Zahlenwerten ist der Verbrauch von Eiweiß, Fett und Kohlenhydraten gelegentlich des Wirtshausbesuches, ferner beim Konsum verschiedener Gegenstände, deren mangelhafte Mengenangabe eine Berechnung nicht allgemein möglich machte, nicht enthalten. Für einige dieser Verbrauchsartikel konnten indessen, ähnlich wie bei der Kalorienberechnung, Stichproben gemacht werden, die folgende Nährwerte ergeben:

	Jahresverbrauch in Kilogramm der Verbrauchseinheit an		
	Eiweiß	Fett	Kohlenhydraten
	Käse.		
1. Familie	2,383	1,762	0,268
2. „	0,542	0,400	0,061
3. „	0,798	0,590	0,090
	Fische.		
1. „	2,212	0,956	—
2. „	1,329	0,574	—
3. „	1,727	0,747	—
	Gemüse.		
1. „	0,296	0,576	0,754
2. „	0,988	1,927	2,520
3. „	0,313	0,611	0,799
	Obst.		
1. „	0,275	0,148	7,665
2. „	0,250	0,132	6,845
3. „	0,257	0,139	7,171

Insgesamt ergeben sich für die drei ausgewählten Familien folgende Mengen:

1. Familie	5,166	3,442	8,687
2. „	3,409	3,033	9,426
3. „	3,095	2,087	8,060

Wenn auch ein gewisser Ausgleich im Konsum der genannten Gegenstände stattfand, so ist doch zweifelhaft, ob auf Grund dieser Stichproben ein Wert ermittelt werden kann, um den sich der durchschnittliche Verbrauch von Eiweiß, Fett und Kohlenhydraten erhöht. Die Erhöhung würde sich belaufen

bei Eiweiß	auf	9—15 %
„ Fett	„	6— 8 %
„ Kohlenhydraten	„	6— 7 %.

Bedenkt man, daß der weiter hinzutretende Wirtshausverzehr besonders viel Fleisch, also Eiweiß, zu enthalten pflegt, so wird der Fehler vielleicht nicht allzu groß sein, wenn man für Eiweiß einen Gesamtzuschlag von 15 %, für Fett und Kohlenhydrate einen solchen von je 10 % annimmt.

Die endgültigen Konsummengen bemessen sich dann wie folgt:

Übersicht 35.

Gesamtverbrauch von Nährstoffen.

Laufende Nummer[1]	Gesamt-Jahresverbrauch in Kilogramm der Verbrauchseinheit an Eiweiß	Fett	Kohlenhydraten
1	35,783	32,095	130,933
2	48,265	40,815	238,125
3	27,833	30,535	101,385
4	26,931	36,379	123,116
5	43,992	45,408	158,601
6	29,903	26,336	119,386
7	26,742	30,232	120,323
8	34,784	47,599	126,281
9	34,162	30,858	137,005
10	30,799	41,698	122,444
11	19,878	35,967	91,837
12	39,152	39,044	172,511
13	35,707	42,027	171,478
14	33,203	29,380	137,987
15	30,533	45,613	128,678
16	42,339	66,610	178,288
17	28,698	40,388	155,623
18	26,337	28,373	141,979
19	32,867	33,190	102,123
20	35,328	57,732	139,213
21	26,889	42,447	119,527
22	38,787	39,368	203,366
23	26,321	44,762	131,996
24	32,666	42,496	155,972
25	33,876	45,586	139,376
26	43,721	52,271	131,838
27	39,513	49,920	169,932
28	34,904	47,512	153,385
29	39,573	39,813	225,833
30	29,203	29,326	127,751
31	28,305	40,537	132,516

[1] Wegen der zugehörigen Einkommen vgl. Übersicht 34.

Laufende Nummer	Gesamt-Jahresverbrauch in Kilogramm der Verbrauchseinheit an Eiweiß	Fett	Kohlenhydraten
32	36,082	47,873	141,731
33	27,258	42,963	161,153
34	33,095	41,806	151,400
35	37,169	58,717	149,206
36	34,931	54,528	136,070
37	47,296	60,876	156,618
38	31,435	52,361	151,298
39	39,275	63,067	142,612
40	35,990	52,202	174,254
41	39,573	58,597	136,981
42	30,121	55,122	98,893
43	28,434	47,404	123,166
44	35,417	51,533	175,042
45	38,752	53,012	134,818
46	24,758	36,961	136,966
47	25,996	34,255	134,909
48	54,926	59,039	202,762
49	43,058	59,899	165,067
50	32,895	34,748	131,754

Nach Einkommensgruppen geordnet ergeben sich dann folgende Werte:

Einkommensgruppe	Eiweiß	Fett	Kohlenhydrate
Unter 2000 Mk. . . .	41,930 kg	36,411 kg	184,428 kg
2000 bis 3000 Mk. . .	32,569 „	42,263 „	134,946 „
3000 bis 4000 Mk. . .	34,409 „	46,670 „	149,690 „
4000 bis unter 5000 Mk.	31,496 „	48,807 „	135,978 „
5000 Mk. und mehr . .	39,218 „	47,730 „	155,435 „
Gesamtdurchschnitt:	34,092 kg	44,224 kg	146,096 kg

Der tägliche Konsum stellt sich für diese Gruppen folgendermaßen:

Einkommensgruppe	Eiweiß	Fett	Kohlenhydrate
Unter 2000 Mk. . . .	114,8 g	99,7 g	505,3 g
2000 bis 3000 Mk. . .	89,2 g	105,0 g	370,0 g
3000 bis 4000 Mk. . .	94,3 g	128,5 g	410,1 g
4000 bis unter 5000 Mk.	86,3 g	133,8 g	372,5 g
5000 Mk. und mehr . .	107,4 g	130,2 g	425,9 g
Gesamtdurchschnitt:	93,4 g	121,1 g	400,2 g

König gibt an, daß an ausnutzbaren Nährstoffen die täglichen Kostsätze sich berechnen

	an Eiweiß	Fett	Kohlenhydraten
für den männlichen Erwachsenen bei mittlerer Arbeit	102 g	55 g	475 g
für den männlichen Erwachsenen bei schwerer Arbeit	123 g	92 g	428 g

Für den Gesamtdurchschnitt unseres Materials ergibt sich ein beträchtlich geringerer Eiweiß-, stark gesteigerter Fett- und nicht unerheblich zurückbleibender Kohlenhydratenkonsum. Nimmt man schwere Arbeit an, was nicht für alle Haushalte zutrifft, aber angesichts der weitverbreiteten Über- und Sonntagsarbeit im allgemeinen vermutet werden darf, und setzt man die Normsätze = 100, so ergibt sich

für Eiweiß ein Minderverbrauch von 23,3 %,
für Fett ein Mehrverbrauch von 31,6 %,
für Kohlenhydrate ein Minderverbrauch von 6,5 %.

Da der Wärmewert für 1 g Eiweiß = 5,711
Fett = 9,300
Kohlenhydrate = 4,000 ist, so bedingt der

tägliche Minderverbrauch	von 29,6 g Eiweiß	einen täglichen	Verlust	von	169 Kal.
„ Mehrverbrauch	„ 29,1 g Fett	„ „	Gewinn	„	271 „
„ Minderverbrauch	„ 27,8 g Kohlenhydr.	„ „	Verlust	„	111 „
		Gesamtminderverbrauch	=		9 Kal.

Man kann also von einer nahezu völligen Übereinstimmung zwischen der für schwere Arbeit festgestellten Norm und dem Durchschnitt unseres Materials sprechen; doch sei noch einmal angemerkt, daß es nicht nur auf den Kaloriengehalt ankommt, daß vielmehr der starke Fettverbrauch in unseren Haushalten eine beträchtliche Verschiebung des physiologischen Nahrungsgleichgewichts bedeutet; daß ferner fraglich ist, ob die Schwerarbeiternorm für uns voll Anwendung finden kann.

Ist dies nicht der Fall, so ergibt sich nahezu eine — ausschließlich durch erhöhten Fettkonsum bedingte — Überernährung. Gegenüber der Regel von 102 g Eiweiß, 55 g Fett und 475 g Kohlenhydraten zeigt sich dann ein

täglicher Minderverbrauch	von 8,6 g Eiweiß,	d. i. ein täglicher	Verlust	von	49 Kal.
„ Mehrverbrauch	„ 66,1 g Fett,	d. i. „ „	Gewinn	„	615 „
„ Minderverbrauch	„ 75,1 g Kohlenhydr.	d. i. „ „	Verlust	„	299 „
		Gesamtmehrverbrauch:			267 Kal.

Für die Geldausgabe bedeutet der erhöhte Fettkonsum eine beträchtliche Belastung. Nimmt man ein Geldwertverhältnis von Eiweiß, Fett und Kohlenhydraten = 5 : 3 : 1 an, so wird allerdings durch die geringere Ausgabe für Eiweiß eine Verminderung der Ausgabe herbeigeführt; gegenüber der für mittlere Arbeit berechneten Norm tritt sogar eine Ersparnis ein.

Anteil der einzelnen Nahrungsmittel am Kalorienverbrauch.

Um die Kaloriengrundlage nach allen möglichen Richtungen zu verwerten, ist eine langwierige Berechnung des Anteils vorgenommen worden, der vom täglichen Kalorienkonsum der Verbrauchseinheit in jeder Familie auf die einzelnen, hauptsächlichen Nahrungsmittel entfällt. Für den Durchschnitt des gesamten Materials ergibt sich dieses:

Vom täglichen Gesamtkalorienverbrauch der Verbrauchseinheit entfielen im Durchschnitt aller Haushalte

auf Mehl	5,8 %	Übertrag:	66,0 %
„ Brot	25,4 %	auf Milch	14,6 %
„ Schweinefleisch	5,1 %	„ Eier	1,5 %
„ Wurst usw.	11,2 %	„ Kartoffeln	9,0 %
„ Rindfleisch	3,0 %	„ Reis	0,8 %
„ Butter	10,9 %	„ Hülsenfrüchte	0,8 %
„ Schmalz	2,9 %	„ Zucker	7,0 %
„ künstliche Fette	1,7 %	Zusammen:	99,7 %[1]
Zusammen:	66,0 %		

Scheidet man nach Einkommensgruppen aus, so ergeben sich für die einzelnen Nahrungsmittel folgende Anteilzahlen:

Übersicht 36.

	Durchschnittl. Anteil jedes Nahrungsmittels am täglichen Gesamt-Kalorienverbrauch in der Einkommensklasse				
	Unter 2000 Mk.	2000 bis 3000 Mk.	3000 bis 4000 Mk.	4000 bis 5000 Mk.	Über 5000 Mk.
Mehl	11,9 %	4,9 %	5,9 %	4,6 %	7,3 %
Brot	17,7 %	26,1 %	25,0 %	25,2 %	29,9 %
Schweinefleisch	4,6 %	5,7 %	4,9 %	4,5 %	4,9 %
Wurst	11,3 %	11,7 %	9,9 %	16,0 %	11,8 %
Rindfleisch	4,3 %	3,3 %	2,8 %	2,8 %	3,5 %
Butter	3,5 %	10,2 %	11,3 %	16,1 %	8 3 %
Schmalz	4,0 %	2,3 %	3,3 %	1,8 %	2,9 %
Künstliche Fette	0,0 %	1,4 %	2,2 %	0,5 %	2,0 %
Milch	15,3 %	15,7 %	14,9 %	11,0 %	13,2 %
Eier	1,5 %	1,2 %	1,6 %	1,5 %	2,0 %
Kartoffeln	21,2 %	9,4 %	8,6 %	6,7 %	6,3 %
Reis	0,9 %	0,8 %	0,8 %	0,6 %	1,5 %
Hülsenfrüchte	1,0 %	0,6 %	0,9 %	0,8 %	0,9 %
Zucker	3,0 %	7.0 %	7,5 %	7,7 %	5,4 %
	100,2 %[1]	100,3 %	99,6 %	99,8 %	99,9 %

[1] Kleine Unstimmigkeiten in der Dezimale müssen wegen der zahlreichen vorhergegangenen Auf- und Abrundungen in den Kauf genommen werden. Jede einzelne Prozentzahl ist ihrerseits das Ergebnis einer prozentualen Querrechnung, bei der der tägliche Gesamtkalorienverbrauch einer Verbrauchseinheit nach den 14 Konsumgruppen ausgeschieden wird.

Diese Gegenüberstellung läßt den Gegensatz der am wenigsten bemittelten (in der Erhebung leider nur durch zwei Haushalte vertretenen) zu allen übrigen Haushalten deutlich hervortreten. Entscheidend hierfür ist vor allem der geringe Kalorienanteil, der auf Butter und Zucker, der sehr große, der auf Kartoffeln entfällt. Einen durchgängig sehr ähnlichen Anteil in den einzelnen Einkommensstufen zeigen Schweinefleisch, Wurst (mit einer Ausnahme), Milch, Eier, Reis, zumeist auch Hülsenfrüchte und Zucker. Überhaupt läßt diese auf eine letzte, allen gemeinsame Grundlage reduzierte Zusammenstellung manche früheren Ungleichheiten zurücktreten und scheint die Zweckmäßigkeit, ja Notwendigkeit der Kalorienberechnung darzutun. Doch sind gewisse Einschränkungen vorzunehmen (s. o.). Die scheinbaren Gleichmäßigkeiten der Konsumlage treten noch stärker hervor, wenn man nur die drei mittleren Einkommensgruppen zwischen 2000 und 5000 Mk., die den größten Teil — 43 — aller Haushalte umschließen, ins Auge faßt. Dann ist bei Mehl, Brot, Schweinefleisch, Rindfleisch, Eiern, Kartoffeln, Reis, Hülsenfrüchten und Zucker eine weitgehende Übereinstimmung sichtbar und nur Wurst, Butter und Milch variieren dann noch beträchtlich; aber auch diese Gegensätze treten zurück, wenn man sich auf die beiden am stärksten vertretenen Gruppen von 2000—4000 Mk., in die 39 Haushalte gehören, beschränkt.

Innerhalb der einzelnen Einkommensstufen liegen nun allerdings die Kalorienanteile der verschiedenen Nahrungsmittel nicht so gleichmäßig, wie aus der letzten Durchschnittsübersicht hervorzugehen scheint. Die Spannungen, deren Mittelwerte wir kennen lernten, sind folgende:

Übersicht 37.

	Spannungen der Kalorienprozente in der Einkommensklasse				
	unter 2000 Mk.	2000 bis 3000 Mk.	3000 bis 4000 Mk.	4000 bis 5000 Mk.	über 5000 Mk.
Mehl	5,0—18,7	0,6— 9,8	1,6—17,8	1,9— 7,8	4,3—10,9
Brot	17,0—18,4	17,4—32,9	14,7—39,3	21,9—28,6	22,2—39,7
Schweinefleisch	3,5— 5,6	2,4—10,5	2,4—10,2	2,3— 5,7	3,9— 6,4
Wurst	7,3—15,2	4,6—18,7	0,8—19,0	11,5—20,2	9,3—16,6
Rindfleisch	3,3— 5,2	1,6— 5,8	1,1— 6,6	2,6— 3,4	2,9— 4,8
Butter	2,3— 4,6	0,7—17,0[1]	1,2—17,5[1]	12,4—20,4	5,5—13,2
Schmalz	2,7— 3,3	0,2— 9,5	0,0— 8,4	0,9— 4,2	0,7— 6,8
Künstliche Fette	—[2]	0,0— 5,1	0,0— 8,0	0,0— 1,7	1,0— 4,3
Milch	13,2—17,4	10,7—20,6	1,9—37,7	8,0—16,6	5,6—19,8
Eier	1,2— 1,7	0,3— 2,4	0,6— 3,6	1,4— 1,6	1,0— 3,5
Kartoffeln	20,7—21,7	2,9—19,4	0,1—16,0	1,5— 9,6	2.7— 8,4
Reis	0,0— 1,8	0,2— 1,4	0,1— 2,5	0,3— 1,1	0,9— 2,1
Hülsenfrüchte	0,8— 1,1	0,3— 0,8	0,2— 1,8	0,2— 1,3	0,2— 1,4
Zucker	—[3]	2,7—11,8	2,8—15,8	4,7—13,5	3,2— 7,1

[1] Mit diesem geringen Butterkonsum korrespondieren hohe Ziffern von Schmalzverbrauch (5,7 und 6,7%). [2] Nicht vorhanden. [3] In beiden Fällen 3,1%.

Insgesamt ergeben sich folgende Spannungen:

Mehl	0,6—18,7 %	des Gesamtkalorienkonsums
Brot	14,7—39,7 %	" "
Schweinefleisch	2,3—10,5 %	" "
Wurst	0,8—20,2 %	" "
Rindfleisch	1,1— 6,6 %	" "
Butter	0,7—20,4 %	" "
Schmalz	0,0— 9,5 %	" "
Künstliche Fette	0,0— 8,0 %	" "
Milch	1,9—37,7 %	" "
Eier	0,3— 3,6 %	" "
Kartoffeln	0,1—21,7 %	" "
Reis	0,0— 2,5 %	" "
Hülsenfrüchte	0,2— 1,8 %	" "
Zucker	2,7—15,8 %	" "

Hiernach verlieren zunächst — der Statistiker wird ein „leider" nicht unterdrücken können, der Konsumtheoretiker aber sieht frühere Annahmen bestätigt — die Durchschnitte sehr an Bedeutung. Die Spannrahmen sind derart große, daß das arithmetische Mittel nicht mehr als sicherer Ausdruck einer der Reihe innewohnenden Gesetzmäßigkeit gelten kann. Am geringsten ist, wie von vornherein zu erwarten, die Spannung (Dispersion) noch beim Brot. Es sei aber gleich hier angemerkt, daß die Grenzwerte, deren weite Distanz die Spannung verursacht, selbst vereinzelt sind und daß sich bei ihrer Weglassung das Bild erheblich vereinfacht.

Unter diesen Umständen muß auf die häufigsten Werte zurückgegriffen werden und auch eine Berechnung auf Median und Quartilen hin ist angezeigt, wird allerdings zweckmäßig nicht mehr für die einzelnen Einkommensgruppen, sondern für die Gesamtheit der 50 Haushalte und für einige der wichtigsten Nahrungsmittel vorgenommen.

Die Medianwerte des Brotes sind genau 25,1 %. Sie liegen also nur ganz wenig unter dem mit 25,4 % festgestellten arithmetischen Mittel. Quartilwerte sind nach unten 20,7 %, nach oben 28,6 %. Es drängt sich also innerhalb des nicht allzu weiten Spannrahmens von 28,6—20,7 % die Hälfte der Haushalte zusammen. Insgesamt etwa nur ein halbes Dutzend Haushalte weist eine von der Norm in erheblichem Maße abweichende Ziffer auf.

Für Schweinefleisch ist der Medianwert 4,9 % (also etwas weniger als das arithmetische Mittel von 5,1 %), die Quartilen liegen bei 3,5 bis 3,6 und 5,9 %, sind also recht gleichmäßig zum Median gelagert.

Für Wurst ergibt sich: Median: 10,9 % (gegenüber 11,2 % arithmetischem Mittel); Quartilen: 8,6—8,8 und 13,4—13,5 %. Hier gehen also die Werte etwas mehr auseinander.

Butter: Median: 11,7—11,8 % (arithmetischer Durchschnitt 10,9 %, also eine nicht unbeträchtliche Abweichung nach oben); Quartilen: 6,2—6,5 und 15,0—15,1 %. Die Dispersion der Reihe ist also eine sehr weite.

Milch: Median: 17,4—17,5 % (arithmetischer Durchschnitt 14,6 %, also Median wesentlich überhöht); Quartilen: 10,7—10,9 und 17,4 bis 17,5 %, also gestaltet sich anscheinend die Reihe nach oben regelmäßiger als nach unten.

Kartoffeln: Median: 15,0—15,1 % (arithmetischer Durchschnitt 9,0 %, also sehr wesentlich durch den Medianwert überhöht); Quartilen: 6,2—6,5 und 15,0—15,1 %, diese Reihe ist in ihren niedrigeren Werten gleichmäßiger gestaltet als in ihren höheren.

Zucker: Median: 7,66 % (arithmetisches Mittel 7,0 %, also sehr ähnlich); Quartilen: 4,7 und 8,0—8,3 %, also sehr viel gleichmäßigere Gestaltung der höheren Reihenwerte. Die auffallenden, oben verzeichneten Grenzwerte sind also isoliert.

Schmalz: Median: 2,1 % (arithmetisches Mittel 2,9 %, also überhöht); Quartilen: 1,1—1,2 und 4,2—4,3 %.

Das Ergebnis läßt sich dahin zusammenfassen, daß Brot, Schweinefleisch, Wurst und Zucker einen wesentlich konzentrierteren Konsum verzeichnen als Butter, Schmalz, Milch und Kartoffeln. Zu den Nahrungsmitteln einheitlicher Konsumstruktur gehört ferner nach unseren Feststellungen Rindfleisch, Eier, Reis, Hülsenfrüchte, während Mehl, Kunstfett eine größere Dispersion der Werte zeigen. Die Gruppierung der Nahrungsmittel nach der größeren oder geringeren Konstanz ihres Verbrauchs ist also folgende:

Größere Konstanz des Konsums:	Geringere Konstanz des Konsums:
Brot	Mehl
Schweinefleisch	Butter
Wurst	Milch
Rindfleisch	Kartoffeln
Eier	Schmalz
Reis	Kunstfett
Hülsenfrüchte	
Zucker	

Die Kartoffeln und Fette stellen hiernach in besonderem Maße einen beweglichen Faktor im Haushalte dar. Während mit einer einigermaßen ähnlichen Gestaltung des Haushalts in Hinsicht auf die Brot- und Fleischbasis zu rechnen ist, stehen Kartoffeln in höherem Maße den geringeren Einkommensschichten, Fette in höherem Maße den höheren Einkommensschichten zum Ausgleich ihres Bedarfs zur Verfügung.

Die Bedeutung des Brotes, Fleisches und Fettes soll nachstehend durch Zusammenfassung des auf die in drei Hauptkonsumgruppen entfallenden Anteils an der Gesamtkalorienzahl deutlich gemacht werden:

Übersicht 38.

Der Anteil an Brot, Fleisch und Fett am Kalorienverbrauche.

Laufende Nummer	Brot und Mehl %	Schweinefleisch, Wurst, Rindfleisch %	Butter, Schmalz, Kunstfett %
1	23,4	27,0	7,3
2	35,7	14,1	7,8
3	29,1	32,3	9,1
4	34,6	13,2	18,0
5	31,5	22,0	9,0
6	24,4	20,7	13,0
7	26,0	20,7	18,0
8	22,0	28,6	13,
9	39,1	24,2	14,2
10	25,3	25,7	8,9
11	29,0	19,7	22,9
12	33,6	14,7	14,1
13	36,4	15,8	9,3
14	36,6	19,4	6,4
15	32,2	19,0	18,9
16	33,6	13,1	17,5
17	47,0	12,5	20,9
18	40,2	15,8	16,5
19	32,2	27,4	7,9
20	25,5	17,3	23,1
21	25,8	28,7	16,6
22	45,8	10,3	11,5
23	26,5	18,2	22,3
24	30,9	16,9	16,2
25	37,4	15,4	14,5
26	19,2	10,0	15,5
27	30,4	15,5	15,1
28	32,6	7,7	18,3
29	37,6	7,2	18,2

Laufende Nummer	Brot und Mehl %	Schweinefleisch, Wurst, Rindfleisch %	Butter, Schmalz, Kunstfett %
30	43,0	17,7	10,8
31	31,2	16,2	18,8
32	31,7	28,9	14,0
33	28,7	15,2	17,8
34	25,7	19,4	17,8
35	23,3	20,9	18,8
36	24,4	15,5	18,6
37	22,6	20,1	14,1
38	31,1	16,4	19,7
39	26,7	23,1	24,5
40	32,5	20,1	17,9
41	23,1	24,8	17,1
42	25,6	26,2	22,1
43	23,8	25,7	18,7
44	36,4	17,5	19,9
45	28,6	29,3	14,7
46	34,6	18,6	17,4
47	44,4	16,5	16,6
48	34,9	18,6	11,3
49	31,3	19,6	15,3
50	38,1	24,0	9,9

Nach dieser Aufstellung scheint sich doch eine etwas größere Gleichmäßigkeit zu ergeben, wenn man die sich unmittelbar verwandten und sich bis zu einem gewissen Grade ersetzenden Nahrungsmittel zu Einheiten zusammenfaßt.

Die Durchschnitte und Mediane des Prozentanteils des Brot- (Mehl-), Fleisch- und Fettkonsums am Gesamtkalorienkonsum gestalten sich hiernach wie folgt:

Einkommensgruppe	Arithmetische Durchschnitte			Mediane		
	Brot %	Fleisch %	Fett %	Brot %	Fleisch %	Fett %
Unter 2000 Mk.	29,5	20,5	7,5	—[1]	—[1]	—[1]
2000—3000 „	30,9	20,4	13,7	31,5—32,3	19,7—20,7	13,0—13,7
3000—4000 „	31,8	17,6	17,1	30,4—30,9	16,4—16,9	17,1—17,8
4000—5000 „	30,0	23,5	18,6	28,6	25,7	18,7
über 5000 „	37,2	19,7	13,3	—[2]	—[2]	—[2]
Gesamtdurchschnitt:	31,2	19,3	15,5	31,2—31,5	17,7—18,6	16,5—16,6

[1] Nur zwei Werte vorhanden. [2] Nur vier Werte vorhanden.

Aus dieser Zusammenfassung geht eine größere Einheitlichkeit des Anteils der drei Hauptkonsumgruppen am Gesamtkalorienverbrauch hervor. Diese drei Gruppen machen im Durchschnitt aller 50 Haushalte zusammen 66,0 %, also fast genau zwei Drittel des Gesamtverbrauchs (soweit er als Unterlage der Kalorienberechnung dient) aus, es eignet ihnen also ein besonderes Interesse.

Der gemeinsame Anteil der Brot-, Fleisch- und Fettbasis am Gesamtkonsum beträgt bei den niedersten Einkommen 57,6 %, bei den Einkommen von 2000—3000 Mk. 65,0 %, bei jenen von 3000—4000 Mk. 66,5 %, bei jenen von 4000—5000 Mk. 72,1 %, bei jenen von 5000—6000 Mk. 70,2 %. Sieht man von der unwesentlichen Verschiebung bei den beiden oberen Einkommensschichten ab, so ergibt sich ein ständig steigender Wert der drei hauptsächlichsten Nahrungsmittel, der jedenfalls damit zusammenhängt, daß Kartoffeln und andere billigere Artikel von den weniger Wohlhabenden in stärkerem Maße konsumiert werden — eine auch schon früher gemachte Wahrnehmung. Selbstverständlich darf man ein Endurteil über die Zusammensetzung der Nahrung nach ihrem Nährwert hieraus noch nicht entnehmen. In dieser Richtung sind die Feststellungen über den Eiweiß-, Fett- und Kohlenhydrategehalt abzuwarten (vgl. nächsten Abschnitt).

Die Gegenüberstellung der Durchschnitte und Mediane dürfte weiterhin eine gewisse Annäherung der sich sonst so oft widersprechenden Werte dartun. Der durchschnittliche Brot-(einschließlich Mehl-)konsumanteil bewegt sich zwischen 29,6 und 37,2 %, jener von Fleisch zwischen 17,6 und 23,5 %; dagegen birgt jener von Fett allerdings die weite Spannung, zwischen 7,5 und 18,6 %, was ja durchaus mit früheren Wahrnehmungen (S. 102 ff.) übereinstimmt. Die Mediane ordnen sich diesen Gesichtspunkten gleichfalls unter. Aus ihnen ist jedenfalls zu ersehen, daß die Fleisch- und Brotbasis des Konsums sich im Mittel sehr genau um 50 % der überhaupt in die Berechnung einbezogenen Nahrungsmittel bewegt; schlägt man zu dem Kaloriengehalt auf Grund der S. 121 gemachten, freilich nicht unbedingt sicheren Ermittlungen 10—20 % infolge des Verbrauchs weiterer Nahrungsmittel hinzu, so *bleibt der Brot- und Fleischkonsum, in seinen verschiedenen Spielarten zusammengefaßt, etwa mindestens zu zwei Fünftel die Grundlage des Gesamtkonsums an Nahrungsmitteln*. Dagegen wechselt der Fettkonsum (besser gesagt: der in den eigentlichen Fettsubstanzen Butter, Schmalz, Margarine enthaltene Konsum, dem hernach der physiologische Begriff der in fast allen Gegenständen enthaltenen Fettsubstanz gegenübergestellt wird) beträchtlich, vor allem nach der Einkommenslage, weiter auch nach örtlichen und sozialen Bedingungen, auf die früher bereits hingewiesen wurde.

Der Mindestkalorienprozentanteil, der für den Brot- und Fleischkonsum zusammen festgestellt werden kann, ist 29,2 %, der höchste 61,4 %. Da der erwähnte Prozentanteil aber nicht allein von der absoluten Höhe des Brot- und Fleischkonsums, sondern nicht weniger vom Ausmaß des übrigen Konsums abhängt, so ist der genannte Schluß nicht über ein bestimmtes Maß hinaus zu verallgemeinern. — Angemerkt sei hier, daß in 9 von 50 Fällen der Kalorienanteil des gesamten Fleischkonsums jenen des Brot-(und Mehl-)konsums übersteigt.

Anteil der einzelnen Nahrungsmittel am Nährwertverbrauch.

Die letzte und zugleich letzten Folgerungen dienende Berechnung des auf die Verbrauchseinheit entfallenden Verbrauchs geschah folgendermaßen: Für jede einzelne der 14, aus den früheren Untersuchungen bekannten Verbrauchsgruppen wurde ermittelt, wieviel Hundertteile des Gesamtkonsums an Eiweiß, Fetten und Kohlenhydraten auf sie entfiel. In mehreren Fällen scheiden dabei einzelne Verbrauchsgruppen entweder für den Eiweiß- oder Fett- oder Kohlenhydratekonsum aus, weil einer dieser Nährstoffe in der betreffenden Gruppe nicht enthalten ist. So sind für Schweine-, Rind- und Kalbfleisch, Schmalz, Eier Kohlenhydrate gar nicht, für Butter nur in ganz kleinen Mengen (die aber festgestellt wurden) nachweisbar, Zucker dagegen enthält an Nährstoffen überhaupt nur Kohlenhydrate.

Für den aus allen 50 Haushalten gezogenen Durchschnitt ergeben sich nun die folgenden Anteilziffern der 14 Nahrungsmittel:

Nahrungsmittel:	Anteil des linksstehenden Nahrungsmittels am durchschnittlichen Gesamtkonsum von Eiweiß	Fett	Kohlenhydraten
1. Mehl	5,9	0,7	10,1
2. Brot	19,9	1,5	43,3
3. Schweinefleisch . . .	7,8	7,1	—,—
4. Wurstwaren . . .	13,9	18,2	2,5
5. Rind- und Kalbfleisch	13,5	4,4	—,—
6. Butter	0,3	30,7	0,1
7. Schmalz	0,0 [1]	8,5	—,—
8. Künstliche Fette . .	0,0 [1]	5,1	0,0 [1]
9. Milch	25,9	20,1	9,1
10. Eier	4,3	3,0	—,—
11. Kartoffeln	5,9	0,6	17,0
12. Reis	0,6	0,0 [1]	1,5
13. Hülsenfrüchte . . .	2,0	0,1	1,1
14. Zucker	—,—	—,—	15,3
	100,0	100,0	100,0

[1] In einzelnen Haushalten mit sehr gesteigertem Verbrauch von Schmalz, Kunstfett oder Reis ergibt sich ein Wert von 0,1—0,3.

Dieses erste Ergebnis ist nach manchen Richtungen hin von Wert, wenngleich die Zusammenfassung der 50 Haushalte zu Durchschnittswerten viele unausgeglichene und unausgleichbare Gegensätze enthält. Zunächst zeigt sich, daß der Eiweißkonsum zu mehr als 1/4 durch Milch gedeckt wird, während Brot nahezu 1/5, Wurstwaren sowie Rind- und Kalbfleisch je beinahe 1/7 beitragen; Schweinefleisch steuert über 1/12, Mehl und Kartoffeln steuern je 1/17 bei; endlich spielen noch Eier mit weniger als 1/25 eine Rolle, während auf Butter, Reis und Hülsenfrüchte zusammen nur wenige Bruchteile entfallen, Schmalz und Kunstfette endlich so gut wie nichts beitragen.

Der Fettverbrauch entfällt zu mehr als 3/10 auf Butter, zu 1/5 auf Milch, so daß diese beiden vornehmsten Fettnährstoffe etwas über die Hälfte des Gesamtfettkonsums decken. Mit nicht viel weniger als 1/5 stehen die Wurstwaren in dritter Linie; erst viel später folgt Schmalz und Schweinefleisch mit 1/12 und 1/14, Kunstfett mit 1/20. Rind- und Kalbfleisch steuern etwa 1/24, Eier 1/38 bei, auf die übrigen Artikel entfällt insgesamt etwa der gleiche Betrag wie auf Eier.

Der Kohlenhydratekonsum beruht in der Hauptsache auf Brot (über 2/5), dann auf Kartoffeln (1/6), Zucker (über 1/7), Mehl (1/10) und Milch (1/11); die vier sonst noch in Betracht kommenden Nahrungsmittel tragen etwas mehr als 1/20 bei.

Anschließend ist zu untersuchen, inwieweit die aus den 50 Haushalten gewonnenen Durchschnitte für die Beteiligung der einzelnen Nahrungsmittel am Eiweiß-, Fett- und Kohlenhydrateverbrauch den innerhalb der einzelnen Haushalte festgestellten Anteilen entsprechen. Wir gehen wiederum vom Eiweißverbrauche aus.

Das Brot, das daran im Durchschnitt mit 19,9 % beteiligt war, spielt tatsächlich eine recht ungleiche Rolle als Eiweißlieferant. Der Anteil schwankt zwischen 12,0 und 33,6 %. Im ganzen steigt dieser Anteil mit höherem Einkommen; er beträgt in den niedersten Einkommensstufen (von weniger als 2000 Mk.) nur 12 %, im Durchschnitt der höchsten Einkommen (von mehr als 5000 Mk.) 22,4 %, im übrigen um 20 %, dem allgemeinen Durchschnitt entsprechend. Etwa die Hälfte aller Fälle ist diesem Durchschnitt stark angenähert, so daß der häufigste Wert ihm nahekommt.

Milch, die im Durchschnitt etwas über 1/4 des Eiweißkonsums beitrug, zeigt den geringsten Anteil bei 1,9 %, oder, wenn man diesen ganz ungewöhnlichen Fall besser beiseite läßt, bei 10,8 %, den höchsten Anteil bei 52,7 %. Eine Abhängigkeit dieses Anteils vom Einkommen läßt sich in keiner Weise nachweisen und war auch schwerlich zu erwarten. Viel näher liegt der Zusammenhang mit dem Alter der Kinder. Wiederum drängt sich etwa die Hälfte der Haushalte um das arithmetische Mittel (das bei Ausschaltung des einen Falles abnorm niedrigen Milchverbrauchs noch etwas höher liegt) zusammen, so daß die für das Brot gemachte Wahrnehmung wiederkehrt.

Eine Untersuchung über den Anteil der vier wichtigsten eiweißhaltigen Nahrungsmittelgruppen: Brot (und Mehl), Fleisch (und Wurst), Milch, Kartoffeln am durchschnittlichen Eiweißverbrauch der einzelnen Einkommensstufen ergibt folgendes:

Einkommensstufe	Prozentanteil am Eiweißkonsum des Brotes (u. Mehles)	des Fleisches (u. d. Wurstwaren)	der Milch	der Kartoffeln
Unter 2000 Mk. . . .	23,2	34,2	24,5	11,8
2000—3000 „ . . .	24,8	36,4	22,7	5,5
3000—4000 „ . . .	25,9	32,4	26,5	6,2
4000—5000 „ . . .	27,1	43,1	19,3	4,7
über 5000 „ . . .	27,9	37,2	22,7	3,9

Aus dieser Gegenüberstellung folgt unbedingt eine (langsame) Zunahme des Brot- und Mehlanteils bei steigendem Einkommen, während für den Fleisch- und Milchanteil ein gleich sicherer Anhaltspunkt nicht gegeben ist. Im ganzen nimmt dagegen der Kartoffelanteil ab. Eine sichere Bezeichnung läßt sich den Zahlen höchstens insofern entnehmen, als die billigere Kartoffel beim Eiweißkonsum der weniger Wohlhabenden eine etwas größere Rolle spielt. Im Durchschnitt aller Haushalte beträgt der Brot- (und Mehl-) Anteil 25,7 %, jener von Fleisch und Wurst zusammen 35,1 %, jener der Milch 25,9, jener der Kartoffeln 5,9 %; auf Reis, Hülsenfrüchte und Eier entfallen insgesamt 6,9 %.

Untersucht man in ähnlicher Weise die wichtigsten Bestandteile des **Fettkonsums**, so ergibt sich für die Butter, die im Durchschnitt aller Haushalte über 3/10, fast 1/3 beitrug, folgendes: die niedrigsten Anteile sind mit 2,5 und 3,6 %[1] gegeben, die höchsten mit 47,5 und 48,0 %. Das sind außerordentlich weite Spannungen, die sehr viel besonders liegende Fälle umschließen. Dem Durchschnitt kommen nur ungefähr

[1] Der Gesamtfettkonsum der Verbrauchseinheit ist in diesen beiden Haushalten zwar nicht hoch, aber mit fast 27 und über 30 kg im Jahr (bei einem Durchschnitt von über 40 kg) auch nicht auffallend niedrig; es hat also ein weitgehender Ersatz der Butter durch andere Fettsubstanzen stattgehabt. Übrigens ist die Vorliebe für Butter erweislich nicht überall gegeben.

zwölf Fälle einigermaßen nahe, so daß eine viel weniger gleichmäßige Gestaltung vorherrscht, als sie oben für den Anteil von Brot und Milch am Eiweißkonsum nachgewiesen werden konnte. Es läßt sich folgendes Schema zeichnen:

über 40—50 %	des	Gesamtfettverbrauchs	entfielen	auf	Butter	in	16	Fällen,
„ 30—40 %	„	„	„	„	„	„	12	„
„ 20—30 %	„	„	„	„	„	„	8	„
„ 10—20 %	„	„	„	„	„	„	10	„
10 u. weniger %	„	„	„	„	„	„	4	„
							50	Fällen.

Die Gliederung nach Einkommensstufen ist dabei von Interesse:

Anteil der Butter am Fettverbrauch

bei Einkommen	unter 2000 Mk.	. . . .	9,6 %
„ „	zwischen 2000 und 3000 Mk.		29,9 %
„ „	„ 3000 „ 4000 „		31,2 %
„ „	„ 4000 „ 5000 „		43,5 %
„ „	von mehr als 5000 Mk.	. .	25,1 %

Sieht man von den wenigen Fällen der höchsten Einkommensstufe ab, so ergibt sich eine ständige Zunahme des Butteranteils (also des Anteils der höchstwertigen Fettsubstanz) bei wachsendem Einkommen.

Wie beim Eiweißkonsum, soll auch beim Fettkonsum der Milchanteil beobachtet werden. Für ihn hatte sich ein Durchschnitt von fast genau 1/5 herausgestellt; die Grenzen des Milchanteils liegen bei 1,2 % oder, wenn dieser Sonderfall (siehe auch oben) ausgeschaltet werden soll, bei 7,8 % nach unten zu, bei 44,8 % nach oben zu, also wiederum sehr weit auseinander. Immerhin drängen sich etwa 20 Fälle um das arithmetische Mittel zusammen, dem also hier der häufigste Wert wieder einigermaßen nahekommt.

Untersucht man auch den Anteil, der den Wurstwaren im einzelnen Fall am Fettverbrauche zukommt, so sinkt dieser Anteil, für den sich ein Mittel von 18,2 % ergeben hatte, bis auf 1,2 %, um bei 30,9 % seinen höchsten Wert zu erreichen. Doch kommt jener Anteil in etwa der Hälfte aller Fälle dem arithmetischen Durchschnitt ziemlich nahe, so daß die Verschiedenheit nicht ganz so groß ist, wie es auf den ersten Blick scheint; der Konsum von Wurstwaren war eben im Friedensbudget ein recht allgemeiner, die Tätigkeit vieler Techniker im Betrieb, auf der Baustelle usw. hat der Gepflogenheit des belegten Butterbrotes sicher Vorschub geleistet.

Der Konsum an Kohlenhydraten weist drei interessante Posten auf: den Anteil an Brot, der im Durchschnitt 43,3 % betrug, an Zucker (15,3 %) und Kartoffeln (17,0 %).

Für den Brotanteil liegt der Mindestbetrag bei 23,1, der Höchstbetrag bei 60,2 %. Um das arithmetische Mittel gruppieren sich die Anteile von mindestens der Hälfte aller Haushalte, so daß eine gewisse Symmetrie, wie sie ja bei Brot nicht anders zu erwarten ist, obwaltet. Die geringsten Einkommen (unter 2000 Mk.) zeigen weit kleinere Anteile als die höchsten (über 5000 Mk.): hier im Durchschnitt 50,2, dort nur 27,0 %, also kaum mehr als die Hälfte. Es mag gleich darauf hingewiesen werden, daß das Verhältnis bei den Kartoffeln das entgegengesetzte ist; ihr Anteil am Kohlenhydratekonsum ist bei den am wenigsten Wohlhabenden 35,7, bei den Bestgestellten nur 11,9 %. Eine weitgehende Surrogierung von Brot und Kartoffeln hinsichtlich ihres Beitrages zur Kohlenhydrateversorgung wird deutlich; inwieweit sie durch den Preis beider Lebensmittel beeinflußt war, könnte im Zusammenhang mit früheren Ausführungen untersucht werden.

Prüfen wir den Beitrag, den die Kartoffel liefert, weiter, so zeigt sich, daß dem Durchschnittsanteil von 17 % ein Mindestanteil von 4 % und ein Höchstanteil von 38,2 % zur Seite steht. Nahezu die Hälfte aller Fälle weist nur kleinere Abweichungen vom Mittel auf. Eine Abhängigkeit vom Einkommen, die schon oben nahegelegt wurde, dürfte aus folgendem hervorgehen:

Anteil der Kartoffel am Kohlenhydratekonsum der Einkommen unter 2000 Mk.: 35,7 %;

Anteil der Kartoffel am Kohlenhydratekonsum der Einkommen von 2000 bis 3000 Mk.: 16,1 %;

Anteil der Kartoffel am Kohlenhydratekonsum der Einkommen von 3000 bis 4000 Mk.: 17,5 %;

Anteil der Kartoffel am Kohlenhydratekonsum der Einkommen von 4000 bis 5000 Mk.: 13,4 %;

Anteil der Kartoffel am Kohlenhydratekonsum der Einkommen über 5000 Mk.: 11,9 %.

Der Zucker endlich ist durchschnittlich mit wenig über 15 % am Verbrauch von Kohlenhydraten beteiligt. Dieser Anteil sinkt bis auf 5,1 % und steigt bis 29,4 %. In 32 Fällen bewegt sich der Anteil etwas gleichmäßiger zwischen über 10 und unter 20 %. Im ganzen ist auch hier, wenn man von den wenigen Fällen der höchsten Einkommen absieht, eine Beziehung zwischen Einkommen und Konsumanteil gegeben, denn der letztere beträgt bei Einkommen unter 2000 Mk. nur 6,1 %, steigt in den nächsten drei Gruppen auf 14,8, 15,7 und 19,0 %, um dann allerdings wieder zu sinken. —

Die weitere und tiefer schürfende Untersuchung muß von Kombinationen der wichtigsten Nährsubstanzträger ausgehen. Dabei können weniger wichtige Nahrungsmittel ausscheiden; für den Eiweißverbrauch kann eine Beschränkung auf Brot, Mehl, Milch, Wurst, Rind- (Kalb-) und Schweinefleisch, für den Fettkonsum eine Beschränkung auf Butter, Schmalz, Milch, Wurst, Schweinefleisch, Rind- (Kalb-)fleisch und für den Konsum an Kohlenhydraten eine Beschränkung auf Brot, Mehl, Kartoffeln, Zucker, Milch eintreten. Bei allen drei Substanzen zusammen, die die menschliche Ernährung verkörpern, ist also Brot im Zusammenhang mit Mehl, Fleisch (Schweine-, Rind-, Kalbfleisch, Wurst), Milch, Butter im Zusammenhang mit Schmalz, und Zucker wichtig.

Eine Prüfung der Frage, ob die Gesamtmenge des Konsums mit dem Anteil, der auf die einzelnen Nahrungsmittel als Eiweiß-, Fett- oder Kohlenhydrate-Lieferanten entfällt, in meßbarer Beziehung steht, hat ein einigermaßen negatives Ergebnis gezeitigt, ist aber gerade deshalb nicht ohne Interesse. Denn an sich ist die Überlegung, daß bei stärkerem oder schwächerem Konsum von Eiweiß, Fett oder Kohlenhydraten dies oder jenes Nahrungsmittel stärker oder schwächer beteiligt sein müßte, nicht abzulehnen; man könnte insbesondere daran denken, daß bei auffallend starkem Verbrauch billigere, weniger qualifizierte Nahrungsmittel herangezogen würden, um den Gesamtaufwand nicht allzusehr zu steigern.

Zum Zwecke der Untersuchung wurden die Haushalte, entgegengesetzt der gewöhnlichen Gliederung nach den Einkommen, nach dem Umfang jeweils des Eiweiß-, Fett- und Kohlenhydratekonsums geordnet. Für den Eiweißkonsum ergab sich so eine Reihe, deren Mediane rund 29,5 (kg jährlichen Verbrauchs der Verbrauchseinheit), deren untere Quartilen rund 25 (kg), deren obere Quartilen 34 (kg) waren. Also eine recht symmetrische Gestaltung, bei der allerdings noch wichtig ist, daß die Obergrenze der ganzen Reihe mit 47,5 vom Median weiter entfernt ist als die Untergrenze mit 17; läßt man indessen den einen Haushalt mit sehr starkem Eiweißkonsum beiseite, so liegt die Obergrenze bei 42, die Symmetrie ist also geradezu eine vollkommene, dem Fehlergesetz durchaus entsprechende.

Die so geordnete Reihe wurde in Abständen von 10 zu 10 Haushalten gegliedert, für jede Untergruppe der arithmetische Durchschnitt berechnet. Jedem dieser fünf Durchschnittswerte wurde zunächst der arithmetische Durchschnitt des Anteils, den Brot und Mehl am Gesamt-Eiweißverbrauch hatten, gegenübergestellt. Es ergab sich:

	Durchschnittlicher jährlicher Eiweißkonsum der Verbrauchseinheit	Durchschnittlicher Anteil des Brotes u. Mehles am Eiweißkonsum
1. Gruppe	22,525 kg	29,3 %
2. „	26,175 kg	27,4 %
3. „	29,560 kg	23,6 %
4. „	32,375 kg	26,8 %
5. „	38,480 kg [1]	24,6 %

Wenn aus dieser Gegenüberstellung etwas entnommen werden kann, so ist es die Vermutung, daß bei steigendem Eiweißverbrauch der Anteil des (relativ billigeren) Brotes und Mehles sinkt und eine stärkere Heranziehung höherwertiger Eiweißlieferanten, die zugleich dem Geschmack mehr zusagen, erfolgt. Sie sind vor allem in Fleisch und Wurst gegeben, wobei freilich höherer Wurstkonsum (kalte Küche) auch stärkeren Brotverbrauch einschließt. Für diese Vermutung spricht immerhin, daß im Durchschnitt der Haushalte mit größerem, das Mittel überschreitenden Eiweißkonsum die Beteiligungsquote von Brot und Mehl, wie sie bei geringerem Eiweißverbrauch ermittelt wurde, nicht erreicht wird.

Diese Vermutung wird aber durch Gegenüberstellung von Eiweißkonsum und Fleischanteil (einschließlich Wurstanteil) **nicht** gestützt. Eher trifft das Gegenteil zu; anders liegt es aber wiederum bei der Milch:

	Durchschnittlicher jährlicher Eiweißkonsum der Verbrauchseinheit	Durchschnittlicher Anteil des Fleisches	Durchschnittlicher Anteil der Milch
1. Gruppe	22,525 kg	39,0 %	18,8 % [2]
2. „	26,175 kg	36,5 %	22,6 %
3. „	29,560 kg	35,0 %	30,0 %
4. „	32,375 kg	37,0 %	22,9 %
5. „	38,480 kg	29,4 %	34,1 %.

Es fällt geradezu der geringe Fleischanteil bei der fünften, den stärksten Eiweißverbrauch repräsentierenden Gruppe auf, während beim viel geringeren Eiweißkonsum der ersten Gruppe ein viel höherer Fleischanteil zu verzeichnen ist. Die oben angedeutete Entwicklung muß also, wenn überhaupt vorhanden, in anderer Richtung verlaufen. Der Milchkonsum bietet einen gewissen Ausgleich; sein Anteil wächst im allgemeinen

[1] Ohne Haushalt Nr. 48: 37,340 kg.

[2] Bei Ausschaltung eines Haushalts mit ungewöhnlich niedrigem Milchanteil: 20,7 %.

mit steigendem Eiweißverbrauch, oder wohl richtiger: infolge stärkeren Milchkonsums ist der Eiweißkonsum größer. Hier liegen überhaupt die beträchtlichsten Unterschiede vor, die vieles in der Ungleichheit des Eiweißkonsums erklären.

Sehr gleichmäßig liegt schließlich der Kartoffelanteil am Eiweißverbrauch; er beträgt in den eben erwähnten, nach der konsumierten Eiweißmenge geordneten Gruppen: 6,0; 6,2; 4,8[1]; 6,0; 6,1 %.

Überschlägt man die hinsichtlich der Zusammensetzung des Eiweißkonsums vorgeführten Tatsachen, so zeigt sich eine fast absolute Konstanz des Kartoffelanteils, eine relative Konstanz des Brot- und Mehlanteils, allerdings mit der Tendenz einer Abnahme bei wachsendem Eiweißkonsum; stärker variiert der Fleischanteil, der im übrigen die eben erwähnte Tendenz auch seinerseits aufweist, am stärksten der Milchanteil mit entgegengesetzter Tendenz. Er ist gewissermaßen das Zünglein an der Wage.

Die übrigen eiweißhaltigen Nahrungsmittel treten zurück; es sind dies Reis, Hülsenfrüchte, Eier. Der höchste auf sie entfallende Anteil ist 1,7; 4,1; 9,9 %, die niedrigsten Anteile liegen bei 0,1 % und weniger. Immerhin können auch diese Nahrungsmittel in einzelnen Fällen den Gesamt-Eiweißkonsum in die Höhe treiben; eine bestimmte Beziehung aber zwischen ihm und dem Anteil jener Nahrungsmittel dürfte schwerlich bestehen.

Quantität und Qualität des Nahrungskonsums, gemessen an der Kaufkraft.

In folgendem soll die Untersuchung durch Kombination verschiedener Ergebnisse erweitert, insonderheit aber vertieft werden. Zu diesem Zwecke wird ein neuer Posten eingeführt, die auf die Verbrauchseinheit entfallende Jahresausgabe für Ernährung, und zwar für die gesamte Ernährung; da in den parallel laufenden Nachweisungen für den Kalorien- und Nährstoffkonsum ja auch, wenn auch nur schätzungsweise nach Stichproben, der Genußmittel- und Wirtshauskonsum Berücksichtigung fand, so war es zulässig, diesen Werten die Gesamternährungsausgabe, wie sie aus Übersicht 19 (S. 66/67) unter Berücksichtigung der Verbrauchseinheiten errechnet wurde, gegenüberzustellen.

In Anschluß hieran sind die (korrigierten) Kalorienwerte der Übersicht 33 (S. 121 f., 3. Spalte) auf das Jahr umgerechnet. So war es

[1] Unter Ausschaltung eines Haushalts mit verschwindend niedrigem Kartoffelverbrauch: 5,4 %.

denn u. a. möglich, festzustellen, wieviel Kalorien von der Verbrauchseinheit in jedem Haushalt für die Geldeinheit, die Mark, gekauft werden konnten. So war es ferner möglich, die für das Jahr berechneten Verbrauchsmengen der Konsumeinheit an Nährstoffen (Eiweiß, Fetten, Kohlehydraten) mit einer bis auf weiteres nur in Kalorien ausdrückbaren Gesamtverbrauchszahl in Verbindung zu bringen. Und gerade dies, was der bisherigen Literatur noch fernliegt, war anzustreben, wollte man die Grundlage für möglichst eindeutige „Verbrauchsindexziffern", die diesen Namen wirklich verdienen, schaffen.

Übersicht 39.

Ernährungsausgabe, Kalorienverbrauch und Kalorienpreis.

Lfde. Nr.	Gesamt-Jahreseinkommen der Familie (Mk.)	Jahresausgabe für Ernährung der Verbrauchseinheit (Mk.)	Jahresverbrauch der Verbrauchseinheit an Kalorien	Anzahl der auf 1 Mk. Ausgabe treffenden Kalorien
1	1550	450	1 076 250	2392
2	1807	444	1 591 400	3584
3	2092	414	878 650	2122
4	2405	420	956 300	2277
5	2425	552	1 334 075	2417
6	2426	500	1 016 525	2033
7	2444	420	1 085 875	2585
8	2474	526	1 180 775	2245
9	2567	447	1 162 525	2601
10	2626	398	1 038 425	2662
11	2760	370	843 150	2279
12	2806	517	983 675	1903
13	2807	452	1 555 100	3440
14	2944	445	1 034 775	2328
15	2974	536	1 133 325	2114
16	2982	618	1 478 250	2392
17	3013	501	1 166 175	3227
18	3039	432	1 076 750	2492
19	3063	568	1 725 050	3037
20	3083	509	1 304 875	2566
21	3127	443	1 171 650	2645
22	3222	585	1 414 375	2418

Lfde. Nr.	Gesamt-Jahreseinkommen der Familie (Mk.)	Jahresausgabe für Ernährung der Verbrauchseinheit (Mk.)	Jahresverbrauch der Verbrauchseinheit an Kalorien	Anzahl der auf 1 Mk. Ausgabe treffenden Kalorien
23	3293	492	1 098 650	2234
24	3317	519	1 222 750	2356
25	3433	562	1 221 300	2173
26	3485	496	1 224 575	2687
27	3520	509	1 371 525	2693
28	3532	367	1 351 950	3711
29	3535	567	1 350 500	2329
30	3550	348	1 014 700	2916
31	3600	416	1 140 625	2742
32	3619	588	1 200 225	2041
33	3655	508	1 231 875	2425
34	3665	573	1 248 300	2178
35	3700	657	1 409 725	2145
36	3711	544	1 261 075	2336
37	3715	722	1 476 425	2045
38	3790	603	1 307 875	2169
39	3936	617	1 414 375	2292
40	3962	540	1 419 850	2629
41	3970	634	1 360 800	2146
42	4085	711	1 208 150	1839
43	4125	595	1 122 375	1888
44	4466	666	1 414 375	2123
45	4675	730	1 350 500	1850
46	4683	448	1 056 675	2359
47	5000	391	1 003 750	2507
48	5115	730	1 613 300	2210
49	5193	746	1 565 850	2099
50	6408	767	1 147 925	1496

Der Jahresverbrauch an Kalorien — eine Größe, die ihrer Unhandlichkeit wegen im allgemeinen keine Verwendung fand, aber hernach dem Jahresverbrauch an Nährstoffen zur Seite gestellt wird — ergibt sich für den Gesamtdurchschnitt mit 1 240 359; für die 5 Einkommensgruppen werden folgende Werte ermittelt:

Gesamtfamilieneinkommen	Jahresverbrauch an Kalorien
über 2000 Mk.	1 333 825
2000 bis unter 3000 Mk.	1 120 102
3000 „ „ 4000 „	1 286 959
4000 „ „ 5000 „	1 230 415
5000 Mk. und mehr	1 332 406

Wäre es zulässig (was hier nur hypothetisch angenommen wird), die nutzbare jährliche Nährstoffmenge an Eiweiß, Fetten und Kohlenhydraten [1] als eine Gesamtjahres-Nährstoffmenge dem Kalorienkonsum gegenüberzustellen, also die Qualitätsunterschiede (und die ungleiche Verdaulichkeit) zunächst beiseite zu setzen, sie aber hernach in der Gegenüberstellung zum Kalorienverbrauch zu bewerten, so ergäbe sich als

	Gesamtkalorienverbrauch Kalorien	Gesamtnährstoff- kg
in der untersten Einkommensgruppe	1 333 825	262,769
„ „ zweituntersten „	1 120 102	205,851
„ „ mittleren „	1 286 959	230,769
„ „ zweithöchsten „	1 230 415	216,281
„ „ höchsten „	1 332 406	242,383
im Durchschnitt	1 240 359	224,415

Spätere Ergebnisse werden zeigen, daß ein Rückgang der Quantität der Nahrungseinnahme mit steigender Gesamtnahrungsausgabe und wachsendem Gesamteinkommen vermutet werden kann; der Ausgleich erfolgt dann in einer physiologisch sicher zweckmäßigen Weise durch Erhöhung der Qualität der Nahrung. Die vorstehende Gegenüberstellung widerspricht dem wenigstens insofern nicht, als der Nährstoffkonsum der untersten Einkommensgruppe der quantitativ größte ist.

Der Übersicht 39 sind verschiedene weitere bemerkenswerte Aufschlüsse zu entnehmen. Man beachte zunächst, daß die Aufstellung der Reihe in der üblichen Weise unter Zugrundelegung der Gesamtfamilieneinkommen (mit dem niedrigsten anfangend) erfolgte. Damit tritt nochmals der Zusammenhang zwischen dem Gesamteinkommen und der (hier für die Verbrauchseinheit errechneten) Ernährungsausgabe entgegen; doch soll hierbei nicht mehr verweilt werden, weil uns die Abhängigkeit des „Nahrungsprozents“ von der Wohlhabenheit schon früher (S. 65) beschäftigte.

[1] Nach den aus Übersicht 35 ersichtlichen berichtigten Zahlen.

Für die weiteren Feststellungen wurde zunächst die Beziehung zwischen Ernährungsausgabe und Kalorienkonsum wichtig, wobei beide Größen für das ganze Jahr und für die Verbrauchseinheit errechnet wurden. Durch Division des Kalorienkonsums durch den die Ernährungsausgabe ausdrückenden Wert konnte dann unmittelbar festgestellt werden, wieviel Kalorien für die Geldeinheit, die Mark, gekauft werden konnten. Der letztere Wert, dem ganz besonders Interesse eignet, soll nun anschließend näher auf seine soziologischen Zusammenhänge hin untersucht werden; das geschieht fürs erste dadurch, daß die Kaufkraft der Mark an Kalorienwerten für die fünf bekannten Einkommensstufen ermittelt wird:

Gesamtfamilieneinkommen	Für 1 Mk. waren Kalorien erhältlich
Unter 2000 Mk.	2988
2000 bis unter 3000 Mk.	2386
3000 „ „ 4000 „	2505
4000 „ „ 5000 „	2012
5000 Mk. und drüber	2078
Insgesamt	2389

Hieraus ist Verschiedenes, unter Umständen Widerspruchsvolles, zu folgern, wobei allgemein festzuhalten wäre, daß die Untersuchung weniger die heute infolge der Teuerung überholten absoluten Werte, als die inneren Zusammenhänge zu beobachten hat. Diese aber bleiben bestehen, wenn auch die absolute Zahl der für 1 Mk. käuflichen Kalorien sich selbstverständlich sehr gemindert hat. Auch der Umstand, daß durch die Geldentwertung eine Umschichtung der Gesellschaft eingetreten oder wenigstens vorbereitet ist, beeinflußt die Fragestellung nicht unmittelbar, denn die Tatsache der Schichtung im Zusammenhang mit den Einkommensverhältnissen bleibt ja unberührt und einen „Mittelstand“, auf den die hier festgestellten Verhältnisse grundsätzlich zutreffen, wird es wohl immer geben, auch wenn er sich aus anderen, vielleicht kulturell zunächst nicht gleichwertigen Elementen zusammensetzt.

Nun kann die zuletzt gebrachte Übersicht in dem Sinne gedeutet werden, daß — von der unter besonderen Einwirkungen stehenden niedrigsten Einkommenslage abgesehen — die Kaufkraft der Mark für Kalorienwerte mit steigendem Einkommen zunächst zunimmt, dann aber sinkt. Hier kreuzen sich mehrere Motive: bei steigendem Einkommen, das sich nun etwas über das Existenzminimum zu erheben beginnt, mag im ganzen die Wirtschaftlichkeit der Verbrauchswirtschaft steigen, zweckmäßiger, in größeren Mengen und demgemäß billiger eingekauft werden. Verändert sich gleichzeitig die Lebenshaltung nicht wesentlich, tritt im Konsum von Eiweißstoffen, Fetten und Kohlenhydraten, im Anteil der tierischen und pflanzlichen Nahrung keine entscheidende Änderung ein, so muß die Zahl der für die Geldeinheit erhältlichen Kalorien wachsen. In den oberen Einkommensschichten ist aber mit dieser Gleichmäßigkeit der Lebenshaltung und der Qualität der Ernährung nicht mehr zu rechnen; wie S. 126 ausgeführt ist, steigt dann insbesondere der teuere Fettkonsum. Demgemäß wird für 1 Mk. nurmehr weniger von dieser qualitativ gebesserten Nahrung zu erlangen sein.

Aber die Untersuchung muß noch nach einer anderen Richtung hin weitergeführt werden. Sie sieht hierbei von der Gruppierung nach dem Gesamteinkommen der Familie, die bisher maßgebend gewesen war, ab und bemißt den Kalorienverbrauch und die Kaufkraft des Geldes auf Grund der für die Verbrauchseinheit berechneten Ernährungsausgabe. Diese Gegenüberstellung verlangt eine Neuaufstellung der Reihe, von der niedrigsten zur höchsten Ernährungsausgabe aufsteigend, und ihre Gliederung unter den gleichen Gesichtspunkten. Es ergibt sich nach Vornahme dieser Operationen:

Ernährungsausgabe der Verbrauchseinheit	Anzahl der auf 1 Mk. Ausgabe entfallenden Kalorien
Weniger als 400 Mk.	2815
400 bis unter 500 „	2611
500 „ „ 600 „	2416
600 „ „ 700 „	2211
Über 700 Mk.	1923
Durchschnitt	2519

Diese Entwicklung liegt überraschend klar und eindeutig und besagt: **Bei steigendem absoluten Aufwand für Ernährung der Verbrauchseinheit sinkt die Anzahl der für die Geldeinheit käuflichen Kalorien.** Besonders interessant sind dabei die Grenzwerte des kleinsten und größten Ernährungsetats.

Sie lassen sich nahezu ausschließlich im Sinne einer **qualitativen Verbesserung** der Ernährung deuten. Dabei ist aber nicht außer acht zu lassen, daß die absolut steigende Nahrungsausgabe durchaus nicht einer Erhöhung des Nahrungsprozents zu entsprechen braucht. In dieser Hinsicht ist auf frühere Ausführungen (bes. Übersicht 19 S. 66/67) zu verweisen. Es wird insbesondere noch nichts über den möglichen Zusammenhang zwischen Wohlhabenheit nnd Kaufkraft der Geldeinheit, an Kalorien gemessen, ausgesagt.

Diesem Zusammenhang soll nun noch nachgegangen werden.

1. Unterste Einkommensstufe (weniger als 2000 Mk. Gesamtfamilieneinkommen):
   2 Fälle von Nahrungsausgabe der Verbrauchseinheit zwischen 400 u. 500 Mk.
2. Zweitniedrigste Einkommensstufe (zwischen 2000 und 3000 Mk.):
   2 Fälle von Nahrungsausgabe der Verbrauchseinheit zwischen 300 u. 400 Mk.
   6 „ „ „ „ „ „ 400 „ 500 „
   5 „ „ „ „ „ „ 500 „ 600 „
   1 Fall „ „ „ „ „ 600 „ 700 „
3. Mittlere Einkommensstufe (zwischen 3000 und 4000 Mk.):
   2 Fälle von Nahrungsausgabe der Verbrauchseinheit zwischen 300 u. 400 Mk.
   5 „ „ „ „ „ „ 400 „ 500 „
   13 „ „ „ „ „ „ 500 „ 600 „
   4 „ „ „ „ „ „ 600 „ 700 „
   1 Fall „ „ „ „ „ 700 „ 800 „
4. Zweithöchste Einkommensstufe (zwischen 4000 und 5000 Mk.):
   1 Fall von Nahrungsausgabe der Verbrauchseinheit zwischen 400 u. 500 Mk.
   1 „ „ „ „ „ „ 500 „ 600 „
   1 „ „ „ „ „ „ 600 „ 700 „
   2 Fälle „ „ „ „ „ 700 „ 800 „
5. Höchste Einkommensstufe (5000 Mk. und mehr):
   1 Fall von Nahrungsausgabe der Verbrauchseinheit zwischen 300 u. 400 Mk.
   3 Fälle „ „ „ „ „ 700 „ 800 „

Hieraus geht zur Genüge hervor, daß die Fälle größerer Ernährungsausgabe der Verbrauchseinheit in den höheren Einkommensstufen erheblich dichter liegen. Das würde eine gewisse — allerdings nicht mit gleicher quantitativer Schärfe nachweisbare — Erweiterung des oben aufgestellten Satzes dahin zulassen, daß *bei Besserung der Einkommensverhältnisse im ganzen der auf die Geldeinheit entfallende Kaloriенbetrag sich senkt.* Wenn hierbei auch örtliche Verhältnisse mitspielen mögen, so scheint doch der Nachweis einer mit steigendem Einkommen einhergehenden qualitativen Verbesserung der Ernährung, die sich als quantitative Minderung des Kalorienbetrages ausdrückt, erbracht zu sein.

Ziel der Ernährung ist natürlich nicht, eine größtmögliche Menge von Nahrungsmitteln zu vertilgen; ist das gleiche oder selbst ein besseres Ergebnis mit geringerem Verbrauch höherwertiger Nährstoffe zu erzielen, so ist dies physiologisch, wirtschaftlich, ästhetisch zu begrüßen: der Gourmet ist dem Gourmand überlegen. Dabei spielen nun freilich Gesichtspunkte eine Rolle, die sich der quantitativen Feststellung ziemlich versagen; zum Beispiel die Art der Zubereitung der Speisen. Überhaupt soll hier nicht der Anspruch erhoben werden, als lasse sich die Gesamtheit des physiologischen Prozesses statistisch erfassen; schon die Tatsache, daß Eiweiß, Kohlenhydrate und Fette das Quale der Ernährung nicht erschöpfen, daß neben (oder in) ihnen noch spezifische Komponenten der Ernährung bestehen [1], mindert die Aussicht auf quantitativ-exakte Feststellungen. Mit diesen Vorbehalten aber dürfte etwa die Grenze dessen, was Statistik noch leisten kann, bezeichnet sein, und innerhalb dieser Grenze kann noch vieles geleistet werden.

Kombination der Kalorien- und Nährwertberechnungen.

Die Untersuchung ist nun soweit fortgeschritten, daß eine Brücke zwischen den beiden Prinzipien dieses Abschnittes, der Ermittelung von Kalorien und von Nährstoffwerten, geschlagen werden kann. Eiweiß, Fette und Kohlenhydrate haben unter sich keinen gemeinsamen Nenner, einen solchen bietet bis auf weiteres (d. i. bis auf ihre etwaige Ersetzung durch noch schlüssigere physiologische Methoden) nur die Kalorienberechnung. Es wird demgemäß zu untersuchen sein, wie die nach soziologischen Gesichtspunkten, d. i. hauptsächlich nach dem Einkommen und der Nahrungsausgabe, unterschiedenen Kalorienkonsummengen weiterhin auf den Verbrauch an Eiweiß, Fetten und Kohlenhydraten zurückgeführt werden können. Indem wegen der prozentualen Vertretung der Nährmittel in den einzelnen Haushalten auf frühere Ausführungen (S. 138 ff.) zurückgegriffen wird, kommt hier eine letzte, zusammenfassende Kombination in Frage. Sie muß insofern weit ausgreifen und zunächst eine gewisse Unübersichtlichkeit in den Kauf nehmen, als zugleich beabsichtigt wird, den Anteil der einzelnen Nahrungsmittel (also nicht nur der Nährwerte, sondern der diesen zugrunde liegenden marktgängigen Waren) am Gesamtkonsum zu ermitteln. Wie

[1] Die neuere physiologische Literatur nimmt ziemlich übereinstimmend die Existenz solcher Komponenten an, ohne allerdings über ihr Wesen und ihre spezifische Funktion einer Meinung zu sein. Sie ist insofern über die Forschungen der Münchner Schule (Pettenkofer, Voit) hinausgegangen; Rubner, Abderhalden, Boruttau, Röhmann u. a. arbeiten in diesem Sinne, ohne daß bisher hätte ermittelt werden können, ob jene „Ernährungskomponenten“ selbständigen Substanzcharakter haben oder aber innerhalb der Eiweißsubstanz ihre eigentümliche, biologisch unentbehrliche Tätigkeit ausüben.

erinnerlich, ist für 14 Nahrungsmittel und Gruppen von solchen[1] die Analyse ihres Anteils am Gesamtkonsum von Nährstoffen (Eiweiß, Fett, Kohlenhydraten) erfolgt, für den übrigen Konsum wurden durch Stichproben Annäherungswerte dieses Anteils ermittelt. Auf diese Untersuchungen und die ihnen an anderer Stelle beigefügten methodischen Erläuterungen wird verwiesen. Durch die Zusammenziehung zu (5) Ernährungsgruppen wurden zwar wichtige individuelle Unterschiede verwischt, sie war aber unbedingt geboten, sollte nicht der Raum und die Nachsicht des Lesers über Gebühr in Anspruch genommen werden.

(Siehe Übersicht 40.)

Für die nachfolgenden Berechnungen ist Ausgangspunkt der genau ermittelte Konsum der 14 Hauptnahrungsmittel, wie sie nun schon wiederholt (vgl. auch die Anmerkung) aufgeführt wurden. Seinem Totalbetrage entspricht ein annähernder Durchschnitts-Jahreskonsum der Verbrauchseinheit von 1,2—1,3 Millionen Kalorien bei einer Durchschnitts-Nahrungs-Jahresausgabe der Verbrauchseinheit in Höhe von 531 Mark. Die Menge der konsumierten Eiweißsubstanz ist fast 30 kg, jene von Fett über 41 kg und jene von Kohlenhydraten fast 133 kg, zusammen (wenn diese Zahl überhaupt Sinn hat) 204 kg Nährsubstanz.

Läßt sich etwas Allgemeines über den Anteil der 14 Nahrungsmittel am Gesamtkonsum, nun nicht mehr unter Ausscheidung von Eiweiß, Fett und Kohlenhydraten, sondern bereits im Hinblick auf die Gesamternährung unter Berücksichtigung qualitativer Koeffizienten für die einzelnen Nahrungsmittel, aussagen? Das ist in der Tat auf folgendem, freilich etwas beschwerlichem Wege möglich.

S. 130 ist das Wertverhältnis von Eiweiß, Fett und Kohlenhydraten, auf den Wärmeeffekt (d. i. eben die Kalorie) bezogen, mit 5,711 : 9,300 : 4,000 mitgeteilt worden. Auf etwas einfachere Maße, die für unsere Berechnung ausreichen, gebracht, ergibt sich jenes Wert- oder Qualitätsverhältnis mit 1,9 : 3,1 : 1,3. In ihm kommt also die bekannte Tatsache zum Ausdruck, daß die gleiche Menge der drei Nährstoffe nicht die gleiche Bedeutung für die menschliche Ernährung, die man sich dabei als Heizung oder Erwärmung vorstellt, besitzt.

Nun lassen sich die im rechten Teil der Übersicht 40 unter 6.: Gesamtdurchschnitt, mitgeteilten Prozentzahlen dermaßen umrechnen, daß

---

[1] Mehl, Brot, Schweine-, Rind-(Kalb-)fleisch, Wurst (und Schinken), Butter, Schmalz, Kunstfett, Milch, Eier, Kartoffeln, Reis, Hülsenfrüchte, Zucker: vergleiche z. B. Übersicht 37.

Durchschnittliche Jahresgesamtnahrungsausgabe der Verbrauchseinheit	Durchschnittlicher Gesamt-Jahreskonsum der Verbrauchseinheit an Kalorien[2]	Durchschnittliche Zusammensetzung der Nahrung
		1. Durchschnitte für die unterste
448 Mk.	1 333 825 K.	**Eiweiß** . . . . 36,548 kg ohne Einrechnung der Restnahrungsmittel[3] 41,930 kg mit " " " **Fett** . . . . 33,101 kg ohne Einrechnung der Restnahrungsmittel 36,411 kg mit " " " **Kohlenhydrate** . . . . 167,753 kg ohne Einrechnung der Restnahrungsmittel 184,428 kg mit " " "
		2. Durchschnitte für die zweitniedrigste
472 Mk.	1 120 102 K.	**Eiweiß** . . . . 28,329 kg ohne Einrechnung der Restnahrungsmittel 32,569 kg mit " " " **Fett** . . . . 38,421 kg ohne Einrechnung der Restnahrungsmittel 42,263 kg mit " " " **Kohlenhydrate** . . . . 121,963 kg ohne Einrechnung der Restnahrungsmittel 134,946 kg mit " " "
		3. Durchschnitte für die mittlere
532 Mk.	1 286 959 K.	**Eiweiß** . . . . 29,921 kg ohne Einrechnung der Restnahrungsmittel 34,409 kg mit " " " **Fett** . . . . 42,859 kg ohne Einrechnung der Restnahrungsmittel 46,670 kg mit " " " **Kohlenhydrate** . . . . 136,482 kg ohne Einrechnung der Restnahrungsmittel 149,690 kg mit " " "
		4. Durchschnitte für die zweithöchste
630 Mk.	1 230 415 K.	**Eiweiß** . . . . 27,388 kg ohne Einrechnung der Restnahrungsmittel 31,496 kg mit " " " **Fett** . . . . 44,370 kg ohne Einrechnung der Restnahrungsmittel 48,807 kg mit " " " **Kohlenhydrate** . . . . 123,616 kg ohne Einrechnung der Restnahrungsmittel 135,978 kg mit " " "
		5. Durchschnitte für die höchste
658 Mk.	1 332 406 K.	**Eiweiß** . . . . 34,103 kg ohne Einrechnung der Restnahrungsmittel 39,218 kg mit " " " **Fett** . . . . 43,391 kg ohne Einrechnung der Restnahrungsmittel 47,730 kg mit " " " **Kohlenhydrate** . . . . 141,305 kg ohne Einrechnung der Restnahrungsmittel 155,433 kg mit " " "
		6. Gesamtdurchschnitt für
531 Mk.	1 240 359 K.	**Eiweiß** . . . . 29,821 kg ohne Einrechnung der Restnahrungsmittel 34,092 kg mit " " " **Fett** . . . . 41,240 kg ohne Einrechnung der Restnahrungsmittel 44,224 hg mit " " " **Kohlenhydrate** . . . . 132,815 kg ohne Einrechnung der Restnahrungsmittel 146,096 kg mit " " "

[1] Die Durchschnitte sind hier allerdings nicht in ganz einwandfreier Weise errechnet; da, wie früher diesem nicht im strengen Sinne gelöst, nicht zum Gegenstand einer isolierten Mittelwertbildung gemacht

[2] Korrigierte Zahlen (s. o. S. 121 ff.) unter Berücksichtigung der mit 10% des genau erfaßten

nach Kalorien und Nährstoffen.

Durchschnittlicher[1] Prozentanteil der 14 Hauptnahrungsmittel am Jahreskonsum:

	Mehl	Brot	Schweinefleisch	Wurst (Schinken)	Rind- und Kalbfleisch	Butter	Schmalz	Kunstfett	Milch	Eier	Kartoffeln	Reis	Hülsenfrüchte	Zucker
Einkommensstufe (unter 2000 Mk.):														
	11,1	12,1	6,4	11,5	16,3	0,4	0,0	—	24,5	3,5	11,8	0,6	2,1	—
	2,0	1,4	8,5	23,5	8,0	9,6	13,7	—	27,9	3,7	1,8	0,0	0,1	—
	18,0	27,0	—	2,2	—	0,0	—	—	8,5	—	35,7	1,4	1,3	6,1
Einkommensstufe (2000 bis unter 3000 Mk.):														
	4,6	20,2	8,6	13,7	14,1	0,3	0,0	0,0	22,7	3,3	5,5	0,5	1,4	—
	5,9	1,5	8,2	18,8	4,6	29,9	6,8	4,7	21,8	2,4	0,5	0,1	0,0	—
	9,0	45,4	—	2,6	—	0,1	—	0,0	9,7	—	16,1	1,5	0,9	14,8
Einkommensstufe (3000 bis unter 4000 Mk.):														
	6,3	19,6	7,4	12,4	12,6	0,3	0,5	0,1	26,5	4,7	6,2	0,5	2,2	—
	7,4	1,4	6,7	15,8	3,9	31,2	9,7	6,3	20,3	3,1	0,6	0,0	0,1	—
	10,3	41,9	—	2,2	—	0,8	—	0,0	9,4	—	17,5	1,4	1,2	15,7
Einkommensstufe (4000 bis unter 5000 Mk.):														
	5,5	20,8	8,0	20,8	13,5	0,4	0,0	0,0	19,3	4,5	4,7	0,5	2,2	—
	0,6	1,2	6,0	23,7	3,8	43,5	4,2	1,4	12,6	2,7	0,4	0,0	0,4	—
	8,9	45,5	—	3,8	—	0,1	—	0,0	6,8	—	13,4	1,2	1,3	19,0
Einkommensstufe (über 5000 Mk.):														
	5,5	22,4	7,6	14,7	14,9	0,2	0,0	0,0	22,7	5,2	3,9	1,0	2,0	—
	0,7	1,8	7,3	21,5	5,1	25,1	9,2	6,2	18,7	3,9	0,4	0,1	0,3	—
	10,3	50,2	—	2,7	—	0,0	—	0,0	8,6	—	11,9	2,9	1,2	14,4
alle Einkommensstufen.														
	5,9	19,8	7,8	13,8	13,5	0,3	0,0	0,0	25,7	4,3	5,9	0,6	2,0	—
	0,7	1,5	7,1	18,2	4,4	30,7	8,5	5,1	20,1	3,0	0,6	0,0	0,1	—
	10,1	43,3	—	2,5	—	0,1	—	0,0	9,1	—	17,0	1,5	1,1	15,3

erörtert, jede Verbrauchsziffer eine Beziehung zum Gesamtkomplex des Haushalts enthält, kann sie von werden. Aus praktischen Gründen muß diese Unexaktheit in den Kauf genommen werden. Konsums veranschlagten Restnahrungsmittel. [2] Vgl. oben S. 126ff.

man zunächst die Eiweiß-Prozente mit dem Qualitäts-Koeffizienten 1,9, die Fett-Prozente mit dem Qualitäts-Koeffizienten 3,1 und die Kohlenhydrate-Prozente mit dem Qualitäts-Koeffizienten 1,3 vervielfältigt. Summiert man die so erhaltenen Werte, so ergeben sich 14 Gesamtwerte, von denen nun natürlich noch jeder einzelne durch das Produkt $\frac{(1,9 + 3,1 + 1,3)}{3} \times 3 = 6,3$ zu teilen ist. Das Gesamtresultat ergibt sich nach zulässiger Abrundung einiger Dezimalen wie folgt:

Anteil der 14 Nahrungsmittel am Gesamtkonsum unter Berücksichtigung ihres Gehalts an Nährstoffen[1]:

Mehl	4,2 %
Brot	15,6 „
Schweinefleisch	5,9 „
Wurst usw.	13,6 „
Rindfleisch	6,2 „
Butter	15,1 „
Schmalz	4,2 „
Kunstfett	2,5 „
Milch	19,4 %
Eier	2,8 „
Kartoffeln	5,6 „
Reis	0,5 „
Hülsenfrüchte	1,3 „
Zucker	3,1 „
	100,0 %

Diese dem ungleichen Gehalt von Nährmitteln Rechnung tragenden Anteilzahlen sind nun den S. 131 errechneten einfachen Ziffern gegenüberzustellen, die, ohne Rücksicht auf die Qualität und den Nährwert, lediglich den Prozentanteil jedes der 14 Nahrungswerten am Gesamtkalorienkonsum veranschaulichen:

[1] Zur Nachprüfung seien hier die Hauptergebnisse der oben geschilderten Berechnung angeführt; die Nahrungsmittel sind dabei mit I—XIV bezeichnet:

	I	II	III	IV	V	VI	VII	VIII	IX	X	XI	XII	XIII	XIV
Eiweißprozent . .	11,21	37,62	14,82	26,22	25,65	0,57	—,—	—,—	48,83	8,17	11,21	1,14	3,80	—,—
Fettprozent . . .	2,17	4,65	22,01	56,42	13,64	95,15	26,35	15,81	62,31	9,30	1,86	-,—	3,10	—,—
Kohlenhydrateproz.	13,13	56,29	—,—	3,25	—,—	0,13	—,—	—,—	11,83	—,—	22 10	1,95	1,43	19,89
Summe der 3 Prozente	26,51	98,56	36,83	85,89	39,29	95,85	26,35	15,81	122,97	17,47	35,17	3,09	8,33	19,89

die Division durch 6,3 ergibt obige Anteilzahlen.

Übersicht 41.

Anteil der einzelnen Nahrungsmittel am Gesamtkalorienkonsum mit und ohne Rücksicht auf den Nährwert

	ohne[1] Rücksicht auf den Nährwert	mit Rücksicht auf den Nährwert	Zunahme (+) und Abnahme (—) des Konsumanteils bei Berücksichtigung des Nährwerts
1. Mehl	5,8 %	4,2 %	—27 %
2. Brot	25,5 „	15,6 „	—39 „
3. Schweinefleisch .	5,1 „	5,9 „	+16 „
4. Wurst usw. . .	11,3 „	13,6 „	+20 „
5. Rindfleisch . . .	3,0 „	6,2 „	+107 „
6. Butter	10,9 „	15,1 „	+39 „
7. Schmalz	2,9 „	4,2 „	+44 „
8. Kunstfett . . .	1,7 „	2,5 „	+41 „
9. Milch	14,6 „	19,4 „	+33 „
10. Eier	1,5 „	2,8 „	+37 „
11. Kartoffeln . . .	9,0 „	5,6 „	—38 „
12. Reis	0,8 „	0,5 „	—87 „
13. Hülsenfrüchte . .	0,8 „	1,3 „	+64 „
14. Zucker	7,1 „	3,1 „	—56 „
	100,0 %	100,0 %	

Wie zu erwarten war, zeigt sich bei den qualitativ berichtigten Ziffern eine Erhöhung des Konsumanteils der höherwertigen (und zumeist teureren), eiweiß- und fetthaltigen Nahrungsmittel: Schweinefleisch, Wurst, Rindfleisch, Butter, Schmalz, Kunstfett, Milch, Eier, Hülsenfrüchte; dagegen haben Mehl, Brot, Kartoffeln, Reis, Zucker (der ja nur Kohlehydrate enthält) an Konsumwert verloren. Gewinn und Verlust der 14 Nahrungsmittel sind in der dritten Reihe der Übersicht 41 in Prozenten der unberichtigten, die Nährkraft nicht berücksichtigenden Werte ausgedrückt.

Es gilt nun noch, die gleiche Umrechnung des Konsumanteils für jede einzelne der fünf Einkommensgruppen, in die unser Material durchwegs unterschieden wurde, vorzunehmen. Dadurch werden die soziologisch-wirtschaftlichen Gesichtspunkte des Einkommens (der Verteilung) zu den physiologischen des Konsums in Beziehung gebracht. Konnte schon früher der Frage einer durch höheres Einkommen ermöglichten Qualitätsverbesserung der Ernährung nachgegangen werden, so sind von der jetzt beabsichtigten

[1] Mit kleinen Abrundungen gegenüber S. 131.

Durchrechnung die relativ sichersten Aufschlüsse über den wirtschaftlich und gesellschaftlich bedingten Zusammenhang zwischen Quantum und Quale der Nahrung zu erwarten.

Übersicht 42.

Dasselbe nach Sozialklassen.

Anteil der einzelnen Nahrungsmittel am Gesamtkonsum	Einkommensgruppen										Gesamtdurchschnitt	
	unter 2000 Mk.		2000 bis unter 3000 Mk.		3000 bis unter 4000 Mk.		4000 bis unter 5000 Mk.		5000 Mk. und mehr			
	a[1]	b[2]	a	b	a	b	a	b	a	b	a	b
1. Mehl . . .	11,9	*8,0*	4,9	*6,1*	5,9	*7,9*	4,6	*3,9*	7,3	*4,1*	5,8	*4,2*
2. Brot . . .	17,7	*9,9*	26,1	*16,2*	25,0	*15,2*	25,2	*16,2*	29,9	*18,0*	25,5	*15,6*
3. Schweinefleisch . .	4,6	*6,2*	5,7	*6,6*	4,9	*5,5*	4,5	*5,3*	4,9	*5,9*	5,1	*5,9*
4. Wurst usw.	11,3	*15,5*	11,7	*13,9*	9,9	*11,9*	16,0	*18,7*	11,8	*13,9*	11,3	*13,6*
5. Rindfleisch	4,3	*8,8*	3,3	*6,5*	2,8	*5,7*	2,8	*5,9*	3,5	*7,0*	3,0	*6,2*
6. Butter . .	3,5	*4,9*	10,2	*14,8*	11,3	*15,6*	16,1	*21,5*	8,3	*12,4*	10,9	*15,1*
7. Schmalz .	4,0	*6,9*	2,3	*3,3*	3,3	*5,0*	1,8	*2,0*	2,9	*4,5*	2,9	*4,2*
8. Kunstfett .	0,0	*0,0*	1,4	*2,1*	2,2	*3,1*	0,5	*0,7*	2,0	*3,0*	1,7	*2,5*
9. Milch . .	15,3	*22,9*	15,7	*19,5*	14,9	*19,9*	11,0	*13,4*	13,2	*17,8*	14,6	*19,4*
10. Eier . . .	1,5	*2,9*	1,2	*2,1*	1,6	*2,9*	1,5	*2,5*	2,0	*3,4*	1,5	*2,8*
11. Kartoffeln	21,2	*11,9*	9,4	*5,2*	8,6	*5,7*	6,7	*4,3*	6,3	*3,8*	9,0	*5,6*
12. Reis . . .	0,9	*0,4*	0,8	*0,5*	0,8	*0,4*	0,6	*0,4*	1,5	*0,9*	0,8	*0,5*
13. Hülsenfrüchte . .	1,0	*0,9*	0,6	*0,6*	0,9	*0,9*	0,8	*1,1*	0,9	*0,9*	0,8	*1,3*
14. Zucker . .	3,0	*1,2*	7,0	*3,0*	7,5	*3,2*	7,7	*3,9*	5,4	*2,9*	7,1	*3,1*

zirka 100 %[2].

Diese Übersicht folgt im ganzen der oben gekennzeichneten Entwicklung. Das Material ist zu klein, die hier verfolgte Methode zu neu, um sofort endgültige Schlüsse darauf aufzubauen. Die eine Tatsache, daß der Konsum in den höheren Einkommenslagen sich qualitativ verbessert, ist allerdings klar ersichtlich, im einzelnen aber bleibt die in dieser Arbeit stets vertretene Annahme einer sehr großen Individualität der Verbrauchsvorgänge erhärtet. Die Zusammenziehung von Einkommensklassen ist geeignet, diese Individualität zu verwischen, und zwar nicht unbedingt in dem Sinne, daß nun Gesetzmäßigkeiten herausgeschält werden. Halten wir daran fest, daß durch diese allgemein, und oft bedenkenlos gebrauchte

[1] a = ohne, b = mit Berücksichtigung des Nährwerts des betreffenden Nahrungsmittels; die Werte von b sind mittels der S. 153 beschriebenen Methode aus den Werten von a genommen.

[2] Wegen der vielen Umrechnungen können die Summen nicht genau den Wert 100 ergeben.

Einteilung nach sozialen Kritorien nur eine Ursachenreihe isoliert und daß den tatsächlichen Wechselwirkungen so nicht hinreichend Rechnung getragen wird.

Abschließende Bemerkung.

Einige Hauptergebnisse der Arbeit werden in folgendem zusammengestellt, nicht deshalb, um die kritische Lektüre der ganzen Schrift und besonders ihrer letzten Abschnitte durch den Fachmann unnötig zu machen, sondern zu dem Zwecke, dem in höherem Maße sozialpolitisch Interessierten als sozialstatistisch Bewanderten gewisse Anhaltspunkte für die Auswertung der Lebenshaltungsforschung überhaupt und im besonderen der hier erzielten Resultate an die Hand zu geben. Dabei wird auf die theoretische Einstellung des Vorworts und ersten Abschnitts nicht mehr zurückgegriffen, sondern nur gesagt, welche speziellen Schlüsse die hier gebotene Materialbearbeitung zuläßt.

1. Ein erster, S. 19 niedergelegter Gesichtspunkt betrifft die mit guten Gründen vermutete „Rationalisierung" des Geschlechtslebens und die damit gegebene willkürliche Begrenzung der Familiengröße. Einem in vielen Fällen völlig festgegebenen, in anderen Fällen auch nur bis zu einem gewissen Grad vermehrbaren Einkommen steht also eine Fixierung der Grundlagen für die Ausgabengestaltung gegenüber. In Haushalten dieser Art wickeln sich alle Lebenshaltungsprozesse wesentlich anders ab als da, wo die Haushaltsbilanz durch Variabilität von Einnahme oder Ausgabe Veränderungen ausgesetzt ist, vielleicht überhaupt nicht hergestellt werden kann. Das Malthussche Gesetz, soweit es auf den kleinen, aber in vielen Richtungen maßgebenden Kreis des Einzelhaushalts Anwendung finden kann, ist hier also in seiner möglichen Wirkung beeinträchtigt.

2. Ein sehr häufig wiederkehrendes Ergebnis nicht nur negativen Inhalts ist dann die Feststellung der Individualität vieler, oft wahllos als konstant vorausgesetzter Konsumverhältnisse.

Diese Feststellung schließt die Ablehnung voreiliger Verallgemeinerungen und verfrühter Gesetzesbildung in sich, ist aber ihrerseits durch den nicht eben großen Umfang der Erhebung beeinflußt. Es ist sogar nicht unmöglich, daß ein dem „Gesetze der großen Zahl" in höherem Maße Rechnung tragendes Material manche Individualitäten der gegenwärtigen Forschung unterdrücken, einheitlichere Gesichtspunkte vorkehren würde. Zuviel wird man aber hiervon nicht erwarten, denn die von uns ermittelten Besonderheiten in der Lebensführung, selbst von Familien, die sich beruflich und ihrer inneren Struktur nach sehr verwandt sind, fallen doch stark ins Auge; sie sind auch nicht das Ergebnis einzelner, sondern einer komplexen Vielheit von Bedingungen. Die wesentlichen der Kriterien, nach denen ein Material wie dieses bearbeitet werden kann, sind beachtet worden; indem sie der Isolierung und Gruppierung zugrunde lagen, mußte sich das Gemeinsame, gewissermaßen der Stoff zur Bildung sozialer Gesetze, unmittelbar ergeben. Wiederholt war dies der Fall — davon später —, und gerade der Umstand, daß trotz des überwiegend Individuellen in der Haushaltung sich Anhaltspunkte für Gesetzmäßigkeiten ergeben, ist wichtig. Übrigens ist zu vermuten, daß eine weiterverbreitete Gesetzmäßigkeit, wenn überhaupt vorhanden, sich auch in dem immerhin nicht ganz kleinen Material vorliegender Erhebung ausgeprägt hätte; man denke an die Wiederkehr gewisser bevölkerungs- und moralstatistischer Erscheinungen und Zusammenhänge auch in kleineren und kleinsten Umkreisen; an jenes Gleichmaß der Selbstmord- und Kriminalitätsziffern in engen Räumen, das v. Mayr aus dem Gleichbleiben der Druck- und Drangmomente erklärt. Eine solche, die Kontinuität in der Entwicklung kleiner Zahlenverhältnisse sogut wie großer verbürgende Konstanz der Bedingungen fehlt eben anscheinend für einige Haupttatsachen der Lebenshaltung, die, mindestens sobald sie sich, wie in unserem Material, einigermaßen über das Existenzminimum zu erheben beginnt, zwar nicht unmotivierten, aber nur individuell bestimmbaren Einflüssen unterliegt. Mit dieser Feststellung wird die soziologische Kategorie der Lebenshaltung als solche nicht bestritten; es wird nur zum Ausdruck gebracht, daß die gesellschaftlichen Motive einer Lebenshaltungserscheinung durch das psychische und physische Medium von zu einem Haushalt vereinigten Einzelpersonen hindurch wirken, sodaß der Satz, gleichen Ursachen entspringen gleiche Folgen, auf diesem Gebiet nicht unwidersprochen gilt. Da der großen Mehrzahl auch der Arbeiter in Deutschland vor dem Kriege mehr als das physische Existenzminimum (vgl. hierzu S. X des Vorworts) gewährt war, konnte die Haushaltsstatistik, die ja ihrem Wesen nach fast nur von Bessergestellten bestritten wird, keine unbedingt eindeutigen Feststellungen treffen, sie wären heute, wo auch das physische Existenzminimum vielfach nicht erreicht wird, in höherem Grade möglich, wenn nicht die Preisrevolution alle Berechnungen über den Haufen werfen würde. Die neuere amtliche Lebenshaltungsstatistik des Reichs scheint mir, soweit es überhaupt möglich ist, noch die relativ sicherste Unterlage für die Erfassung der Wirklichkeit zu gewährleisten; zu ihrer theoretisch richtigen Fundierung glaube ich in einigem beigetragen zu haben.

3. Gegenüber der in 2. betonten Individualität vieler Konsumerscheinungen lassen sich nun aber einige Wahrnehmungen geltend machen, die — bei aller Zurückhaltung — doch eine Gesetzmäßigkeit im gesellschaftswissenschaftlichen Sinn enthalteu.

Zunächst ist das Engelsche Gesetz, wonach der Anteil der Nahrungsausgabe an der Gesamtausgabe mit steigender Wohlhabenheit sinkt, erhärtet. Diese Feststellung gab auch die Grundlage der steuerstatistischen Untersuchungen ab, die Verfasser auf Grund des gleichen Materials für Bd. 156 II der Schriften des Vereins für Sozialpolitik gemacht hat und auf deren Ergebnisse im Vorwort (S. VII f.) verwiesen ist. Dagegen sind Vermutungen, welche die Abhängigkeit des Ausgabenanteils für pflanzliche und tierische Nahrung von der Einkommensstufe zum Gegenstand haben, aus unserem Material nicht schlüssig zu begründen (s. S. 68 ff.); sie sind ja auch nur ein Surrogat für tiefer schürfende Untersuchungen hinsichtlich der Qualität der Ernährung, die sich nicht damit begnügen, die „tierische“ Nahrung als die physiologisch bessere, jedenfalls teurere der „pflanzlichen“ gegenüberzustellen, die vielmehr zum Kalorien- und Nährstoffgehalt durchdringen und von hier aus die Abhängigkeit der Ernährung vom sozialen Kriterium der Verteilungsquoten prüfen.

4. Aber noch bevor hierin die Hauptaufgabe der Untersuchung in Angriff genommen wurde, bot bereits die Gegenüberstellung von Konsummengen und -preisen ausgewählter Verbrauchsgegenstände, nach Haushalten und Verbrauchseinheiten bemessen, die Möglichkeit, neben der Quantität des Konsums auch seine Qualität zu prüfen und die Frage nach einer gegenseitigen Surrogierung von Nahrungs- und Genußmitteln aufzuwerfen. Der S. 79 beginnende Abschnitt enthält die einschlägigen Feststellungen, aus denen hier nur ganz weniges erwähnt werden soll. Zweifellos muß man sich von der primitiven Vorstellung freimachen, als ob die größere Wohlhabenheit — der geringere Familiengröße bekanntlich in gewissem Sinn entspricht — zu einem dem Gewichte nach vermehrten Konsum führen müsse. Qualitätsverschiebungen können denselben und einen besseren Effekt erreichen, ohne das Verdauungssystem allzustark in Anspruch zu nehmen. Wird das schon in den Feststellungen über Mehl-, Brot-, Fleisch- und Fettkonsum S. 96 ff. klar, so macht die spätere Berechnung (S. 150) nach Kalorien und Nährstoffen die Sache noch sehr viel deutlicher. Das Maß aber, in dem Qualitätsverbesserung an die Stelle der Quantitätssteigerung tritt, läßt sich kaum eindeutig soziologisch bestimmen und bleibt in der Hauptsache ein individueller Faktor, der bloßgelegt, aber kaum zu anderen als negativen Gesetzmäßigkeiten verarbeitet werden kann. Wenn S. 97 der

Fleischkonsum der Bessergestellten als „quantitativ und qualitativ" gehoben erschien, so ist das noch der relativ weitestgehende Ausdruck für die obwaltenden Tendenzen. Für den Konsum von Fett (besonders von Butter), diesem konzentriertesten und im ganzen teuersten Nahrungsmittel, genügt bereits die im Text (z. B. S. 104) gemachte Feststellung quantitativer Steigerung, um damit auch eine qualitative Verbesserung der Ernährung darzutun.

5. Die Zurückführung der Ernährung auf Kalorien und Nährstoffe wird, bei aller Unfertigkeit dieser von den Physiologen ungleich bewerteter Methoden, am ehesten zu den soziologischen Gesetzmäßigkeiten der Lebenshaltung, wenn solche überhaupt bestehen, durchdringen. Die Beibehaltung der Verbrauchseinheit als Grundlage aller Untersuchungen bürgt dafür, daß störende, in der ungleichen Struktur der Haushalte begründete Momente ausgeschaltet bleiben. Indem ganz allgemein die physischen Differenzen auf möglichst eindeutige Mittelwerte gebracht werden, kann den sozialen Ursachen leichter nachgegangen werden. Vgl. auch S. 152, Anm. 1.

Zunächst tritt (S. 123) eine gewisse Zunahme des Kalorienkonsums mit steigendem Einkommen entgegen. Aber sie besagt, da sich hinter den Wärmemengen sehr ungleichwertige Ernährungsverhältnisse verbergen können, nicht viel und wird durch spätere Feststellungen wesentlich modifiziert. Eher ist bedeutsam, daß, nach Kalorien gemessen, der Ernährungsstand der Haushalte unsers Materials über dem Durchschnitt liegt; diese Wahrnehmung wird späterhin (S. 130) dahin beleuchtet, daß einem beträchtlichen Minderkonsum an Eiweiß und einem kleinen Defizit an Kohlenhydraten ein gewaltiger Mehrverbrauch von Fetten gegenübersteht.

6. Übersicht 36 auf S. 131 berechnet dann für jedes Nahrungsmittel seinen durchschnittlichen Anteil am Kalorienverbrauche; gleich hier sei angemerkt, daß Übersicht 42 auf S. 158 zu einer wesentlich vertieften, den Nährwert berücksichtigenden Ausscheidung auf gleichem Gebiete gelangt. Im übrigen läßt die Kalorienberechnung bereits manche früheren Unstimmigkeiten zurücktreten, weil sie eben doch, mit der Einführung eines allen Nahrungsmitteln gemeinsamen Nenners, sehr viel weiter greift als eine bloße Ausscheidung nach Verbrauchsmengen in Kilogramm oder gar nach Baraufwendungen für Nahrungsmittel, wie sie so vielen, besonders auch amtlichen Erhebungen zugrunde liegt. Für Mehl, Brot, Fleisch, Eier, Kartoffeln, Reis, Hülsenfrüchte und Zucker liegen die Beteiligungsziffern am Gesamtkonsum, auf Kalorien bezogen, ziemlich gleichmäßig in allen Einkommensschichten. Wurst, Butter und Milch, die fettreichen Nahrungsmittel, bieten noch die relativ größten Gegensätze. Aber eine

Prüfung, ob die arithmetischen Mittel tatsächlich in allen Fällen beweiskräftig sind, fällt nicht ganz im Sinn derer aus, die unbedingt „Gesetzmäßigkeiten" fordern.

7. Ein gewisses festes Ergebnis mag in der Feststellung (S. 137) gesehen werden, daß in der großen Masse der Fälle Brot- und Fleischkonsum, in seinen verschiedenen Spielarten zusammengefaßt, mindestens zu zwei Fünftel die Grundlage der Gesamternährung ausmachen. Der Fettanteil dagegen schwankt, im Sinne früherer Ermittlungen, in hohem Maße und in einer gewissen Proportion zur sozialen Lage des Haushalts. Er ist die wichtigste „soziologische Kategorie" im physiologischen Ernährungsprozeß.

8. Die Untersuchung des Anteils, der auf die einzelnen Nahrungsmittel am Eiweiß-, Kohlenhydrate- und Fettkonsum entfällt, bestätigt im wesentlichen, auf wesentlich besserer wissenschaftlicher Basis, frühere Ergebnisse. Die an letzter Stelle (S. 145) gemachten Feststellungen über das Verhältnis von Ernährungsausgabe, Kalorienkonsum und den (mit wachsendem Gesamtaufwand steigenden) Kalorienpreis, dann in Richtung einer Kombination der Kalorien- und Nährwertberechnung können an dieser Stelle nicht wiederholt werden. Sie sind ein Hauptziel der Gesamtuntersuchung gewesen, die hier neue methodische Wege ging, von den so erreichbaren theoretischen Ergebnissen aber nur dasjenige aussprach, was sich unmittelbar in den Rahmen einer sozialstatistischen Monographie einfügte; weiteres bleibt vorbehalten.

Die Ziffern der Übersicht 42 sollen in diesem Sinn als Vorwurf für weitere konsumtheoretische Forschung, an der sich Physiologen, Psychologen, Sozialökonomen und Statistiker zu beteiligen hätten, dienen. Diese Ziffern, die den in besonderer Weise gewogenen Anteil der einzelnen Nahrungsmittel am Gesamtkonsum ausdrücken, vertragen eine Gruppierung nicht nur, wie im Text angeführt, nach Maßgabe des Einkommens, sondern auch gemäß der Familiengröße, dem Berufe, der Örtlichkeit, der Zeit und Jahreszeit, der Nationalität, — kurz nach allen geläufigen biologischen, geographischen, geschichtlichen und gesellschaftlichen Kriterien. Und von dem, was der Mensch unter den verschiedensten Bedingungen seiner Existenz ißt, wird, in vertiefter Anwendung des bekannten Wortes, ein breites Schlaglicht fallen auf das, was er ist, auf die Gesamtheit seiner Lebensäußerungen. —

Für uns genügt es, daß hier ein mit möglichster Vorsicht gesammeltes und aufbereitetes Urmaterial bis zu denjenigen Konsequenzen durchgerechnet wurde, die der gegenwärtige Stand der Lebenshaltungsforschung eben noch erkennen läßt. Die Arbeit, die zu leisten ist, ist damit noch keineswegs abgeschlossen; aber es ist wohl ein entscheidender Beitrag zu der Frage geliefert, ob die theoretische Nationalökonomie in den bisherigen Ergebnissen der Lehre von der Konsumtion hinreichende Grundlagen für ihr Gesamtgebäude besitzt; ob nicht bei den hier gewürdigten und in benachbarten Grenzgebieten der Physiologie, Psychologie und Sozialökonomik ein Hebel angesetzt werden kann, der die ganze Disziplin einen bedeutenden Schritt zu fördern vermöchte. Der privaten Forschung aber sind wegen der Kosten- und Zeitfrage naheliegende Grenzen gesetzt; die amtliche Statistik hat, unter dauernder Beratung durch die Theorie und in Zusammenhang mit Arbeitsphysiologie und Arbeitswissenschaft, hier einzusetzen; im Zeitalter der Tarifverträge, der amtlichen Lohn- und Lebenshaltungsstatistik, der Neigung zu gleitenden Lohnskalen und staatlicher Einwirkung auf die Verteilungsvorgänge muß mehr als bisher für die Erforschung zentraler Volkswirtschaftsprobleme geschehen.

Gleitende Lohnsklalen hatten, als sie in der englischen Baumwollindustrie zum ersten Male auftraten, den Zweck, eine automatische Beziehung zwischen Löhnen und Produktpreisen herzustellen; man konnte dabei den Lohn als Funktion der Leistung betrachten, die mittelbar im Preise des hergestellten Produkts zum Ausdruck kam. — Heute will man vielfach nur mehr eine Beziehung zwischen Real- und Nominallohn, Lebenshaltung und Barlohnsumme gelten lassen, sie durch neuartige „gleitende Lohnskalen“ und darauf abgestimmte Tarifverträge festhalten. Auch die amtliche Auffassung scheint gelegentlich dahin zu neigen. So einseitig manchesterlich die ältere Auffassung von gleitenden Lohnskalen war, so sehr entfernt sich die andere von der allein möglichen Auffassung, daß die Leistung als Unterlage für Entlohnung angesehen werden muß und daneben allerdings die Lebenskosten in Betracht kommen; daß aber eine einseitige Bemessung des Lohns nach den Lebenskosten, ohne Rücksicht auf Leistung, auf die Dauer nur Nominallohn-, nicht Reallohnwerte zu schaffen vermag.

Nährstoffe und Kalorien, diese bis auf weiteres letzten Komponenten der Lebenshaltung, stellen sich in einem tieferen Sinn als die Bausteine für die Erhaltung des Individuums und der Art, aber auch der Arbeitsleistung dar. Wenn auch hinreichender Konsum Voraussetzung der Leistung ist, so kann doch diese allein die Produktion und eine, sozialen Gesichtspunkten entsprechende Beteiligung am Produktionsertrage sicherstellen. In diesem Sinne muß, heute zumal, ein früher von mir geäußertes Wort verstanden werden, mit dem der Verfasser des anschließenden Beitrags seine Ausführungen beendet.

Die Lebensführung einer Mittelstandsfamilie in Friedens- und Kriegsjahren.

Von H. Neumann.

Das Material einer Greifswalder Dissertation.

Die vorliegende Abhandlung stellt den zweiten Teil einer Dissertation, betitelt: „Die vergleichende Haushaltungsstatistik“, dar. Das zugrunde liegende Material bestand aus zwei während der Wirtschaftsjahre 1912 bis 1914 und 1915—1917 geführten Haushaltungsbüchern der Familie des Bankbeamten R. Den Eintragungen, die von der Hausfrau und dem Gatten in je ein besonderes Büchlein geschrieben waren, fehlten jegliche Mengenangaben, auch waren sie recht wahllos ohne bestimmte Anordnung und besondere Bezeichnungen eingetragen. Sie waren eben wie bei fast allen spontan geführten Haushaltungsbüchern nur dazu bestimmt, den Ehegatten einen Anhalt für ihre Ausgaben zu geben. Wenn ich trotz der vielen Mängel des Materials an eine Ausarbeitung und Verwertung desselben ging, so geschah dies einerseits deshalb, weil die Haushaltungsbücher mit großer Sorgfalt geführt waren und selbst die kleinsten Ausgaben enthielten, andererseits weil, wenn auch die Erforschung des Einzelhaushaltes aus dem eigentlichen Rahmen der Statistik herausfallen und ins physiologische Fach schlagen würde, infolge Mangels einer Massenenquete einzelne Haushaltungsrechnungen wichtige Aufschlüsse geben und als dankbare Ergänzungen zu veranlaßten Erhebungen dienen können.

Die vorerwähnten Mängel des Materials gestatteten nicht, die Haushaltungsbücher in weitgehendem Maße auszubeuten. Vor allem das so wichtige Kapitel „Nahrungs- und Genußmittel“ konnte wegen fehlender Angaben im Haushaltungsbuche der Hausfrau hinsichtlich des Verbrauches einzelner Nahrungsmittel nicht in wünschenswerter Weise bearbeitet werden. Es blieb nur übrig, die verschiedensten Ausgaben in größere Gruppen einzureihen, wobei ich mich an die Gruppierung der amtlichen deutschen Erhebung von 1909 des besseren Vergleichs wegen anlehnte. Bemerkenswert ist, daß sämtliche Ausgaben, soweit möglich, getrennt nach dem Verbraucher aufgeführt wurden. Hierauf soll noch unter „Ausgaben für Kleidung“ des näheren eingegangen werden.

Geschichte der Familie.

Die Familie des Bankbeamten R. wohnte im Jahre 1912, also zu Beginn des vorliegenden Haushaltungsbuches, in einer Provinzhauptstadt Norddeutschlands, wo sie eine Fünfzimmerwohnung in einem besseren Stadtteile innehatte. Die Ehegatten hatten im Jahre 1910 geheiratet; bis zum Januar 1914 war die Ehe kinderlos. Seit Gründung des Haushaltes wurde ein Dienstmädchen gehalten. Mit Beginn des April 1914 zog die Familie R. auf ein Dorf in etwa 8 km Entfernung von der Stadt, wo neben dem Dorfe eine Villen-Kolonie dicht an einem schönen großen Walde entstanden war. Die dortige Fünfzimmerwohnung war zwar an sich billiger als in der Stadt, hatte auch einen kleinen Garten, bedingte aber ein tägliches Fahren des Mannes zur Arbeitsstätte in die Stadt. Am 1. August 1914 wurde der Mann zum Heeresdienste eingezogen, kam aber wegen eines schweren Herzfehlers nicht ins Feld und tat lediglich Garnisonsdienste. Während des Jahres 1914/1915, in dem der Mann nicht am Wohnorte diente, also nicht am Haushalte der Familie teilnahm, wurde kein Haushaltungsbuch geführt. Die Führung desselben setzte erst wieder mit der Versetzung des Mannes zu einer Militärbehörde in der Provinzhauptstadt ein. — Im Januar 1914 wurde ein Knabe, im Februar 1917 ein Mädchen geboren. Die pekuniären Verhältnisse der Familie waren geordnet. Es bestand ein kleines Vermögen, dessen Zinsen einen ständigen Teil der Einnahmen bilden konnten.

Die Familie gehörte nach allem zu der Klasse der festbesoldeten Privatangestellten, die die Lasten des Krieges schwerer und geduldiger getragen hat als die reichgewordenen Händler und Arbeiter. Insofern mag ihre Lebensführung während der beiden Friedens- und Kriegsjahre als typisch für die der Familien des gebildeten Mittelstandes angesehen werden.

Die Einnahmen.

Die Einnahmen fließen während der beiden Friedensjahre aus zwei Quellen, und zwar dem Gehalt des Mannes und den Zinsen aus einem kleinen Vermögen. Das Gehalt beträgt im Jahre 1912/13 291,70 Mk. monatlich. Dazu kommt am 1. April eine Tantieme von 1000 Mk. Vom 1. Januar 1913 an sind 300 Mk. als Gehalt eingetragen. Das Gehalt steigt dann vom 1. März 1913 auf 325 Mk. monatlich, wozu mit Beginn des Geschäftsjahres wiederum eine Tantieme, diesmal in Höhe von 1200 Mk. kommt.

Mit Ausbruch des Krieges trat der Mann in den Heeresdienst. Die Bank bezahlte nur noch einen Teil des früheren Gehaltes in Höhe von 240 Mk. monatlich. Dazu kommt nun aber die militärische Löhnung nebst Verpflegungsgeld und sonstigen Kompetenzen, anfangs als Vizefeldwebel, vom Oktober 1915 an als Beamtenstellvertreter. Hier treten geringe Schwankungen auf, da bei Monaten mit 31 Tagen die Löhnung nebst Verpflegungsgeld natürlich etwas höher ist, in anderen Monaten wegen Urlaubs einmal das Verpflegungsgeld für ein oder zwei Tage abgezogen ist.

Die Zinsen aus einem im Laufe der Jahre auf ca. 6000 Mk. angesparten Vermögen ergaben im ersten Jahre 342,30 Mk., im zweiten Jahre 240 Mk. Der Unterschied erklärt sich daraus, daß der Gatte dieses Geld anfangs nicht, wie bereits im zweiten Jahre, fest verzinslich deponierte, sondern, wie es bei ihm als Bankbeamten nahe lag, damit in Börsenpapieren spekulierte. Später bleibt die Höhe der Zinsen dann gleich hoch, da das Geld zu 4 % bei der Bank angelegt war.

Mit dem Umzuge der Familie in die Vorstadt ergeben sich Einnahmen aus Naturalien. Hier ist es der Mann gewesen, der genau gebucht hat, was ihm sein kleines Gärtchen lieferte, und der in einer Gegenüberstellung von Ausgaben und Einnahmen die Rentabilität seines Gartens prüfen wollte. Es sind zwar nur geringe Beträge, im ersten Jahre 157,40 Mk. und im zweiten 123 Mk., die das Gärtchen einbringt, aber sie steigern doch manche Monatseinnahme um 50 bis 90 Mk.

Die Ausgaben.

Die Ausgaben gliederten sich im Haushaltungsbuche in die Verbrauchsgegenstände, die gemeinsame Ausgaben der Familie darstellten und in Ausgaben, die sich für die einzelnen Familienmitglieder getrennt angeben ließen. Die Einteilung war folgende:

1. Nahrungs- u. Genußmittel,
2. Miete,
3. Anschaffungen,
4. Reparaturen,
5. Heizung,
6. Beleuchtung,
7. Steuern,
8. Versicherung,
9. Fahrten,
10. Dienstmädchen,
11. Ärzte,
12. Arzeneien,
13. Körperpflege,
14. Geschenke,
15. Gesellschaften,
16. Ausflüge,
17. Theater,
18. Konzerte,
19. Garten,
20. Bäder,
21. Porto,
22. Verschiedenes.

Frau.

23. Kleidung,
24. Reparaturen.

Mann.

25. Kleidung,
26. Reparaturen,
27. Zigarren,
28. Lotterie,
29. Photographie.

Erstes Kind.

30. Kleidung,
31. Spielsachen,
32 Sparkasse.

Zweites Kind.

33. Kleidung,
34. Sonstiges,
35. Sparkasse.

Tabelle 1.

Die Gesamt-Jahresausgaben in absoluten und relativen Zahlen.

Lfd. Nr.	Ausgaben für:	im Jahre 1912 bis 1913 Mk.	% der Gesamtausgab.	im Jahre 1913 bis 1914 Mk.	% der Gesamtausgab.	im Jahre 1915 bis 1916 Mk.	% der Gesamtausgab.	im Jahre 1916 bis 1917 Mk.	% der Gesamtausgab.
1	Nahrungs- und Genußmittel	1878,80	37,99	1908,03	36,06	2337,61	44,95	2452,94	42,32
2	Wohnung und Haushalt	1010,90	20,38	1060,80	20,04	901,26	17,32	894,99	15,44
3	Heizung und Beleuchtung	166,02	3,33	133,08	2,50	203,34	3,90	262,34	4,53
4	Steuern	236,—	4,74	267,—	5,06	—	—	—	—
5	Versicherungen	333,—	6,71	328,60	6,21	330,64	6,36	322,51	5,56
6	Bedienung	169,66	3,41	176,30	3,34	235,69	4,53	273,97	4,73
7	Gesundheits- und Körperpflege	100,25	2,04	306,45	5,78	100,26	1,92	338,10	5,83
8	Geschenke	101,50	2,05	51,—	0,96	90,94	1,75	234,51	4,05
9	geistige und gesellige Bedürfnisse	248,—	4,98	222,50	4,22	196,05	3,76	180,26	3,09
10	Garten	—	—	—	—	21,15	0,46	25,25	0,43
11	Kleidung und Ausbesserung	561,50	11,30	683,35	12,91	388,82	7,47	283,45	4,90
12	Sonstiges	152,95	3,07	154,30	2,92	385,68	7,41	430,71	7,43
13	Ersparnisse	—	—	—	—	8,93	0,17	97,33	1,69
	Insgesamt:	4958,58	100,—	5291,41	100,—	5200,37	100,—	5796,36	100,—

In der zusammenfassenden Tabelle 1 sind diese Ausgaben zu 13 Gruppen zusammengefaßt, um Vergleichsmöglichkeiten mit der amtlichen Erhebung von 1909 zu haben.

Betrachten wir nun die einzelnen Ausgaben, so ergibt sich für die Nahrungs- und Genußmittel zwar ein absolutes Steigen der Ausgaben hinsichtlich der Friedens- und Kriegsjahre — von 1878,80 Mk. im Jahre 1912/13 auf 2452,94 Mk. im Jahre 1916/17, aber innerhalb beider Perioden zeigt sich prozentual eine sinkende Tendenz von 37,99 % auf 36,06 % in den Friedensjahren und von 44,95 % auf 42,32 % in den Kriegsjahren. Berücksichtigt man, daß im Jahre 1915 bereits eine bedeutend teurere Grundlage für die Lebenshaltung gegeben ist, so bewahrheitet sich hier das Engelsche Gesetz, daß mit dem Steigen der Gesamtausgaben relativ die Ausgaben für Nahrungs- und Genußmittel fallen. Für die beiden Kriegsjahre ist es aber besonders auffällig[1], da man allgemein der Auffassung ist, daß sich auch prozentual die Ausgaben für Nahrungsmittel einerseits bei der Teuerung, andererseits bei der Zurückstellung aller anderen entbehrlichen Ausgaben gehoben haben müssen. Für das relative Sinken der Ausgaben für Nahrungs- und Genußmittel ist dabei bemerkenswert, wie die Familie ihre Lebensmittel beschaffte. Nicht nur, daß hier, wie in jeder Familie während des Krieges, sich die Gewohnheit herausgebildet hatte, mit den geringsten Mitteln zu wirtschaften, sich die billigsten Quellen zu sichern, sondern es kam hinzu, daß der Mann und die Frau getrennt einkauften. Der Mann besorgte sich seine ihm auf Lebensmittelkarten zustehenden Lebensmittel in der Stadt, die Frau die ihren in dem Dorfe. Beide hatten hierbei Gelegenheit, namentlich der Mann als Soldat, des öfteren mehr zu bekommen, als ihnen zustand. Dann bot der Wohnsitz auf dem Dorfe Gelegenheit zu Hamsterfahrten, und zwar, was wichtig ist, schon wochentags, ehe sich am Sonntag die Stadtbevölkerung auf die Dörfer ergoß. Wenn also absolut die Ausgaben etwa um 100 Mk. pro Jahr gestiegen sind, so besagt das angesichts der sich immer mehr fühlbarmachenden Teuerung nichts anderes, als daß es die Familie verstanden hat, durch Auswahl der am meisten Nährwert enthaltenden Nahrungsmittel und durch Ausnutzung der billigsten, wenn auch nicht immer bequemsten Schleichhandelswege ihre Ausgaben für Nahrungsmittel nicht wesentlich zu erhöhen. Trotzdem ist die Ernährung nicht schlechter geworden. Im Gegenteil bedurfte die Frau während der

[1] Die im Text erwähnte Tatsache trifft nach neueren Berechnungen (von Kuczynski u. a.) vielfach für die Kriegszeit zu. Der Herausgeber.

Schwangerschaft einer bedeutend besseren Verpflegung und Ernährung. Soweit es angängig war, wurden die Nahrungsmittel in größeren Mengen gekauft. Hierdurch kaufte man einerseits an und für sich billiger, andererseits bot diese Art der Beschaffung eines Vorrates einen vorteilhaften Schutz gegen die rasche Preissteigerung. Sicherlich haben gerade die bemittelten Klassen sich dieser Methode bedient, weil sie das Geld für größere Einkäufe flüssig hatten, während wohl die Arbeiterbevölkerung nicht dazu in der Lage war, und so die geringste Preissteigerung deutlich fühlen mußte [1].

Wohnung und Haushalt.

Im Verlaufe der Eintragungen in das Haushaltungsbuch können wir, was die Wohnung anbetrifft, zwei Perioden unterscheiden. Bis zum Ende des Wirtschaftsjahres 1915 wohnte die Familie in der Großstadt. Die Miete betrug hier für eine Vierzimmerwohnung 1000 Mk. jährlich. Am 1. April 1914 zog die Familie in ein Dorf in etwa 8 km Entfernung von der Stadt. Hier beträgt die Miete nur 800 Mk. jährlich, wozu noch eine kleine Summe für die zeitweilige Mietung eines Gelasses kommt. Die weite Entfernung von der Arbeitsstätte des Mannes bedingt nun ein regelmäßiges Fahren, was in den gegen die Jahre 1913/14 stark erhöhten Ausgaben für Fahrten zum Ausdruck kommt. Im Jahre 1914/15 betrugen diese 152,20 Mk., im Jahre 1916/17 151,95 Mk. Rechnet man diese Summe zur Miete hinzu, so ergibt sich auch eine Summe, die 1000 Mk. sehr nahekommt. Der pekuniäre Vorteil wäre also durch die Wohnungsänderung nicht so groß. Es kommt aber in Betracht, daß der Garten einige Erträge liefert, die Wohnung heller und gesunder ist als die Stadtwohnung.

Die Ausgaben für Anschaffungen und Reparaturen sind in allen Jahren recht gering. Nur im März 1914 finden wir eine etwas größere Summe aufgezeichnet, die für den Umzug und die damit immer nötigen kleineren Anschaffungen verbunden ist. Die Reparaturausgaben sind nur ganz geringfügiger Art. Die Ehegatten waren ja auch erst kurze Zeit verheiratet und die Haushaltungsgegenstände noch nicht reparaturbedürftig.

---

[1] Auf dieses differenzierte System des nach Zweckmäßigkeitsgründen abgewogenen Einkaufs sowie auf das Vorteilhafte der Vorratbeschaffung weist bereits Dr. Erna Meyer-Pollack in „Der Haushalt eines höheren Beamten in den Jahren 1880 bis 1906" hin. Verein f. Sozialp. Kosten der Lebenshaltung in deutschen Großstädten. I. Ost- und Nordd. 2, 1915. Es handelt sich vor allem um größere Mengen an Mehl, Zucker, Hülsenfrüchten, Kartoffeln und Obst.

Die Ausgaben für Wohnung und Haushalt fallen fortgesetzt prozentual in den vier Jahren. Damit wäre eine Bestätigung des Schwabeschen Gesetzes gegeben, daß nämlich bei gesteigerter Wohlhabenheit einer Familie die Gesamtausgaben für Miete fallen.

Heizung und Beleuchtung.

Die Ausgaben für Heizung steigen mit Ausnahme des Jahres 1913/14 fortgesetzt. Von 2,76 % im Jahre 1912/13 bis auf 4,01 % im Jahre 1916/17. Die etwas geringeren Ausgaben für Kohlen und Holz im Jahre 1913/14 rühren daher, daß noch ein Vorrat vom Vorjahre zurückgeblieben war und eine nicht so große Menge Heizmaterial im nächsten Jahre anzuschaffen gewesen ist.

Die Steigerung der Kosten in den beiden Kriegsjahren ist trotz äußerster Einschränkung auf die große Teuerung von Heizmaterial zurückzuführen. Die Familie heizte nur ein gemeinsames Wohnzimmer und das Schlafzimmer, in dem das Kind schlief. Während des Wochenbettes befand sich die Frau nicht zu Hause, sondern in einer Privatklinik, so daß hier ein besonderer Aufwand von Heizmaterial nicht nötig war.

Die Ausgaben für Beleuchtung schwanken in den vier Jahren zwischen 26,95 und 32,29 Mk. oder, in Relativzahlen ausgedrückt, zwischen 0,50 und 0,61 %. In der Stadt war in der Wohnung Gasbeleuchtung. Im zweiten Kriegsjahre des Haushaltungsbuches 1915/16 fallen die Ausgaben um ein geringes. In der Wohnung auf dem Dorfe hat die Familie elektrisches Licht, was sich entsprechend teurer stellt. Mit den immer höher werdenden Preisen für Beleuchtung wurde der Verbrauch von Strom in jeder erdenklichen Weise eingeschränkt. Diese Einschränkung, die bei elektrischem Licht leichter und einfacher ist, als bei jeder anderen Beleuchtung, kompensierte nicht nur die erhöhten Kosten, sondern bewirkte noch eine geringere Ausgabe als im Jahre zuvor.

Steuern.

Steuern[1] sind nur in den beiden Friedensjahren gezahlt worden, und zwar 1911/12 236 Mk. (4,74 %), 1913/14 267 Mk. (5,06 %). Da der Gatte sich in den folgenden Jahren im Heeresdienste befand, war er von der Steuerzahlung befreit. Dies fällt nicht unerheblich bei der Wirtschaftsführung ins Gewicht. Hierdurch war es der Familie möglich,

[1] d. h. „direkte"; wegen der Belastung durch „indirekte" Steuern vgl. des Herausgebers Abhandlung in „Schr. d. V. f. Sozialp.", Bd. 156 II.

ihren Haushalt nicht zu sehr einzuschränken und die erhöhten Kosten der Lebensführung nicht durch stark verminderten Konsum auszugleichen.

Versicherungen.

An Versicherungsgebühren war lediglich eine Lebensversicherung des Mannes zu bezahlen, die allerdings ziemlich hoch ist, in Anbetracht dessen, daß bei einem Todesfalle des Mannes die Witwe lediglich auf das geringe Vermögen und auf eine kleine Pension angewiesen wäre. Der Jahresbeitrag betrug durchschnittlich 330 Mk. (6,5 %).

Bedienung.

Die Löhne für Dienstboten sind schon in den letzten Friedensjahren bedeutend gestiegen. Immerhin muten die in vorliegendem Haushaltungsbuche eingetragenen Jahreslöhne von 169,66 und 176,30 Mk. in der heutigen Zeit wie „Löhne aus der guten alten Zeit" an. Selbst die in der Kriegszeit einem Mädchen aus dem Dorfe gezahlten Jahreslöhne von 235,69 und 275,97 Mk. kann man in der damaligen Zeit schon als sehr selten bezeichnen. Heute würden sie gerade als Monatsgeld für ein Dienstmädchen in der Großstadt als ausreichend angesehen werden.

Geistige und gesellige Bedürfnisse.

Es ist eine allgemeine Erscheinung, daß schon mit der Geburt des ersten Kindes die Ausgaben für gesellige Bedürfnisse fallen, weil namentlich die Frau nun mehr an das Haus gebunden ist, andererseits Einschränkungen auf Kosten von geistigen und geselligen Gepflogenheiten gemacht werden. So sinken auch im vorliegenden Haushaltungsbuche diese Ausgaben im zweiten Friedensjahre um 0,76 %. Die erste Kriegszeit brachte es mit sich, daß man angesichts der Schwere des Völkerringens und im Hinblick auf den Tod so mancher lieber Angehörigen von rauschenden Festen und Vergnügungen absah. Wenn dann auch im Laufe des Krieges wieder ein Veranstalten von Festen gang und gäbe wurde, weil der Krieg so lange dauerte und man sich daran gewöhnte, Verwundete zu sehen, und seitenlange Todesanzeigen zu lesen, ohne über die Schwere und den Ernst der Zeit nachzudenken, so wurden andererseits die Kosten für derartige Zerstreuungen bald so groß, daß sich nur recht gutsituierte Leute den Luxus des Festegebens und Theater-, Konzert- und Kaffeehausbesuches des öfteren erlauben konnten. Es ist eine augensichtliche Tatsache, daß der gebildete Mittelstand sich mehr und mehr aus dem geselligen Leben zurückzog, einerseits, weil er die unsinnigen Preise nicht mehr zahlen konnte und mochte, andererseits, weil das Gesellschaftsbild sich vollkommen verändert hatte. Halbwüchsige Knaben, die in der leutearmen Zeit hohe Löhne verdienten, Kriegsgewinnler, überhaupt Leute, die früher die besseren Lokale, Konzerte und Theater nicht besuchten, machten sich häufig in lärmender und wenig feiner Art dort breit. Bei der Familie des Bankbeamten R. kommt aber noch der Umstand hinzu, daß namentlich im Sommer der Aufenthalt auf dem Lande, in der Nähe des Waldes sie das gesellige Leben der Großstadt bald vergessen ließ. Auch im Winter ließ die Unbequemlichkeit des Bahnfahrens, bei den Unregelmäßigkeiten des Verkehrs und der Überfüllung der Bahnen sie von einem häufigen Besuch von Veranstaltungen in der Stadt absehen.

Gesundheits- und Körperpflege.

Bei Betrachtung der Ausgaben für Gesundheits- und Körperpflege fallen die Jahre 1913/14 und 1916/17 aus dem Rahmen der sonst gleichbleibenden Summe infolge des Wochenbettes der Frau heraus. Nur in diesen beiden Jahren sind Ausgaben für ärztliche Bemühungen und Arzeneien zu verzeichnen. Die sonstigen Aufwendungen sind für Toilettenartikel und andere hygienische Gegenstände gemacht worden.

Geschenke.

Die Unterordnung einzelner im Haushaltungsbuche aufgeführte Ausgaben unter diese Rubrik bot gewisse Schwierigkeiten. Was ist hier als Geschenk anzusehen? Wenn der Gatte seiner Frau zu Weihnachten oder zum Geburtstage Kleidungsstücke, die Frau dem Manne Zigarren oder photographische Bedarfsartikel schenkt, so sind dies wohl Geschenke, aber Ausgaben für Gegenstände, die im Haushalte verbraucht wurden und auch wohl ohne den Anlaß eines Festes angeschafft worden wären. Als Geschenke sind demnach hier nur Ausgaben für solche Gegenstände aufgeführt, die an fremde, nicht zum Haushalte gehörende Personen gemacht worden sind. Die Ausgaben hierfür sind nicht besonders hoch, im Jahre 1913/14 betragen sie nur Mk. 51,— gegenüber einem Betrage von Mk. 101,50 im Vorjahre. Mit Beginn des Krieges steigen sie rasch und erreichen im Jahre 1916/17 mit Mk. 234,50 die höchste Summe. Die Erklärung für die vermehrte Ausgabe an Geschenken ist einzig und allein in den Sendungen an im Felde stehende Verwandte zu erblicken. Im Laufe der Jahre wurden immer mehr Angehörige der Familie eingezogen, auch ließ die Verpflegung im Felde infolge der allgemeinen Nahrungsmittelknappheit nach, so daß die Bitten nach Paketen an alle gutherzigen Verwandten öfter und dringender wurden, wobei natürlich auch die Preissteigerung der zu versendenden Nahrungs- und Genußmittel nicht außer acht zu lassen ist.

Kleidung und Ausbesserung.

Während in den Friedensjahren ein absolutes und relatives Steigen der Ausgaben für Kleidung festzustellen ist, zeigt sich ein absolutes und relatives Sinken der Ausgaben und zwar von 388,82 Mk. (7,47 %) auf 283,45 Mk. (4,90 %). Dies hat seinen Grund darin, daß der Mann des „Königs Rock" trug und die Frau im Kriege keine größeren Neuanschaffungen machte. Wie schon eingangs erwähnt, sind in dem Haushaltungsbuche die Ausgaben für Kleidung für die einzelnen Familienmitglieder besonders gebucht. Tabelle 2 gibt einen Überblick über den Anteil der einzelnen Familienmitglieder an den Ausgaben für Nahrung, Kleidung und Wohnung.

Tabelle 2.

Der Anteil der einzelnen Familienmitglieder an den Ausgaben für Nahrung, Kleidung und Wohnung.

Jahr	Anteil des Mannes an den Gesamtausgaben für			Anteil der Frau an den Gesamtausgaben für		
	Nahrungs- und Genuß-mittel Mk.	Kleidung Mk.	Wohnung Mk.	Nahrungs- und Genuß-mittel Mk.	Kleidung Mk.	Wohnung Mk.
1912—1913	657,58	203,30	404,36	563,64	358,20	404,36
1913—1914	667,80	284,70	424,32	572,40	271,90	424,32
1915—1916	730,49	75,40	270,39	626,12	232,02	270,39
1916—1917	759,75	17,55	268,50	651,21	178,70	268,50

Tabelle 2 (Fortsetzung).

Jahr	Anteil des ersten Kindes an den Gesamtausgaben für			Anteil des zweiten Kindes an den Gesamtausgaben für		
	Nahrungs- und Genuß-mittel Mk.	Kleidung Mk.	Wohnung Mk.	Nahrungs- und Genuß-mittel Mk.	Kleidung Mk.	Wohnung Mk.
1912—1913	—	—	—	—	—	—
1913—1914	—	126,75	—	—	—	—
1915—1916	250,45	81,40	90,13	—	—	—
1916—1917	282,19	37,05	89,50	—	50,15	—

Tabelle 2 zeigt den Anteil der einzelnen Familienmitglieder an den Ausgaben für Nahrung, Kleidung und Wohnung. Die Berechnung des Anteiles des Mannes und der Frau an den Nahrungs- und Genußmitteln erfolgte vermittels der Engelschen „Quets". Der größere Unterschied in dem Verbrauch der beiden Geschlechter bei Anwendung dieses Einheitssatzes wurde hier zum Vorteil für die Richtigkeit der Messung, da der Mann, der tagsüber im Frieden stark geistig, im Krieg stark körperlich arbeiten mußte, sicherlich einen weit größeren Nahrungskonsum beanspruchte als die Frau, der für schwere Arbeiten ein Dienstmädchen zur Seite stand. Das Dienstmädchen wurde bei dieser Berechnung gleichfalls mit in Betracht gezogen und zwar mit der Einheit des erwachsenen Mannes, angesichts der zu leistenden schweren körperlichen Arbeit.

Es ergab sich also für den Mann:

$$\frac{\text{Ausgabe für Nahrung} \times 3{,}5}{(3{,}5 + 3{,}5 + 3)}.$$

Nach der Geburt des ersten Kindes ändert sich das Verhältnis für die nächsten drei Monate wohl kaum. Mit Beginn des Jahres 1915 ist das erste Kind, das bereits dann in das zweite Lebensjahr tritt, mit 1,2 Einheiten in Ansatz gebracht. Das zweite Kind kommt als Faktor für Nahrungs- und Genußmittel noch nicht in Betracht. Die Sätze für Kleidung waren in der Aufstellung der Haushaltungsbücher gegeben. Die Berechnung des Anteiles für die Wohnung erfolgte unter Zugrundelegung der Gesamtausgaben für Wohnung und Haushalt. Es waren fünf Zimmer vorhanden. Davon bewohnten in den ersten beiden Jahren (für die drei Monate des Jahres 1914 beanspruchte der Säugling kaum einen nennenswerten Teil der Wohnung, desgleichen das zweite Kind für die letzten zwei Monate des Jahres 1917) das Dienstmädchen ein Zimmer, die übrigen vier Zimmer die Ehegatten. Es ergibt sich also pro Gatte $^2/_5$ der Gesamtausgaben für Wohnung. Im Jahre 1915 war dem zweijährigen Kinde ein Zimmer als Wohn- und Spielzimmer eingeräumt. Es ergaben sich demnach folgende Anteile:

Dienstmädchen $^2/_{10}$, Kind $^2/_{10}$, Mann $^3/_{10}$, Frau $^3/_{10}$ der Wohnung.

Vergleich des Resultates der vorliegenden Haushaltungsrechnung mit den Ergebnissen der v. Tyszkaschen Berechnung über die Lebenskosten im Frieden und Kriege.

Unter dem während des Krieges veröffentlichten deutschen Material über Haushaltungsstatistik verdient besonders die vom Kriegsausschuß für Konsumenteninteressen im April 1919 begonnene Erhebung über die Lebensführung städtischer Familien hervorgehoben zu werden. K. v. Tyszka hat in einem Aufsatze[1] einen interessanten Versuch unternommen, die Resultate dieser Erhebung mit denen der Friedenserhebung des Kaiserlichen Statistischen Amtes von 1909 zu vergleichen und so einen Maßstab für die veränderte Lebenshaltung während des Krieges festzustellen. An und für sich muß ja bei diesem Vergleich berücksichtigt werden, daß beide Erhebungen zeitlich etwa acht Jahre auseinander liegen, ferner, daß die Zusammensetzung und die äußeren Umstände der verglichenen Familien völlig verschieden sind. Trotzdem stellt der Vergleich einen interessanten Versuch dar, der nicht ohne erwähnenswerte Resultate geblieben ist. Das Resultat dieses Vergleiches ist nun in Tabelle 3 durch das Ergebnis der vorliegenden

Tabelle 3.

Vergleich der Tyszkaschen Aufstellung über Haushaltungskosten im Frieden und Kriege mit dem Ergebnis der vorliegenden Haushaltungsrechnung.

Laufende Nr.	Von 100 der Gesamtausgaben entfallen auf	Familien mit 2000 Mk. jährl. Bezügen oder 100 bis 200 Mk. monatlich		Familien mit 2000 bis 3000 Mk. jährl. Bezügen oder 200 bis 300 Mk. monatlich		Familien mit 3000 bis 4000 Mk. jährl. Bezügen oder 300 bis 400 Mk. monatlich		Die Familie mit 5000 bis 6500 Mk. jährlicher Bezüge (der vorliegenden Haushaltungsrechnung)	
		K. Stat. Amt	Kriegsausschuß	K. Stat. Amt	Kriegsausschuß	K. Stat. Amt	Kriegsausschuß	1913/14	1916/17
1	Nahrungs- und Genußmittel	52,3	59,0	45,9	55,1	36,2	49,9	36,1	42,3
2	Wohnung und Haushalt	17,7	10,2[2]	17,8	10,6[2]	18,5	10,3[2]	20,0	15,4
3	Heizung und Beleuchtung	4,6	3,9	4,0	3,5	3,5	3,4	2,5	4,5
4	Steuern	1,2	1,9	1,3	2,4	2,0	3,3	5,1	—
5	Versicherungen . . .	3,1	2,4	3,3	3,2	3,9	3,5	6,2	5,6
6	Bedienung	0,1	1,4	0,6	1,7	1,3	2,4	3,3	4,7
7	Gesundheits- und Körperpflege . . .	1,4	1,8	2,0	2,2	3,7	2,2	5,8	5,8
8	Geschenke	0,3	2,1	0,5	2,4	1,0	3,0	1,0	4,5
9	geistige und gesellige Bedürfnisse . . .	3,6	3,5	4,0	3,7	4,5	3,9	4,0	3,9
10	Fahrten	1,2	1,3	1,4	1,5	1,2	1,7	0,1	2,6
11	Kleidung und Ausbesserung	10,7	9,9	13,3	9,8	14,3	10,0	12,9	4,9
12	Sonstiges	3,2	1,7	4,8	3,8	6,9	4,4	2,8	4,8

Haushaltungsrechnung ergänzt worden. Im allgemeinen bewahrheitet sich der von Tyszka aufgestellte Satz: „Der Krieg hat somit zu einer sehr bedauerlichen Vergrößerung des Anteiles der Ausgaben für die physio-

[1] Tyszka, Karl v.: Die Veränderungen in der Lebenshaltung städtischer Familien im Kriege. Archiv f. Sozialwissenschaft u. Sozialpolitik, 43, 3. Tübingen 1917. —
[2] Enthält nur die Miete.

logisch notwendigen Bedürfnisse auf Kosten des Anteiles der Ausgaben für Kulturbedürfnisse ganz besonders bei den etwas besser gestellten Schichten, dem Mittelstande, geführt." Die Ausgaben für Kleidung, Steuern, Körper- und Gesundheitspflege und Sonstiges müssen allerdings wegen besonderer Verhältnisse aus diesem Vergleich ausscheiden. Für die übrigen Ausgaben ergibt sich das gleiche Ansteigen und Sinken wie bei den Tyszkaschen Zahlen.

Es wird weiterhin ein wichtiges Ziel der Statistik bleiben, das so wertvolle und interessante Problem der Lebenskosten und der Lebensführung der Haushaltungen während des Krieges im Vergleich zum Frieden auf Grund der „vergleichenden Haushaltungsstatistik" nach Möglichkeit zu erfassen, denn, und hier schließe ich mit den Worten meines hochverehrten Lehrers, Adolf Günther, „in jedem Falle ist die Lebenshaltung des Volkes diejenige Quelle, aus der seine Arbeitskraft, seine Lebensfreude und seine in gesunde Bahnen zu lenkende Genußfreudigkeit entspringt."

FSC
www.fsc.org
MIX
Papier | Fördert gute Waldnutzung
FSC® C083411

Kolibri 360 GmbH
Ferdinand-Jühlke-Straße 7
99095 Erfurt, Deutschland
produktsicherheit@kolibri360.de

Druck:
CPI Druckdienstleistungen GmbH
im Auftrag der
Kolibri 360 GmbH
Ferdinand-Jühlke-Str. 7
99095 Erfurt